हिंद प्रशांत क्षेत्र
में
भारतीय सामुद्रिक रणनीति

हिंद प्रशांत क्षेत्र
में
भारतीय सामुद्रिक रणनीति

प्रो. हरी शरण

प्रो. हर्ष कुमार सिन्हा

राज पब्लिकेशंस

नई दिल्ली–110002

हिंद प्रशांत क्षेत्र में भारतीय सामुद्रिक रणनीति

प्रथम संस्करणः 2022

₹ 850

आई.एस.बी.एन. 978–81–937721–4–0

प्रकाशक : **राज पब्लिकेशन्स**

108, 4855 / 24, अंसारी रोड़,
दरियागंज, नई दिल्ली– 110002
दूरभाष– 011–23250939, 9811010939
ई–मेलः– rajpublications@yahoo.co.in

शब्द संयोजक : मनप्रीत ग्राफिक्स, दिल्ली – 110084

मुद्रक : जी. एस. ऑफसेट प्रिन्टर्स, दिल्ली– 110052

विषय सूची

प्राक्कथन

शीतयुद्धोतर काल में विश्व के राजनीतिक, आर्थिक एवं रणनीतिक परिदृश्य में महत्वपूर्ण परिवर्तन देखे गये। पूरा विश्व परिदृश्य पश्चिम से पूरब की तरफ घूम गया। ट्रांस– अटलांटिक के स्थान पर पहले एशिया – प्रशांत तथा फिर इस शताब्दी में हिंद–प्रशांत क्षेत्र राजनीतिक, आर्थिक एवं रणनीतिक रूप से अधिक महत्वपूर्ण हो गया है। शीत युद्ध काल में अमेरिका प्रमुख रूप से सोवियत संघ के प्रभाव तथा सैनिक विस्तार को रोकने तथा संतुलित करने के कार्य में लगा था। शीतयुद्धोतर काल में अमेरिका को यही प्रयत्न चीन के लिए करना पड़ रहा है। चीन के आर्थिक विकास एवं विस्तार के सामने अमेरिका सहित उसके सभी मित्र सहयोगी देश अपने को असहाय महसूस कर रहे है। यहाँ तक कि चीन की ओबोर आर्थिक विकास परियोजना को एशिया, अफीक्री तथा योरप के देशों तक का भारी समर्थन मिल रहा है। ऐसा भी आकलन है कि 2025 –30 तक चीन विश्व की सबसे बड़ी अर्थव्यवस्था वाला देश बन जाएगा। विशाल निर्यात पर आधारित अर्थव्यवस्था के साथ ही चीन अपने सामुद्रिक शक्ति को भी सुनियोजित ढंग से बढ़ा रहा है। चीन ने

स्पष्ट रूप से कहा है कि 2040 तक प्लान (पीपुल्स लिबरेशन आर्मी नेवी) सही अर्थों वाली ब्लू वाटर नेवल फोर्स बन जायेगी। अमेरिका अपने सभी मित्र देशों के साथ मिलकर चीन की आर्थिक एवं नौसैनिक विस्तार को संतुलित करने के कार्य में लगा है। इस क्षेत्र में वह भारत को भी एक प्रमुख सहयोगी देश के रूप में देखता है। वर्तमान में पूरे हिंद–प्रशांत क्षेत्र की सुरक्षा व्यवस्था अमेरिकी नौसेना के हाथों में है।

इस शताब्दी में चीन ने तेजी से हिंद महासागर क्षेत्र में तथा क्षेत्रीय देशों में अपनी आर्थिक एवं नौसैनिक गतिविधियों को बढ़ाया है। पिछले दशकों में भारतीय अर्थव्यवस्था का भी तेजी से विकास हुआ है। भारतीय आर्थिक एवं रणनीतिक हितों के दृष्टिकोण से हिंद महासागर क्षेत्र एवं क्षेत्रीय देशों का विशेष महत्व है। भारतीय शांति, सुरक्षा तथा राष्ट्रीय विकास के दृष्टिकोण से हिंद महासागर क्षेत्र का विशेष महत्व है। भारत इसे नजरंदाज नहीं कर सकता है। चीन की बढ़ती गतिविधियों से निश्चित रूप से भारतीय हित प्रभावित हुए है। वर्तमान समय में हिंद–प्रशांत क्षेत्र में भारतीय हित, निवेश तथा नागरिक फैले हुए है। भारतीय राष्ट्रीय सुरक्षा की दृष्टिकोण से हिंद–प्रशांत क्षेत्र विशेष महत्व का क्षेत्र बन गया है। बदले विश्व परिदृश्य में भारत हिंद–प्रशांत क्षेत्र में अपने उचित आर्थिक स्थान तथा स्त्रातजिक महत्व को बनाये रखने के लिए लिए प्रयत्नशील है। भारत इस क्षेत्र के सभी देशों के साथ अपने संबंधों को मजबूत करने के लिए प्रयत्नशील है। आपसी आर्थिक निर्भरता के इस दौर ने सामुद्रिक शक्ति विकास के महत्व को बहुत अधिक बढ़ा दिया है। इस शताब्दी में बढ़ती अपरम्परागत सुरक्षा चुनौतियों से सामुद्रिक सुरक्षा के लिए विश्व के सभी बड़ी शक्तियाँ सजग तथा सहयोगरत है।

धीरे –धीरे हिंद–प्रशांत क्षेत्र अमेरिका तथा चीन के मध्य राजनीतिक, आर्थिक एवं नौसैनिक प्रतिस्पर्धा का केंद्र बनता जा रहा है। चीन तथा भारत के बीच थल सीमा विवाद भी है। पिछले वर्षों में चीन ने दक्षिण

एशिया के लगभग सभी प्रमुख देशों के साथ अपने आर्थिक एवं नौसैनिक संबंधों को बढ़ाया तथा मजबूत किया है। भारतीय नीति निर्धारक इन सभी बातों से सजग है। वर्तमान मोदी सरकार ने भी आर्थिक विकास एवं सामुद्रिक शक्ति विकास के एक बड़े कार्यक्रम को चलाया है। बिना इसके चीन का मुकाबला करना असम्भव है। विश्व बैंक के जनवरी 2017 के रिपोर्ट (राज्य सभा टीवी 10 जनवरी 2017) के अनुसार अगले वर्षों में भारत की जीडीपी ग्रोथ चीन के जीडीपी ग्रोथ से अधिक रहने की उम्मीद है। ऐसे में इस बात का पूरा ध्यान रखना होगा कि हिंद–प्रशांत क्षेत्र की शांति, सुरक्षा एवं रणनीतिक स्थिरता कायम रहे, नहीं तो विकास के लक्ष्यों को प्राप्त कर पाना मुश्किल होगा। यह अनुमान से काफी कम भी हो सकता है।

प्रस्तुत पुस्तक में हिंद–प्रशांत क्षेत्र के राजनीतिक, आर्थिक एवं रणनीतिक महत्व के साथ ही भारतीय सामुद्रिक रणनीति का वर्णन प्रमुख रूप से भारतीय राष्ट्रीय सुरक्षा एवं विकास को ध्यान में रख कर करने का प्रयास किया गया है। आशा है कि यह पुस्तक रक्षा एवं राजनीति के अध्येताओं के लिए उपयोगी साबित होगी।

राष्ट्र भाषा में राष्ट्रीय महत्व के इस लेखन कार्य में सहयोग करने के लिए श्री सुकृत कुमार तथा प्रकाशन करने में श्री पवन कुमार गोयल के प्रति आभार ज्ञापित करते हुए हम आशा करते हैं कि यह पुस्तक अपनी उपादेयता सिद्ध करने में सफल होगी।

—लेखक गण

Abbreviation (शब्द संक्षिप्त)

A

AIS - Automatic Identification System

AAGC - Asia Africa Growth Corridor

ASW - Anti Submarine Warfare

AHTSVs. Anchor Handling- Towing - Com Supply Vessels

ASEAN - Association of South East Asian Nation

ARF - ASEAN Regional Forum

APEC - Asia Pacific Economic Cooperation

ACNS - Assistant Chief of Naval Staff

ARF-DiREx - ARF Diaster Relief Exercise

B

BCIM - Bangladesh, China, India, Myanmar

BIST-EC- Bangladesh India Sri Lanka Thailand- Economic Cooperation

BRI - Belt and Road Initiative

BARC - Bhabha Atomic Research Centre

BIMSTEC- Bay Of Bengal Initiative for Multi Sectoral Technical and Economic Cooperation

BIOT - British Indian Ocean Territory

C

CSR - Coastal Surveillance Radar

CMFRI- Central Marine Fisheries Research Institute

CHL-Cochin Shipyard Limited

CCS - Cabinet Committee on Security

C3I – Command, Control, Communication and Intelligence

CSG - Carrier Strike Groups

CSS - Coastal Security Scheme

CBMs - Confidence Building Measures

CUES - Code for Unplanned Encounters at sea

CDI - Cooperative Defence Initiative

CPEC - China-Pakistan Economic Corridor

CSG - Carrier Strike Group

CVW - Carrier Air Wing

CSNCO - Communication , Space and Network Centric Operation

D

DRDO - Defence Research and Development Organization

DPRK - Democratic People's Republic of Korea

DAC - Defence Acquisition Council

DOD - Department of Ocean Development

DANX - Defence of Andaman Nicobar Exercise

DWT- Deadweight Tonnage

DSRV - Deep Submergence Rescue Vessel

E

EEZ -Exclusive Economic Zone

EMALS –Electro Magnetic Aircraft Launch System

EEP - Experts and Eminent Persons

EMALS - Electro Magnatic Aircraft Launch System

F

FIPIC - Forum for India Pacific Islands Cooperation

FAD - Fish Aggregating System

G

GCC - Gulf Cooperation Council

GDP Gross Domestic Product

GHL Goa Shipyard Limited

GMC- Goa Maritime Conclave

GRSE - Garden Reach Shipbuilders and Engineers Limited

GAGAN - GPS Aided GEO Augmented Navigation

H

HA/DR - Humanitarian Assistance/Disaster Relief

HSL - Hindustan Shipyard Limited

I

IMO International Maritime Organization

IMAC- Information Management and Analysis Center

IMMSAREX - International Multilateral Maritime Search And Rescue Exercise

IONS - Indian Ocean Naval Symposium

IMFS - Indian Marine Special Force

INS- Indian Navy Ship

IMF- International Monetory Fund

IN- Indian Navy

IPKF - Indian Peace Keeping Force

IOR- Indian Ocean Region

IORA - Indian Ocean Rim Association

IFR - International Fleet Review

INA- Indian Naval Academy

INCOIS - Indian National Centre for Ocean Information Services

IONS - Indian Ocean Naval Symposium

IRMS — Island Resource Management System

IRNSS – Indian Regional Navigation Satellite System

IEA – Information Exchange Agreement

IAMS – Information Analysis and Management System

ITEWS - Indian Tsunami Early Warning System

INCOIS - Indian National Centre for Ocean Information Services

J

JSDF -Japanese Self Defence Force

L

LST- Landing Ship Tank

LSD - Landing Ship Dock

LPD - Landing Platform Dock

LCU - Landing Craft Utility

LCAC -Landing Craft Air Cushion

LNG - Liquified Natural Gas

LRMR - Long Range Maritime Reccossaisanc

M

MCPP- Maritime Capability Prespective Plan

MIPP- Maritime Infrastructure Prespective Plan

MDA - Maritime Domain Awareness

MPEDA - Marine Product Export Development Authority

MAD- Mutual Assured Distruction

MDL- Mazagon Dock Limited

MED - Mutual Economic Dependance

MCF - Maritime Cooperation Framwork

MCMV - Mine Countermeasure Vessel

MWC - Maritime Warfare Centre

MMT - Million Metric Tons

N

NDA - National Defense Academy

NEWN - Navy Enterprise Wide Network

NICA - Naval Institute Of Computer Application

NMF -National Maritime Foundation

NavIC - Navigation with Indian Constellation

NIOT -National Institute of Ocean Technology

NCAOR - National centre for Antarctic and Ocean Research

NOPV - Naval Offshore Patrol Vessel

NIRDESH - National Institute for Research and Development in Defence Shipbuilding

NEO - Non Combatant Evacuation Operation

NOPV - Naval Offshore Patrol Vessel

NDAA - National Defence Authorization Act

NMDP - National Maritime Development Programme

O

OBOR- One Belt One Road

ONGC - Oil and Natural Gas Corporation

OVL- ONGC Videsh Limited

OAU- Organisation of African Unity

P

PRC - People's Republic of China

PLAN - People's Liberation Army Navy

PMRF - Pacific Missile Range Facility

PPP - Public Private Partnership

R

RIL -Reliance Industries Limited

RDF- Rapid Deployment Force

RIMPAC- Rim of the Pacific

RMSI - Regional Maritime Security Initiative

S

SAARC- South Asian Association of Regional Cooperation

SOP- Standard Operating Procedure

SCI - Shipping Corporation of India

SLBM - Submarine Launched Ballistic

SCS - South China Sea

SLOCs - Sea Line of Communications

SAARC - South Asian Association for Regional Cooperation

SCO - Sanghai Cooperation Organization

SIMBEX - Singapore-Indian Maritime Bilateral Exercise

SSBN - Submersible Ship Ballistic Nuclear

SSN - Submersible Ship Nuclear

SAR - Search and Rescue

SAPTA- SAARC Preferential trading Arrangement

SAFTA - SAARC Free Trade Area

SAGAR - Security And Growth For All In The Region

U

UAV -Unmanned Aerial Vehicle

UNCLOS - United Nations Convention on the Law of Sea

V

VLCC - Very Large Container Carrier

VBSS - Visit Board Serch and Seisure

VTS – Vessel Traffic System

W

WMD- Weapons of Mass Distruction

WPNS — Western Pacific Naval Symposium

1

हिंद–प्रशांत क्षेत्र : राजनीतिक, आर्थिक एवं रणनीतिक महत्व

बदले विश्व परिदृश्य में हिंद–प्रशांत क्षेत्र (इंडो– पैसिफिक रीजन) आर्थिक एवं रणनीतिक दृष्टिकोण से विश्व का सबसे अधिक महत्वपूर्ण क्षेत्र बन गया है। यह विश्व का सबसे अधिक सुअवसर एवं संभावना वाले क्षेत्र के रूप में उभरा है। शीतयुद्धोतर काल में ट्रांस अटलांटिक क्षेत्र के स्थान पर हिंद – प्रशांत क्षेत्र अधिक महत्वपूर्ण हो गया है। इस क्षेत्र के दो देश–चीन एवं भारत आर्थिक विकास के पथ पर तेजी से अग्रसर है। 21 वीं शताब्दी में भारत हिंद–प्रशांत क्षेत्र में अपनी राजनीतिक एवं आर्थिक हितों की सुरक्षा एवं विकास हेतु सामुद्रिक शक्ति संपन्न देश बनने की दिशा में (धीमी गति से अपितु सही दिशा में) अग्रसर है। ऐसी आशा है कि 2025– 30 तक भारत पूर्ण रूप से एक मजबूत सामुद्रिक शक्ति संपन्न देश बन जाएगा। 21 वीं शताब्दी को सामुद्रिक शताब्दी के रूप में देखा जा रहा है। यह प्रौद्योगिकी विकास एवं नव प्रवर्तन की शताब्दी है। यह आर्थिक उन्नति एवं रणनीतिक सहयोग की शताब्दी है।

यह ''ब्लू इकॉनमी'' तथा ''ब्लू क्रांति'' की शताब्दी है। प्रधानमंत्री श्री मोदी ने जुलाई 2014 में ब्लू क्रांति को भारतीय विकास से जोड़ने के प्रति अपनी प्रतिबद्धता व्यक्त की थी। उस समय प्रधानमंत्री ने देश के आर्थिक विकास हेतु 5 एम–– मैन, मनी, मटेरियल, मेरीटाइम तथा मैनेजमेंट को गतिशील करने की आवश्यकता पर बल दिया था। देश की ऊर्जा सुरक्षा पूर्ण रुप से समुद्री सुरक्षा पर निर्भर करती हैं। राष्ट्रीय शांति, सुरक्षा एवं संपन्नता के लिए यह अत्यंत आवश्यक है कि देश के आर्थिक एवं सामुद्रिक विकास के मध्य उचित संतुलन को बनाए रखा जाए। विश्व के छोटे बड़े सभी देशों में आर्थिक विकास एवं सहयोग की होड़ सी मची हुई है। विश्व व्यापार तेजी से बढ़ रहा है। जून 2017 में कुल विश्व व्यापार लगभग 17 ट्रिलियन डॉलर था। इसमें भारत का व्यापार हिस्सा मात्र 1.7 प्रतिशत ही था।[1] विश्व व्यापार का लगभग 95 प्रतिशत भाग समुद्री जलमार्गो से होकर विश्व के विभिन्न देशों तक पहुंचता है। इसी कारण से चीन अपने आर्थिक विकास एवं व्यापार को ध्यान में रखकर ''मेरीटाइम सिल्क रुट'' (चीन एशिया से लेकर योरप तक) के मल्टी बिलियन डॉलर के महत्वकांक्षी परियोजना पर कार्यरत है। चीन भी अपने आर्थिक शक्ति के सापेक्ष सामुद्रिक शक्ति विकास– विस्तार हेतु गंभीरता से प्रयत्नशील है। हिंद–प्रशांत क्षेत्र में भारत अपना स्त्रातजिक स्पेस कायम करना चाहता है। यह क्षेत्र भारत के लिए विशेष आर्थिक एवं रणनीतिक महत्व रखता है। 21 वीं शताब्दी में भारतीय राष्ट्रीय हित हिंद– प्रशांत क्षेत्र के साथ ही अन्य दूसरे सुदूर क्षेत्रों में भी फैला हुआ है। इन हितों की सुरक्षा एवं विस्तार सामुद्रिक शक्ति के बिना संभव नहीं है।

शीतयुद्धोतर काल में विश्व की आर्थिक एवं सैनिक गतिविधियों का प्रमुख केंद्र 'ट्रांस – अटलांटिक' के स्थान पर 'एशिया– प्रशांत' बन गया था। एशिया– प्रशांत क्षेत्र में उत्तरी अमेरिका के पश्चिमी तट से लेकर एशिया के पूर्वी तट के देश प्रमुख रुप से आते थे। इसमें द्वीप देशों को

लेकर 50 से 55 देश शामिल थे। कुछ विद्वान इसमें दक्षिण पूर्व एशिया से लेकर पूर्वी चीन सागर के एशियाई देशों तथा उत्तरी अमेरिका महाद्वीप के पश्चिमी तट के देशों एवं ऑस्ट्रेलिया को शामिल करते हैं। जिनका प्रशांत महासागर में तटीय क्षेत्र है। जबकि कुछ विद्वान इसमें दक्षिण एशिया से लेकर पूर्वी एशिया के देशों को शामिल करते थे। इस प्रकार से भारत भी इस क्षेत्र में शामिल हो जाता था। इसे ''हिंद–प्रशांत आर्क'' भी कहा जाता है। भारतीय अंडमान निकोबार द्वीप समूह दक्षिण पूर्व एशिया के देशों इंडोनेशिया, थाईलैंड तथा मलक्का जलमार्ग के पास स्थित है। एशिया प्रशांत क्षेत्र की प्रमुख आर्थिक एवं नौसैनिक शक्तियां थी– अमेरिका, जापान, दक्षिण कोरिया, चीन एवं रुस।

21 वीं शताब्दी के बदले आर्थिक एवं स्त्रातजिक परिदृश्य को देखते हुए प्रमुख रक्षा संस्थानों और रक्षा विशेषज्ञों ने ''एशिया– प्रशांत क्षेत्र'' के स्थान पर 'हिंद– प्रशांत क्षेत्र' का उल्लेख एवं उपयोग करना अधिक समीचीन समझा। जनवरी 2007 में गुरप्रीत खुराना ने अपने लेख में ''इण्डो – प्रशांत क्षेत्र'' का उल्लेख किया था। इस जलक्षेत्र का विस्तार उन्होंने पूर्वी अफ्रीका से लेकर पूर्वी एशिया तक बताया था।[2] 22 अगस्त 2007 को जापान के प्रधानमंत्री शिंजो आबे ने भारतीय संसद को संबोधित करते समय हिंद महासागर तथा प्रशांत महासागर की आर्थिक एवं स्त्रातजिक महत्व को रेखांकित किया था। अक्टूबर 2010 अमेरिकी सेक्रेटरी ऑफ स्टेट हिलेरी क्लिंटन ने होनोलुलु में बोलते हुए ''हिंद–प्रशांत क्षेत्र'' के स्त्रातजिक और आर्थिक महत्व का विस्तार से उल्लेख किया था। यह अधिक उपयुक्त प्रतीत हुआ क्योंकि इस क्षेत्र में हिंद महासागर तथा प्रशांत महासागर दोनों के देश आ जाते हैं। 2011 के पश्चात अमेरिकी प्रशासन तथा अधिकारियों ने अपने भाषणों में ''हिंद–प्रशांत क्षेत्र'' का अधिकाधिक उपयोग किया। आज यह अंतरराष्ट्रीय राजनीतिक, आर्थिक एवं स्त्रातजिक गतिविधियों का सबसे अधिक महत्वपूर्ण क्षेत्र बन गया है।

क्षेत्रीय आर्थिक एवं रणनीतिक महत्व को ध्यान में रखकर ऑस्ट्रेलिया ने अपने "रक्षा श्वेत पत्र 2013" में इण्डो – प्रशांत क्षेत्र का विस्तार से उल्लेख किया था।[3] प्रसिद्ध भारतीय रक्षा विशेषज्ञ सी. राजामोहन ने अपनी पुस्तक "समुंद्र मंथन"(2013) में हिंद– प्रशांत क्षेत्र के आर्थिक एवं रणनीतिक महत्व का विस्तारपूर्वक वर्णन किया है। 21वीं शताब्दी के दूसरे दशक में "हिंद–प्रशांत क्षेत्र" शब्दावली का व्यापक उपयोग किया जा रहा है। अमेरिकी रक्षा विशेषज्ञ तथा प्रशासन द्वारा "इंडो– एशिया– प्रशांत क्षेत्र" तथा "हिंद–पश्चिमी प्रशांत क्षेत्र" का भी उल्लेख किया जा रहा है। 2017 में अमेरिकी राष्ट्रपति डोनाल्ड ट्रंफ प्रशासन ने भी "हिंद–प्रशांत क्षेत्र" वाक्यांश का उपयोग अधिक उपयुक्त समझा था। अमेरिकी प्रशासन ने कहा कि इससे भारत के उद्‌भव का भी महत्व सामने आता है। इस क्षेत्र के आर्थिक एवं रणनीतिक महत्व को देखते हुए यह अधिक उपयुक्त भी प्रतीत हो रहा है।[4] नवंबर 2017 में राष्ट्रपति डोनाल्ड ट्रंफ ने "एपेक इॅकनोमिक फोरम" के वियतनाम सम्मेलन के समय इंडो– पैसिफिक क्षेत्र के महत्व पर विशेश जोर दिया था। उन्होंने कहा था कि "मुक्त तथा खुले हिंद–प्रशांत क्षेत्र के लिए अपना विजन साझा करने में मैं गौरवान्वित महसूस कर रहा हूँ।" इंडो–पैसिफिक क्षेत्र के बारे में बोलते हुए राष्ट्रपति ट्रंप ने चीन के प्रति व्यापारिक चिंता तथा प्रजातांत्रिक भारत के प्रति विश्वास की भावना को स्पष्ट रुप से व्यक्त किया था।[5] अमेरिकी प्रशासन ने अपने सबसे महत्वपूर्ण एवं शक्तिशाली 'पैसिफिक कमाण्ड' का नाम मई 2018 में बदलकर 'इंडो–पैसिफिक कमाण्ड' कर दिया है।

राष्ट्रपति ट्रंप तथा उनकी अमेरिकी टीम ने इस यात्रा के दौरान सभी जगहों पर "एशिया–प्रशांत" के स्थान पर "इंडो–पैसिफिक–पदबंध का अधिक उपयोग किया था। अमेरिकी सेक्रेटरी ऑफ स्टेट रेक्स टिलरसन ने भी मुक्त, खुले तथा समृद्ध हिंद–प्रशांत क्षेत्र की आवश्यकता को सहयोग देने की बात पर जोर दिया था।[6]

प्रधानमंत्री श्री मोदी ने अपनी विदेश नीति में 'हिंद–प्रशांत क्षेत्र' को विशेष स्थान दिया है तथा इस क्षेत्र के तटीय देशों एवं द्वीप देशों की प्रमुखता से पिछले वर्षों में यात्रा भी किया है.।

21 वीं शताब्दी में यह पूरा क्षेत्र आर्थिक, सैनिक, नौसैनिक एवं राजनीतिक गतिविधियों का केंद्र बना हुआ है। इसमें चीन तथा भारत दो तेजी से उभरती अर्थव्यवस्थायें है। चीन ने भूमंडलीकरण एवं आर्थिक उदारीकरण की प्रक्रिया भारत (1991) से पहले 1978 में ही प्रारंभ कर दिया था। जिससे वह आज आर्थिक एवं सैनिक विकास में भारत से कई गुना आगे पहुंच चुका है। चीन हिंद– प्रशांत क्षेत्र में अमेरिका के बाद सबसे अधिक प्रभावशाली देश है। चीन ने आर्थिक विकास का एक वृहद कार्यक्रम चला रखा है। चीन के 'रक्षा श्वेत पत्र 2008' में स्पष्ट रुप से उल्लेख किया गया था कि 2040 तक चीन की नौसेना ग्लोबल पावर बन जाएगी। क्योंकि चीन यह भली भांति जानता है कि बिना सामुद्रिक शक्ति के वह विश्व शक्ति नहीं बन सकता है। अमेरिकी शक्ति का मुख्य आधार अमेरिकी नौसेना है। आर्थिक विकास के समानुपात में सामुद्रिक शक्ति की आवश्यकता होती है।

इस शताब्दी में हिंद– प्रशांत क्षेत्र का स्त्रातजिक वातावरण तेजी से बदल रहा है। चीन ने दक्षिण कोरिया से लेकर मलक्का जलक्षेत्र के देशों के साथ समुद्री जलक्षेत्र तथा द्वीपों से संबंधित विभिन्न प्रकार का विवाद उत्पन्न कर दिया है। ताइवान इस क्षेत्र का सबसे संवेदनशील समस्या है। उत्तरी कोरिया तथा ईरान के परमाणु कार्यक्रम से अमेरिका सहित पूरा विश्व चिंतित है। चीन की बढ़ती आर्थिक एवं सैनिक शक्ति कभी भी हिंद– प्रशांत क्षेत्र में सुरक्षा संकट पैदा कर सकती है। द्वीप क्षेत्र विवाद के चलते चीन ने जापान तक को कड़ी चेतावनी दिया है। हिंद महासागर क्षेत्र में चीन तेजी से अपना व्यापार तथा प्रभाव बढ़ा रहा है। जनवरी 2014 में चीन की परमाणु पनडुब्बी के हिंद महासागर क्षेत्र के दौरे

से अमेरिका सहित सभी क्षेत्रीय शक्तियाँ शंका ग्रस्त थी।

शीतयुद्धोतर काल के बदले परिदृश्य में 'हिंद–प्रशांत क्षेत्र' की कुछ प्रमुख भू –राजनीतिक, भू– आर्थिक एवं भू–रणनीतिक विशेषताएं इस प्रकार से है ——–

1. हिंद–प्रशांत क्षेत्र में विश्व के कुल समुद्री जलक्षेत्र का दो तिहाई भाग आता है। इसके क्षेत्रीय देशों की कुल जनसंख्या लगभग 3 बिलियन तथा जीडीपी लगभग 20 ट्रिलियन यूएस डॉलर है। विश्व निर्यात का 60 प्रतिशत भाग (भार के आधार पर) इसी क्षेत्र के देशों के द्वारा होता है। 21वीं शताब्दी में यह क्षेत्र विश्व का सबसे अधिक तेजी से आर्थिक विकास करने वाला क्षेत्र बन गया है।[7]

2. हिंद–प्रशांत क्षेत्रीय देशों में तेजी से आगे बढ़ रही अर्थव्यवस्थाओं में चीन पहले तथा भारत दूसरे स्थान पर है। वर्तमान समय में चीन आर्थिक महाशक्ति बन चुका है। अमेरिका के पश्चात विश्व में सबसे अधिक जीडीपी वाला देश चीन बन गया है।

भूमण्लीकरण तथा उदारीकरण की नीतियों को अपनाने के बाद से चीन के राष्ट्रीय नीति का मुख्य आधार आर्थिक तथा सामुद्रिक शक्ति विकास एवं विस्तार रहा है। 'हिंद–प्रशांत क्षेत्र' में चीन की नीति (आर एम बी– रिसोर्सेज, मार्केट्स एंड बेसेज) संसाधनों, मार्केटों तथा अड्डों के विस्तार की रही है। उसके अनुसार यह धन, शक्ति एवं सुरक्षा के लिए आवश्यक है।

हिंद–प्रशांत क्षेत्र के पश्चिमी प्रशांत महासागर क्षेत्र में चीन तेजी से आर्थिक एवं नौसैनिक विकास के पथ पर अग्रसर है। चीन के ''चीन–पाकिस्तान आर्थिक गलियारे'' तथा ''वन बेल्ट–वन रोड'' पहल से विश्व की सभी बड़ी शक्तियाँ सजग हो गयी है। बड़े आर्थिक संबंधों के बावजूद भी अमेरिका तथा उसके मित्र देश चीन के विरुद्ध सैनिक एवं नौसैनिक

गतिविधियों में संलिप्त हैं।

हिंद–प्रशांत क्षेत्र के हिंद महासागर क्षेत्र में पिछले दशकों में भारत का तेजी से आर्थिक एवं सैनिक/नौसैनिक विकास हुआ है। हिंद महासागर क्षेत्र में चीन के बढ़ते आर्थिक प्रभाव एवं नौसैनिक विस्तार को देखते हुए अमेरिका तथा उसके मित्र देश भारत के साथ द्विपक्षीय तथा बहुपक्षीय आर्थिक एवं नौसैनिक संबंधों एवं सहयोग को बढ़ाने तथा मजबूत करने में लगे हैं।

हिंद–प्रशांत क्षेत्र का सबसे महत्वपूर्ण तथ्य है कि क्षेत्रीय सभी देश चीन के आर्थिक शक्ति और विकास से लाभ तो उठाना चाहते है, लेकिन वे किसी भी तरह से चीन के सुरक्षा योजना तथा नेटवर्क का भाग बनना नहीं चाहते हैं।

हिंद–प्रशांत क्षेत्र में अमेरिका को छोड़कर किसी अन्य दूसरे क्षेत्रीय देशों के पास चीन के सैनिक एवं आर्थिक शक्ति का मुकाबला करने की ताकत नहीं है। इसका अनुमान इस बात से लगाया जा सकता है कि 2017 में भारत वियतनाम के मध्य व्यापार 8 बिलियन डॉलर का था जिसके 2020 तक 15 बिलियन डॉलर तक हो जाने की संभावना है। जबकि 2015 में चीन वियतनाम द्विपक्षीय व्यापार 95.82 बिलियन डॉलर था। यह लगातार तेजी से बढ़ रहा है। 2015 में चीन आसियान द्विपक्षीय व्यापार 472 बिलियन डॉलर का था।[8]

चीन हिंद– प्रशांत क्षेत्र में उभर रहे "भारत– जापान संबंधों" तथा "भारत– अमेरिका नौसैनिक संबंधों" को एक बड़ी चुनौती के रूप में देखता है।

3. विभिन्न संस्थाओं का यह अनुमान है कि 2050 तक विश्व के 20 बड़ी अर्थव्यवस्थाओं वाले देश हिंद–प्रशांत क्षेत्र के होंगे। साथ ही साथ ही 2030 तक विश्व की 25 प्रमुख समुद्री एवं हवाई व्यापारिक रास्तों

में से 21 हिंद–प्रशांत क्षेत्र के होगें। जिससे होकर दो तिहाई ग्लोबल तेल तथा एक तिहाई बल्क कार्गो निकलेगा। (द हिंदू, नयी दिल्ली, सितंबर 5,2015)

4. हिंद प्रशांत क्षेत्र का सबसे पुराना आर्थिक सहयोग संगठन आसियान (एसोसिएशन ऑफ साउथ ईस्ट एशियन नेशंस 1967) है। विश्व में यूरोपियन यूनियन की तरह का यह दूसरा महत्वपूर्ण आर्थिक सहयोग संगठन है। इस क्षेत्र के अन्य दूसरे आर्थिक संगठन है – गल्फ सहयोग परिषद (1981), दक्षेस (सार्क 1985), एपेक (1989), बिम्सटेक (1997) तथा हिमतक्षेस (1995)।

हिंद प्रशांत क्षेत्र के क्षेत्रीय सुरक्षा एवं विकास में आसियान, आसियान रीजनल फोरम, ईस्ट एशिया समिट, आसियान डिफेंस मिनिस्टर्स मीटिंग प्लस तथा 'रीजनल कोऑपरेशन एग्रीमेंट ऑन कॉम्बैटिंग पाइरेसी एंड आर्म्ड राबरी अगेंस्ट शिप इन एशिया' ने भी महत्वपूर्ण भूमिका निभाई हैं।

5. इस क्षेत्र के काफी देशों के मध्य सीमा क्षेत्र विवाद, समुद्री सीमा एवं जलक्षेत्र विवाद है। यह क्षेत्र में तनाव और संघर्ष का मुख्य कारण है। इस क्षेत्र का सबसे बड़ा समुद्री क्षेत्र विवाद दक्षिण चीन सागर क्षेत्र का है। लगभग पूरे दक्षिण चीन सागर जलक्षेत्र पर चीन अपना अधिकार बताता है। चीन तेजी से इस क्षेत्र में नौसैनिक एवं वायु सेना की सुविधाओं को बढा रहा है। उसने पार्शल द्वीप पर जमीन से हवा में मार करने वाले प्रक्षेपास्त्र को भी लगाया है। चीन अपनी सामुद्रिक स्थिति मजबूत करने हेतु तेजी से कृत्रिम द्वीपों का निर्माण कार्य कर रहा है।

6. विभिन्न विवादो– तनावों के बावजूद भी इस क्षेत्र के सभी देश गैरपरंपरागत सुरक्षा चुनौतियों जैसे आतंकवाद, पाइरेसी, मादक पदार्थों की तस्करी, मानव तस्करी तथा परमाणु प्रसार इत्यादि के प्रति सजग एवं

सहयोगरत है।

7. जर्मनी के एकीकरण तथा सोवियत संघ के विघटन से उत्पन्न शीतयुद्धोत्तर काल में वैश्वीकरण, उदारीकरण एवं आर्थिक प्रतिनिर्भरता का एक नया युग प्रारंभ हुआ। राष्ट्रीय विकास, उन्नति, संपन्नता एवं सुरक्षा के लिए क्षेत्रीय एवं बाहरी देशों एवं संगठनों के साथ आर्थिक सहयोग एक आवश्यक आवश्यकता बन गया। पूर्व की राजनीतिक एवं सैनिक संधियों का स्थान आर्थिक एवं व्यापारिक सहभागिता एवं समझौतों ने ले लिया। ''म्यूच्यूअल एश्योर्ड डिस्ट्रक्शन'' (एम ए डी) के स्थान पर ''म्यूच्यूअल इॅकनोमिक डिपेंडेंस'' (एम ई डी) की अवधारणा का विकास एवं विस्तार हुआ। इस काल में विश्व के छोटे तथा बड़े सभी देशों में आर्थिक विकास एवं प्रगति की होड़ सी मच गई तथा विश्व व्यापार में अप्रत्याशित वृद्धि परिलक्षित हुई। तेजी से बढ़ता विश्व व्यापार ही इस बात का द्योतक है कि 21 वीं शताब्दी में 'हिंद–प्रशांत क्षेत्र' विश्व का सबसे प्रमुख क्षेत्र होगा।

8. हिंद–प्रशांत क्षेत्र के दोनों जलक्षेत्र विभिन्न प्रकार के परंपरागत तथा गैर परंपरागत सुरक्षा चुनौतियों के केंद्र बने हुए हैं। परंपरागत सुरक्षा चुनौतियों में प्रशांत महासागर क्षेत्र में उत्तरी कोरिया तथा अमेरिका के मध्य का तनाव तथा धमकी प्रमुख है। दूसरी तरफ हिंद महासागर क्षेत्र में भारत पाकिस्तान तथा चीन के मध्य संबंधों से समय–समय पर परंपरागत सुरक्षा चुनौती उत्पन्न होने का खतरा परिलक्षित होता रहा है। गैरपरंपरागत सुरक्षा चुनौतियों में आतंकवाद, पायरेसी, अवैधानिक घुसपैठ, डब्लू एम डी का प्रसार, मादक पदार्थों तथा छोटे हथियारों की तस्करी आदि प्रमुख हैं।

9. पूरा हिंद–प्रशांत क्षेत्र स्पष्ट रुप से अमेरिका एवं चीन के मध्य विभाजित है। प्रशांत महासागर के एक तरफ अमेरिका तथा दूसरी तरफ से चीन स्थित है। पूरे क्षेत्र की सुरक्षा व्यवस्था स्पष्ट रुप से अमेरिका के हाथों में केंद्रित है। लेकिन इस शताब्दी में चीन ने भी अपने नौसैनिक

विकास का एक वृहद एकीकृत कार्यक्रम प्रारंभ कर रखा है। अमेरिका ने भी अपना ध्यान चीन पर केंद्रित कर रखा है। उसने कई स्थानों पर यह स्पष्ट रूप से कहा है कि अमेरिका हिंद– प्रशांत क्षेत्र में उचित संतुलन स्थापित करने के लिए जो भी आवश्यक होगा वह कदम उठाएगा।

10. हिंद–प्रशांत क्षेत्र की शांति और सुरक्षा के तीन मुख्य आयाम है।

* चीन – अमेरिका संबंध
* चीन – भारत संबंध
* चीन के समुद्री क्षेत्र के दावे एवं विवाद

11. हिंद–प्रशांत क्षेत्र को जोड़ने का कार्य प्रमुख रुप से मलक्का जलमार्ग करता है। यह विश्व की व्यस्ततम जलमार्गों में से एक है। इसके अतिरिक्त इंडोनेशिया के लांबोक तथा सुंडा जलमार्ग की तरफ से भारी व्यापारिक जलयान तथा पानी के अंदर से पनडुब्बियाँ निकलती हैं।

12. हिंद–प्रशांत क्षेत्र में अमेरिका के बड़े नौसैनिक सहयोगी देश है– जापान, दक्षिण कोरिया, ताइवान, आसियान देश, ऑस्ट्रेलिया एवं भारत। जबकि इस क्षेत्र में चीन के नौसैनिक सहयोगी एवं करीबी देश है– रुस, उत्तर कोरिया, कम्बोडिया, लाओस, म्यांमार, श्रीलंका, मालदीव, पाकिस्तान, जिबूती एवं सूडान।

13. इस क्षेत्र के आर्थिक एवं रणनीतिक परिदृश्य को देखते हुए रुस ने भी जापान के उत्तर में स्थित अपने कुरील द्वीप समूह पर नौसैनिक शक्ति बढ़ाने का निश्चय किया है। इन द्वीपों में से दो द्वीपों पर जापान अपना दावा प्रस्तुत करता है। इन द्वीपों का कुल क्षेत्रफल 10503 वर्ग किलोमीटर है तथा जनसंख्या 19434 है। इन द्वीपों के पश्चिम में रूस का सखालिन क्षेत्र तथा ओखोस्टक सागर स्थित है। सखालिन के दो तेल क्षेत्रों में भारतीय कंपनी ओएनजीसी ने भारी निवेश कर रखा है। इन

द्वीपों के पास ही रूस का ब्लाडीबोस्टक नौसैनिक अड्डा है।

14. इस क्षेत्र का अमेरिका सबसे अधिक शक्तिशाली देश है। जापान की सुरक्षा का उत्तरदायित्व अमेरिकी नौसेना तथा मरीन सेना का है। लेकिन जापान ने यह तय किया है कि अगले दशक में वह अपनी स्वयं की सुरक्षा के लिए सामुद्रिक शक्ति का विकास एवं विस्तार करेगा। चीन बड़े पैमाने पर सामुद्रिक शक्ति विस्तार के कार्य में लगा है। 2016 में चीन ने अपने वायुयानवाहक पोत को ऑपरेशनल किया था। ऑस्ट्रेलिया ने भी आगे के वर्षों में अपनी समुद्री शक्ति विस्तार मुख्यतः पनडुब्बियों के विकास एवं विस्तार की बड़ी योजना पर कार्यरत है। फिलीपींस भी अपनी नौसेना के विस्तार एवं आधुनिकीकरण के कार्य में लगा है। भारत भी शक्तिशाली नौसेना के विकास कार्य में गंभीरतापूर्वक लगा हुआ है।

15. हिंद महासागर में अपने तथा मित्र देशों के हितों की सुरक्षा के लिए अमेरिका का ''पांचवा बेड़ा'' फारस की खाड़ी क्षेत्र में बहरीन में लगा हुआ है। मध्य हिंद महासागर क्षेत्र में मॉरीशस के पास डियागो–गार्सिया द्वीप पर अमेरिका का शक्तिशाली नौसैनिक एवं वायु सेना अड्डा है। प्रशांत महासागर में अमेरिकी नौसेना तथा मरीन सेना की यूनिट दक्षिण कोरिया के ''बुसान'' तथा सातवां बेड़ा जापान के ''आकीहोमा'' तथा गुआम द्वीप पर लगी है। इसके अतिरिक्त किसी भी आपात स्थिति में अमेरिका इस क्षेत्र में अपने सभी मित्र देशों की नौसैनिक सुविधाओं का उपयोग कर सकता है। यहाँ तक कि अमेरिका ने साम्यवादी वियतनाम से भी अपने संबंधों को काफी हद तक मित्रतापूर्ण बना लिया है। वह वियतनाम की कैम –रन–वे की नौसैनिक सुविधाओं को पुनः प्राप्त करने के लिए प्रयत्नशील है। अमेरिकी नौसेना का तीसरा बेड़ा उसके मुख्यभूमि के पश्चिमी तट पर स्थित है। पूरा हिंद– प्रशांत क्षेत्र अमेरिकी स्त्रातजिक आक्रमण के परिधि में आता है।

16. हिंद–प्रशांत क्षेत्र के हिंद महासागर की सबसे बड़ी सुरक्षा चुनौती आतंकवाद है। हिंद महासागर स्थित दक्षिण एशिया की शांति और सुरक्षा का मुख्य आधार भारत– पाकिस्तान संबंध रहा है। दूसरी तरफ प्रशांत महासागर में उत्तरी कोरिया सबसे बड़ी सुरक्षा चुनौती बना हुआ है। अमेरिका के तमाम विरोध के बावजूद उत्तरी कोरिया ने 3 सितंबर 2017 को अपना छठा परमाणु परीक्षण कर इस समस्या को और भी गंभीर बना दिया है। चीन के दक्षिणी चीन सागर जलक्षेत्र दावों तथा जापान से द्वीप क्षेत्र संबंधी विवादों ने क्षेत्रीय देशों के लिए एक गंभीर संकट उत्पन्न कर दिया है। उत्तरी कोरिया तथा चीन के विरुद्ध अमेरिका, जापान तथा दक्षिणी कोरिया सीधे सैनिक रुप से सक्रिय है। किसी भी समय उत्तरी कोरिया तथा चीन विश्व सुरक्षा के लिए गंभीर संकट उत्पन्न करने की क्षमता रखते है।

अक्टूबर 2017 में पूर्व अमेरिकी राष्ट्रपति जिमी कार्टर ने यह कहा है कि उत्तरी कोरिया के नेता "किम जोंग उन" के बारे में कुछ भी अंदाजा लगाना अत्यंत मुश्किल है। अगर किसी समय उसे यह लगा कि अमेरिकी ट्रंप प्रशासन उत्तर कोरिया के खिलाफ कुछ बड़ी कार्रवाई करने जा रही है तो वह उससे पहले ही परमाणु हमला कर सकता है । जिससे दक्षिण कोरिया, जापान और प्रशांत क्षेत्र में स्थित अमेरिकी सैन्य ठिकाने बर्बाद हो सकते हैं। इससे तीसरी विश्व युद्ध का भी खतरा है।[9]

17. दक्षिण एशिया में तीन परमाणु एवं प्रक्षेपास्त्र शक्ति सम्पन्न देशों – पाकिस्तान, भारत तथा चीन की थल सीमा आपस में मिली हुई है। पूर्वी एशिया क्षेत्र में चीन, रूस तथा उत्तरी कोरिया की सीमा मिली हुई है। ये तीनों देश भी परमाणु एवं प्रक्षेपास्त्र सम्पन्न देश है।

18. 'हिंद–प्रशांत क्षेत्र' में ईरान अमेरिकी विरोध के बावजूद भी परमाणु शक्ति प्राप्त करने की दिशा में अग्रसर है। दक्षिण कोरिया तथा जापान – पश्चिमी प्रशांत महासागर के दो ऐसे देश है जो किसी भी

समय परमाणु शक्ति संपन्न देश बनने की पूरी आर्थिक एवं तकनीकी क्षमता रखते हैं। 21वी शताब्दी में "वीपंस ऑफ मास डिस्ट्रक्शन" (डब्लू एम डी) का प्रसार 'हिंद– प्रशांत क्षेत्र' की सबसे बड़ी सुरक्षा चुनौती है।

19. हिंद– प्रशांत क्षेत्र में पाकिस्तान ही एकमात्र ऐसा परमाणु शक्ति संपन्न देश है, जो किसी अन्य दूसरे देश को परमाणु तकनीकी एवं उपकरण उपलब्ध करा सकता है। पाकिस्तान पहले लीबिया तथा उत्तरी कोरिया को परमाणु तकनीकी एवं उपकरण उपलब्ध भी करा चुका है। ऐसी भी संभावना है कि सऊदी अरब तथा ईरान के साथ अपने संबंधों को ध्यान में रखकर पाकिस्तान सऊदी अरब को परमाणु बम उपलब्ध करा दे।[10]

20. हिंद–प्रशांत क्षेत्र के बदले राजनीतिक एवं रणनीतिक परिदृश्य में अमेरिका एवं उसके मित्र देशों के नौसैनिक गतिविधियों को ध्यान में रखते हुए चीन एवं रूस ने भी एक दूसरे से नौसैनिक सहयोग बढ़ाने के उद्देश्य से मई 2015 में अपना पहला संयुक्त नौसैनिक युद्धाभ्यास (जॅवाइंट सी–2015–1) भूमध्यसागर क्षेत्र में किया था। इसका दूसरा संयुक्त नौसैनिक युद्धाभ्यास (जॅवाइट सी–2015–2) जापान सागर जलक्षेत्र में सम्पन हुआ था। इस युद्धाभ्यास में रुस की नौसेना के 16 युद्धपोतों, 2 पनडुब्बियों, 12 नौसेना के वायुयानों, 9 एम्फीबियस वेसिल तथा 200 मैरीन सैनिकों को लगाया गया था। इस युद्धाभ्यास में पनडुब्बी निरोधी, वायु सुरक्षा तथा अन्य दूसरे प्रकार के संयुक्त अभ्यास कार्य किये गये थे। बदले स्त्रातजिक वातावरण में अमेरिका अपने पैसिफिक कमांड की ताकत 'पिवेट–टू–एशिया' डॉक्ट्रिन के अंतर्गत बढ़ाने के लिए कार्यरत है। किसी भी आपात स्थिति में यू.एस. पैसिफिक कमांड दो तिहाई अमेरिकी नौसैनिक शक्ति को इस क्षेत्र की सुरक्षा तथा स्थिरता के लिए उपयोग में लाने की स्थिति में होगा।

इस शताब्दी के दूसरे दशक में राष्ट्रपति बराक ओबामा की ''पूर्वी एशिया नीति'' काफी महत्वपूर्ण थी। पहले भी इस महत्वपूर्ण क्षेत्र की सुरक्षा हेतु क्लिंटन तथा बुश प्रशासन ने गुआम द्वीप क्षेत्र तथा जापान में पर्याप्त संख्या में नौसेना तथा वायु सेना लगा रखा था। साथ ही सिंगापुर के चांगी नेवल बेस पर वायुयानवाहक पोत के लिए विभिन्न सुविधाएं विकसित किया गया था। जापान तथा फिलीपींस के साथ द्विपक्षीय रक्षा सहयोग को मजबूत किया गया था। बुश प्रशासन ने पश्चिमी प्रशांत क्षेत्र के लिए एक अतिरिक्त वायुयानवाहक पोत उपलब्ध कराया था। 2005 में पेंटागन ने घोषित किया था कि पूर्वी एशिया क्षेत्र की सुरक्षा हेतु वह पनडुब्बियों के संख्या बल का 60 प्रतिशत तक लगाएगा। इराक तथा अफगानिस्तान की सैनिक कार्यवाही को देखते हुए यू एस पैसिफिक कमान के खर्च में काफी बढ़ोतरी की गयी थी। ओबामा प्रशासन ने 2012 में ''पिवेट– टू –ईस्ट एशिया'' नीति की घोषणा किया था। इस नीति की मुख्य बातें इस प्रकार से थी––

1. द्विपक्षीय सुरक्षा संधियों को मजबूत करना।
2. क्षेत्रीय उभरती शक्तियों (चीन सहित) से अपने वर्किंग संबंधों को गहराई प्रदान करना।
3. क्षेत्रीय बहुपक्षीय संस्थानों से संबंध/संपर्क बढ़ाना।
4. व्यापार एवं निवेश का विस्तार।
5. बड़े स्तर पर सैनिक उपस्थिति।
6. प्रजातंत्र को बढ़ाने का प्रयास तथा मानवाधिकारों की सुरक्षा।[11]

पूरे पश्चिम प्रशांत जलक्षेत्र में अमेरिकी नौसेना समय समय पर गस्ती कार्य करती रहती है। एशिया प्रशांत क्षेत्र के अधिकतर देश अमेरिकी पक्ष में है। वे अमेरिकी शक्ति को इस क्षेत्र में स्थायित्व और संतुलन बनाने के लिए तथा ट्रांस पैसिफिक व्यापार की सुरक्षा के लिए

भी अत्यंत आवश्यक समझते है। इस क्षेत्र के तीन देश जापान, दक्षिण कोरिया तथा फिलीपींस मानते हैं कि चीन से किसी भी विवाद या दबाव/आक्रमण की स्थिति में अमेरिका उन्हें पूरी सुरक्षा प्रदान करेगा।[12]

एक बड़े निर्णय के अंतर्गत अमेरिका ने 2015 में वियतनाम के विरुद्ध लगे शस्त्र प्रतिबंध को हटाया तथा उसे तटीय सुरक्षा हेतु गस्ती जलयान खरीदने के लिए 18 मिलियन डॉलर की सहायता भी दिया था। यू एस रक्षा सचिव कार्टर ने वियतनाम की यात्रा के दौरान वियतनामी कोस्टगार्ड शिप पर यात्रा भी किया था। कार्टर दक्षिण चीन सागर की रणनीतिक परिदृश्य को देखते हुए वियतनाम के साथ अपने सामुद्रिक संबंधों को बढ़ाने के लिए प्रयत्नशील थे। अमेरिकी प्रतिबंध से बाध्य होकर वियतनाम ने अपनी सैन्य आवश्यकताओं को सोवियत संघ/रूस के सहयोग से पूरा किया था। बदली परिस्थिति में अमेरिकी सरकार तथा सीनेट के सदस्य वियतनाम को विभिन्न प्रकार के हथियारों को बेचने की योजना पर कार्यरत थे।[13]

21. 15 मई 2017 को सिंगापुर नौसेना की 50वीं वर्षगांठ के अवसर पर 20 देशों के 30 युद्धपोत सिंगापुर के चांगी नौसैनिक बेस(सी एन बी) पर पहुंचे थे। अमेरिका ने इस बेस की नौसैनिक सुविधाओं के उपयोग के लिए सिंगापुर से समझौता कर रखा है। यह दक्षिण एशियाई देशों के मध्य स्थित एक महत्वपूर्ण नौसैनिक बेस है। यहां पर अमेरिकी वायुयानवाहक पोत भी रुक सकते हैं। इस नौसैनिक समारोह में भाग लेने के लिए भारतीय नौसेनाध्यक्ष एडमिरल सुनील लांबा सिंगापुर गए थे। भारत सिंगापुर के साथ द्विपक्षीय नौसैनिक युद्धअभ्यास (एस आई एम बी ई एक्स) 1994 से कर रहा है। अमेरिकी प्रशासन ने 2010 में इंडोनेशिया के साथ द्विपक्षीय 'कांप्रीहेंसिप साझेदारी समझौते' पर हस्ताक्षर किया था।

22. ''वेस्टर्न पैसिफिक नेवल सिंपोजियम'' 1988 से प्रारंभ हुआ था। पहला सिंपोजियम सिडनी, ऑस्ट्रेलिया में (1988) आयोजित किया

गया था। उस समय इसके 12 सदस्य देश थे– ऑस्ट्रेलिया, ब्रूनेई, चीन, जापान, न्यूजीलैंड, दक्षिण कोरिया, सिंगापुर, थाईलैंड, अमेरिका, इंडोनेशिया, मलेशिया तथा पपुआ न्यूगिनी। आज इसके सदस्य देशों की संख्या 21 है तथा इसके तीन पर्यवेक्षक (भारत, बांग्लादेश, मैस्किको) है।

चीन ने अपने आर्थिक एवं नौसैनिक गतिविधियों से हिंद महासागर क्षेत्र में भारत को तथा प्रशांत महासागर क्षेत्र अमेरिका और उसके मित्र देशों को प्रभावित एवं चिंतित किया है। हिंद महासागर क्षेत्र में चीन का सबसे करीबी सहयोगी देश पाकिस्तान ने आतंकवाद के माध्यम से भारत के लिए एक बड़ी चुनौती उत्पन्न किया है। दूसरी तरफ पश्चिमी प्रशांत क्षेत्र में चीन का सबसे करीबी सहयोगी देश उत्तरी कोरिया ने अमेरिका और उसके मित्रों के लिए परमाणु खतरा उत्पन्न किया है।

वर्तमान विश्व परिदृश्य में अमेरिका तथा भारत (विश्व के दो सबसे बड़े प्रजातांत्रिक व्यवस्था वाले देश) दोनों के समक्ष समान परंपरागत चुनौती चीन की आर्थिक एवं नौसैनिक विकास एवं विस्तार से उत्पन्न हुई है। दोनों ही देश अपरंपरागत सुरक्षा चुनौतियों विशेष रुप से आतंकवाद का सामना भी कर रहे हैं।

इन्हीं कारणों से 'हिंद–प्रशांत क्षेत्र' विश्व का सबसे अधिक महत्वपूर्ण क्षेत्र बन गया है। चीन के बढ़ते आर्थिक एवं सैनिक शक्ति से सभी प्रजातांत्रिक शक्तियां चिंतित, सचेत एवं सहयोगरत है।

अमेरिका एवं हिंद–प्रशांत क्षेत्र

अमेरिका 'हिंद– प्रशांत क्षेत्र' का सबसे बड़ी अर्थव्यवस्था एवं सामुद्रिक शक्ति वाला देश है। अमेरिकी नौसेना विश्व की सबसे बड़ी तथा शक्तिशाली नौसेना है। 21वीं शताब्दी में हिंद–प्रशांत क्षेत्र में अमेरिका अपने निम्नलिखित हितों की सुरक्षा चाहता है–

1. हिंद–प्रशांत क्षेत्र का स्त्रातजिक नियंत्रण

2. क्षेत्रीय मित्र देशों के हितों की सुरक्षा
3. अपने व्यापार तथा वाणिज्यिक हितों की सुरक्षा तथा प्रसार
4. अंतरर्राष्ट्रीय प्रतिमानों एवं प्रजातांत्रिक मूल्यों की सुरक्षा

अमेरिकी प्रशासन चाहता है कि हिंद–प्रशांत क्षेत्र मुक्त, खुला, स्थिर एवं सुरक्षित हो। यहाँ मुक्त नौवहन तथा खुला व्यापारिक वातावरण हो।

प्रशांत क्षेत्र के बदलते आर्थिक एवं स्त्रातजिक वातावरण में अमेरिका अपने क्षेत्रीय मित्र देशों के साथ पूरा सहयोग एवं संपर्क बनाए हुए हैं, ताकि उनकी सुरक्षा चुनौतियों एवं समस्याओं का सामना मजबूती से कर सके। पूर्वी एशिया में अमेरिकी मैरीन सेना तथा नौसेना जापान के ओकिहामा तथा दक्षिण कोरिया के बुसान में तैनात हैं। अमेरिका ने कहा है कि वह एशिया प्रशांत क्षेत्र के सुरक्षा के लिए अपने कुल शक्ति का 70 प्रतिशत भाग आवश्यकता पड़ने पर लगाएगा। हिंद–प्रशांत क्षेत्र की सुरक्षा व्यवस्था अमेरिका के हाथ में है। हिंद महासागर की सुरक्षा के लिए अमेरिका ने डियागो–गार्शिया में एक शक्तिशाली नौसैनिक/वायुसैनिक अड्डा स्थापित कर रखा है। फारस की खाड़ी क्षेत्र में अमेरिकी नौसेना का पांचवां बेड़ा बहरीन में स्थित है। प्रशांत क्षेत्र में अमेरिकी सातवां बेड़ा जापान तथा गुआम में स्थित है। अमेरिकी नौसेना का तीसरा बेड़ा अमेरिका के मुख्य भूमि के पश्चिमी तट पर स्थित है। किसी भी आवश्यकता के समय इन सभी बेड़ों को एक साथ उपयोग में लाया जा सकता है।

पूर्व अमेरिकी राष्ट्रपति बराक ओबामा ने अपने शासन काल के दौरान हिंद–प्रशांत क्षेत्र में तैनात अमेरिकी सेना को नए सिरे से पुनः संतुलित करने के लिए विशेष प्रयास किया था। जापान में "ग्लोबल हॉक" टोही चालकरहित वायुयानों तथा नया अत्याधुनिक "एक्स बैंड क्रूज प्रक्षेपास्त्रो" को लगाए जाने की योजना उन्हीं के समय बनाई गई थी। पश्चिमी प्रशांत महासागर की संवेदनशीलता को ध्यान में रखकर

पेंटागन ने जुलाई 2015 में दक्षिणी चीन सागर तथा जापान के क्षेत्र के बेहतर निगरानी व्यवस्था हेतु अत्याधुनिक "ई–2डी" वायुयानों को लगाने का रणनीतिक निर्णय लिया था। 27 जुलाई 2015 को यूएस पेसिफिक फ्लीट के एडमिरल स्कॉट स्फिट ने "पी8ए" जासूसी विमान से 7 घंटे तक दक्षिण चीन सागर क्षेत्र का हवाई सर्वेक्षण कार्य किया था।[14] चीनी नौसेना ने दिसंबर 2016 में अपने जलक्षेत्र से एक अमेरिकी ड्रोन को पकड़कर अपने कब्जे में ले लिया था।

अमेरिका ने दक्षिण चीन सागर क्षेत्र की संवेदनशीलता को देखते हुए मार्च 2016 के प्रारंभ में एक वायुयानवाहक पोत, दो विध्वंसक तथा दो क्रूजर युद्धपोतों को इस क्षेत्र में लगाया था। अमेरिका का कहना था कि चीन अपनी आर्थिक एवं नौसैनिक शक्ति के बल पर दक्षिण चीन सागर जलक्षेत्र के तटीय देशों के जलक्षेत्र अधिकारों को दबाना चाह रहा है। यू ए पैसिफिक कमान के कमांडर एडमिरल हैरिस का प्रस्ताव था कि दक्षिणी चीन सागर में नौवहन की स्वतंत्रता हेतु चलाए जा रहे गस्ती अभियानो में जापान एवं आस्ट्रेलिया की तरह भारत भी शामिल हो सकता है। इस प्रस्ताव पर भारतीय रक्षा मंत्री पर्रिकर ने कहा था कि भारत ने अभी तक दक्षिण चीन सागर के किसी भी गस्ती अभियान में भाग नहीं लिया है। केवल भारत ने संयुक्त नौसैनिक युद्धाभ्यासों में भाग लिया है। इसलिए किसी भी गस्ती अभियान में भाग लेने का प्रश्न ही नहीं होता है।

एक रणनीतिक निर्णय के अनुसार अमेरिका ने गुआम द्वीप पर मैरीन सैनिकों तथा युद्धपोतों को बढ़ाने की योजना बनाई थी। यह द्वीप पश्चिमी प्रशांत महासागर में अमेरिका के अधीन है। यह द्वीप एशिया के पूर्वी तट से 3 घंटे के हवाई यात्रा तथा 3 दिन के समुद्री यात्रा की दूरी पर है। पश्चिमी प्रशांत क्षेत्र का जापान मुख्य देश है। अमेरिकी निर्णय के पश्चात जापान ने अगले 5 वर्षों तक अपनी रक्षा व्यय को बढ़ाने का रणनीतिक निर्णय लिया था ताकि वह अपने द्वीपों और हितों की सुरक्षा कर सकें।

विभिन्न समयों तथा स्थानों पर अमेरिका ने स्पष्ट रूप से कहा है कि दक्षिण चीन सागर में वह ''मुक्त नौवहन की स्वतंत्रता तथा सुरक्षा का पक्षधर है। इसमें व्यापारिक तथा नौसैनिक दोनों प्रकार के जलयान शामिल हैं। अमेरिका ने हमेशा यह कहा है कि दक्षिण चीन सागर जलक्षेत्र विवाद का समाधान शक्ति के प्रयोग अथवा दबाव के माध्यम से नहीं होना चाहिए। वर्तमान विश्व परिदृश्य में अमेरिका चाहता है कि दक्षिण चीन सागर में शांति एवं स्थिरता कायम रहे। समुद्र जलक्षेत्र विवाद का समाधान यूएनसीएलओएस तथा अंतर्राष्ट्रीय विधि के प्रावधानों के अंतर्गत हो। यद्यपि कि अमेरिका ने 1994 में राष्ट्रपति बिल क्लिंटन के समय यूएनसीएलओएस पर हस्ताक्षर किया था, लेकिन अमेरिकी कांग्रेस ने इसे अनुमोदित नहीं किया था। आज भी अमेरिका यूएनसीएलओएस का सदस्य नहीं है।[15]

21 वीं शताब्दी के दूसरे दशक के मध्य में अमेरिका इस क्षेत्र के आर्थिक एवं सुरक्षा संबंधी समस्याओं के समाधान हेतु क्षेत्रीय देशों के साथ आपसी सहयोग बढ़ाने के लिए प्रयत्नशील है। राष्ट्रपति बराक ओबामा ने अप्रैल 23, 2014 से जापान, दक्षिण कोरिया, फिलीपींस, तथा मलेशिया की आठ दिवसीय सरकारी दौरा किया था। इन सभी देशों से चीन का द्वीप एवं समुद्री क्षेत्र विवाद है। जापान यात्रा के अपने संबोधन में ओबामा ने स्पष्ट रुप से कहा था कि अमेरिका जापान की मुख्य द्वीपों तथा विवादित द्वीपों की सुरक्षा के लिए प्रतिबद्ध है। 2010 में जब चीन ने ताइवान पर दबाव बनाया था तो अमेरिकी नौसेना के तीन बैलेस्टिक मिसाइल पनडुब्बियों ने एक साथ हिंद महासागर के डियागो– गार्शिया तथा प्रशांत महासागर के दक्षिण कोरिया के बुसान तथा फिलीपींस के स्यूबिक–वे पहुंचकर शक्ति प्रदर्शन करने का कार्य सफलतापूर्वक किया था।

उत्तर कोरिया का 90 प्रतिशत कारोबार चीन के साथ ही होता है।

अमेरिकी राष्ट्रपति डोनाल्ड ट्रंप परमाणु एवं बैलिस्टिक मिसाइल कार्यक्रम के मुद्दे पर उत्तर कोरिया को दुनिया से अलग थलग करने के रणनीति पर कार्य कर रहे हैं। अमेरिका तथा उत्तर कोरिया में तनातनी लगातार बढ़ता जा रहा है। ट्रंप प्रशासन चीन को इस बात के लिए राजी करने के लिए प्रयत्नशील है कि उत्तर कोरिया के खिलाफ संयुक्त राष्ट्र के सभी प्रस्तावों को पूरी तरह प्रभावी करने के साथ अन्य दूसरे जरूरी कदम चीन एवं अमेरिका को संयुक्त रूप से मिलकर उठाने की आवश्यकता है, अन्यथा उत्तर कोरिया के संकट का समाधान संभव नहीं है। अमेरिका ने स्पष्ट कर रखा है कि क्षेत्रीय शांति और सुरक्षा के लिए जो भी आवश्यक कदम होगा वह उत्तर कोरिया के विरुद्ध उठाने में किसी प्रकार का हिचकिचाहट नहीं प्रदर्शित करेगा। दिसम्बर 2017 में संयुक्त राष्ट्र सुरक्षा परिषद ने भी उत्तर कोरिया पर कड़े प्रतिबंधों को लगाया था।

28 अप्रैल 2014 को अमेरिका ने फिलीपींस के साथ ''इनहैंड्स डिफेंस कोऑपरेशन एग्रीमेंट'' किया था। इसके अनुसार अमेरिकी सशस्त्र सेनाओं को फिलिपींस में विभिन्न रियायतें प्राप्त हुई थी। इस समझौते के अनुसार फिलीपींस ने अपने 8 सैनिक अड्डों को अमेरिकी नौसेना के लिए खोल दिया था। जहाँ अमेरिका आवश्यकतानुसार सुविधाओं का विकास कार्य संपन्न कर सकता है। अमेरिका वहाँ सैनिक साज– सामानों को स्टोर भी कर सकता है। 2015 में 100 से अधिक अमेरिकी नौसैनिक युद्धपोत फिलीपींस के 'स्यूबिक–वे' आए थे। 2016 के प्रारंभ में दो अत्याधुनिक अमेरिकी परमाणु पनडुब्बियों ने यहाँ का दौरा किया था। ''स्यूबिक– वे'' की सुविधाओं का रणनीतिक उपयोग अमेरिकी नौसेना ने वियतनाम युद्ध के दौरान 'लॉजिस्टिक सपोर्ट बेस' के रूप में किया था।

नवंबर 2017 कि अपनी चीन यात्रा को देखते हुए अमेरिकी राष्ट्रपति डोनाल्ड ट्रंप ने पश्चिमी प्रशांत महासागर क्षेत्र के लिए तीन परमाणु वायुयानवाहक युद्धपोतों – ''निमिट्ज,'' ''रुजवेल्ट'' तथा ''रोनाल्ड

रीगन'' स्टाइक ग्रुप को अक्टूबर 2017 में लगाया था। 2007 के पश्चात यह सबसे बड़ा अमेरिकी नौसैनिक डिप्लायमेंट था। इसके अतिरिक्त अमेरिकी परमाणु पनडुब्बी ''यू एस एस मिशिगन'' 154 टॉमहाक क्रूज प्रक्षेपास्त्रो तथा 66 नेवी सील कमांडो सहित अक्टूबर 2017 में दक्षिण कोरिया के बुसान नौसैनिक अड्डे पर पहुंच गई थी।[16]

इस समय अमेरिका के बी–1बी बमवर्षको ने कोरियाई प्रायद्वीप के ऊपर से उड़ान भरा तथा इस वायु अभ्यास में अमेरिकी बमवर्षको के साथ जापान तथा दक्षिणी कोरिया के लड़ाकू विमानों ने भी भाग लिया था। इस वायु अभ्यास को उत्तर कोरिया ने उस पर अचानक परमाणु आक्रमण का पूर्वाभ्यास बताया था। 5 नवंबर 2017 से अमेरिकी राष्ट्रपति डोनाल्ड ट्रंप ने जापान, दक्षिण कोरिया, चीन, वियतनाम तथा फिलीपींस की 12 दिवसीय यात्रा उत्तर कोरिया तथा चीन पर दबाव बनाने के लिए किया था। उत्तर कोरिया की समस्या के समाधान में अमेरिका मित्र देशों का पूरा समर्थन एवं सहयोग चाहता है। अमेरिका ने उत्तर कोरिया को पूरे विश्व के लिए खतरा बताया है। जबकि उत्तर कोरिया ने अमेरिका पर गैंगेस्टर की तरह कार्य करने का आरोप लगाया था। इस यात्रा के पूर्व 3 नवंबर 2017 को अमेरिकी राष्ट्रपति पर्ल हार्बर पहुंचे थे। सितंबर 2017 के उत्तर कोरिया के शक्तिशाली परमाणु परीक्षण के उपरांत अमेरिका ने उसके विरुद्ध कड़ा रुख अख्तियार कर लिया है।[17] अमेरिकी प्रयासो से 22 दिसंबर 2017 को संयुक्त राष्ट्र सुरक्षा परिषद ने भी उत्तर कोरिया पर कड़े प्रतिबंधों को लगाया है।

जापान पहुंचकर राष्ट्रपति डोनाल्ड ट्रंप ने स्पष्ट कर दिया था कि उत्तर कोरिया उनके फोकस पर है। वायुसेना अड्डे पर सैनिकों को संबोधित करते हुए राष्ट्रपति ट्रंप ने कहा था कि ''कोई तानाशाह, कोई सत्ता, कोई देश और दुनिया में कोई भी अमेरिका को हल्के में नहीं ले सकता है। अमेरिका को डरा नहीं सकता। बीते समय में जिसने भी इस तरह की

कोशिश की उन्हें उसका दुष्परिणाम भुगतना पड़ा। हम अपनी आजादी, अपने लोगों की सुरक्षा से समझौता नहीं करेंगे, महान अमेरिकी झंडा कभी झुकने नहीं देंगे''। वह इस समस्या के समाधान के लिए रूस के राष्ट्रपति ब्लादिमीर पुतिन की भी मदद लेने की सोच रहे थे। इसी समय उत्तर कोरिया के प्योंगयांग से सत्तारूढ़ वर्कर्स पार्टी के अखबार रोडोंग सिनमुन ने ट्रंप को अस्थिर मानसिकता का व्यक्ति बताते हुए चेताया था कि वह अमेरिका को परमाणु हमले से होने वाली बर्बादी में धकेल देंगे।

दक्षिण कोरिया के यात्रा के दौरान राष्ट्रपति ट्रंप ने अपने सबसे बड़े सैनिक अड्डे ''कैंप हम्फ्रीज'' भी गये थे। यह उत्तरी कोरिया के सीमा से मात्र 100 किलोमीटर दूर स्थित है। क्षेत्रीय तनाव तथा उत्तरी कोरिया के धमकियों को देखते हुए दक्षिण कोरिया को अमेरिकी प्रशासन भारी मात्रा में आधुनिक हथियार तथा प्रक्षेपास्त्र बेचने के लिए तैयार है। ऐसी सूचना है कि दक्षिण कोरिया अमेरिका से परमाणु पनडुब्बी खरीदने के लिए वार्ता कर रहा है।[18]

चीन की यात्रा के दौरान राष्ट्रपति ट्रंप ने दोनों देशों के बीच बढ़ते व्यापार असंतुलन पर चिंता व्यक्त किया तथा उसे संतुलित करने के विभिन्न पहलुओं पर विचार–विमर्श किया था। पिछले कुछ वर्षों से चीन अमेरिका व्यापार संतुलन चीन के पक्ष में अधिक बढता जा रहा है। चीन के साथ अमेरिका की व्यापार असंतुलन को चार्ट के द्वारा समझा जा सकता है–

वर्ष	अमेरिका–चीन कुल व्यापार	चीन से आयात (बिलियन डॉलर में)	चीन को निर्यात (बिलियन डॉलर में)	व्यापार घाटा
2016	578	463	116	347
2015	599	483	116	367
2014	592	468	124	344

स्रोत – राज्य सभा टी वी, सारा जहां, 12 नवंबर 2017

चीन विश्व का सबसे बड़ा सामानों का उत्पादक देश बन चुका है तथा अमेरिका विश्व में सेवा क्षेत्र में अग्रणी देश है। इस एशियाई दौरे के दौरान अमेरिकी राष्ट्रपति ने चीन के साथ 250 बिलियन डालर के व्यापार समझौते पर हस्ताक्षर भी किया था। राष्ट्रपति ट्रंप ने मुख्य कार्यकारी अधिकारियों (सीईओ) के सम्मेलन को संबोधित करते हुए भारत के असाधारण आर्थिक प्रगति की सराहना किया था तथा साथ ही 'एशिया– पैसिफिक' के बजाए 'इंडो– पैसिफिक' की बात कर दुनिया एवं क्षेत्रीय ताकतों को एक नया संदेश भी दिया था।

वर्तमान विश्व परिदृश्य में हिंद– प्रशांत क्षेत्र के स्त्रातजिक खतरों एवं चुनौतियां को देखते हुए अमेरिकी संसद ने 'नेशनल डिफेंस आथराइजेशन एक्ट' नाम से 2018 के लिए 700 बिलियन डॉलर (45.5 लाख करोड़ रुपए) के भारी भरकम सालाना रक्षा बजट को पास किया है। पिछले वर्षों की तुलना में अमेरिका ने अपना रक्षा बजट करीब 15 प्रतिशत बढ़ाया है। इससे पूर्व 2011– 12 में अमेरिका का इससे अधिक बड़ा रक्षा बजट था।[19]

हिंद–प्रशांत क्षेत्र में चीन की चुनौतियों का सामना करने हेतु अमेरिका सहयोगात्मक नीति का पालन कर रहा है और अनुकूल क्षमताओं वाले देशों को एक मंच पर लाने हेतु प्रयत्नशील है। इससे यह लाभ होगा कि संबंधित देश अपने संसाधनों को साझा कर अपने सुरक्षा भार को कम कर सकेंगे तथा इस प्रकार से आगे के वर्षों में क्षेत्र की 'शांति एवं स्थिरता' सुनिश्चित करने में सफलता मिलेगी।

वर्तमान समय में चार ग्लोबल कामंस – जलक्षेत्र, वायुक्षेत्र, अतंरिक्ष क्षेत्र तथा साइबर क्षेत्र है। इन चारों पर किसी भी एक देश का नियंत्रण नहीं है तथा ये चारों राष्ट्रीय एवं अंतरराष्ट्रीय जीवन के सफल संचालन के लिए अत्यंत आवश्यक व महत्वपूर्ण है। ये चारों मानव सभ्यता की ''साझा विरासत'' (कामन हैरिटेज आफ मैनकाइंड) है। 1945 में द्वितीय

विश्व युद्ध के बाद से लेकर आज तक अमेरिका ने मैरीटाइम, वायु, अतंरिक्ष एवं साइबर क्षेत्र में अपने लीडरशिप के बल पर इन ग्लोबल कामन्स को अंतरराष्ट्रीय वाणिज्यिक उपयोग हेतु खुला रखने का कार्य जिम्मेदारीपूर्वक किया है। आगे के वर्षों में वह हिंद–प्रशांत क्षेत्र के जल एवं वायु क्षेत्र को अंतरराष्ट्रीय वाणिज्यिक उपयोग के लिए खुला रखने में महत्वपूर्ण भूमिका निभायेगा।

भारत एवं हिंद–प्रशांत क्षेत्र

21वीं शताब्दी के बदलते विश्व आर्थिक एवं रणनीतिक परिदृश्य को देखते हुए भारतीय नीति निर्धारकों ने हिंद –प्रशांत क्षेत्र के महत्व को भारतीय विकास एवं सुरक्षा के दृष्टिकोण से स्पष्ट रुप से समझ लिया था। पूरे हिंद– प्रशांत क्षेत्र में भारत के राष्ट्रीय हित एवं नागरिक फैले हुए हैं। 'ओएनजीसी'' ने रूस के क्षेत्र सखालिन। तथा AA (ओखोस्टक सागर') तथा वियतनाम में ई एंड पी (एक्सप्लोरेशन एंड प्रोडक्शन) के तहत भारी निवेश कर रखा है। दिसंबर 2012 में चीन ने भारतीय जलयान को वियतनाम के जलक्षेत्र से हटा देने की धमकी दिया था। लेकिन भारत सरकार ने चीन के इस धमकी को कड़ाई से नकार दिया था तथा यह कहा था कि भारतीय जलयान वियतनाम सरकार की सहमति से उसके जलक्षेत्र में तेल एवं गैस खोज कार्य में लगे हैं। अतः चीन के कहने पर जलयानों के हटाने का प्रश्न ही नहीं होता है। भारतीय नौसेनाध्यक्ष ने उस समय स्पष्ट रुप से कहा था कि हम दक्षिणी चीन सागर में भारतीय हितों की रक्षा करने के लिए तैयार एवं सक्षम हैं। बदलते विश्व परिदृश्य को ध्यान में रखकर इस शताब्दी में भारत हिंद–प्रशांत क्षेत्र के देशों के साथ आर्थिक एवं नौसैनिक सहयोग बढ़ाने के लिए लगातार प्रयत्नशील है। इसके कुछ प्रमुख विवरण इस प्रकार से हैं।

1. 1991 से चली आ रही ''लुक ईस्ट नीति'' को भारत में 2014 का बदल

कर ''एक्ट ईस्ट नीति'' कर दिया था। 2014 में म्यांमार में हुए 12 वें ''आसियान–भारत शिखर सम्मेलन'' और 9 वें ''पूर्वी एशिया सम्मेलन'' में भारत ने अपनी नई ''एक्ट ईस्ट पॉलिसी'' को स्पष्ट किया था। इस सम्मेलन में भाग लेने के लिए भारतीय प्रधानमंत्री मोदी म्यांमार गए थे।

2. हिंद– प्रशांत क्षेत्र के महत्व को देखते हुए भारत ने 2001 में ''अंडमान निकोबार कमांड'' (ए एन सी) का गठन किया। यह भारत का पहला संयुक्त स्त्रातजिक कमांड है। यह कमांड मलक्का जलमार्ग, छह डिग्री चैनल तथा दक्षिणी चीन सागर के पास स्थित है। मलक्का जलमार्ग से दक्षिणी चीन सागर होकर प्रतिवर्ष एक–चौथाई विश्व व्यापार तथा 80 प्रतिशत हिंद महासागर तटीय देशों से निर्यात किया गया कच्चा तेल निकलता है। इस पूरे क्षेत्र की निगरानी तथा सुरक्षा का दायित्व इस नए भारतीय कमांड का है।

3. बंगाल की खाड़ी तटीय देशों तथा विशेश रुप से दक्षिण पूर्व एशियाई देशों के साथ नौसैनिक संबंधों को बढ़ाने के उद्देश्य भारत ने 1995 में ''मिलन'' नौसैनिक युद्धाभ्यास प्रारंभ किया था। दक्षिण पूर्व एशिया के देशों का हिंद–प्रशांत क्षेत्र में विशेष आर्थिक एवं स्त्रातजिक महत्व है।

4. हिंद महासागर क्षेत्रीय देशों के लिए भारत ने पहल कर फरवरी 14–15, 2008 में पहला ''इंडियन ओशन नेवल सिंपोजियम'' (आई ओ एन एस) नई दिल्ली में आयोजित किया था। इसमें अमेरिका एवं फ्रांस सहित 27 क्षेत्रीय देशों के नौसेनाध्यक्ष तथा अधिकारियों ने सामुद्रिक सुरक्षा एवं सहयोग पर व्यापक विचार विमर्श किया था।

5. दक्षिण पूर्वी एशिया के आर्थिक महत्व को देखते हुए भारत, म्यांमार तथा थाईलैंड के बीच 1360 किलोमीटर लंबा हाईवे बन रहा है। यह भारत के उत्तर पूर्वी राज्य मणिपुर के 'मोरेह' से शुरु होकर म्यांमार होता हुआ थाईलैंड के 'मेसोट' तक जाएगा। इसके 2019 तक शुरु हो सकने की संभावना है। भारत ने इसे कंबोडिया, लाओस और वियतनाम तक बढ़ाने

का प्रस्ताव भी रखा है। भारत से वियतनाम तक के 3200 किलोमीटर लंबे हाईवे को ''ईस्ट –वेस्ट कॉरिडोर'' नाम दिया गया है। सड़क मार्ग से आसान और अधिक व्यापार संभव हो सकेगा तथा इससे पर्यटन, रोजगार और निवेश की संभावनाएं बनेंगी।[20] 2017 भारत और आसियान देशों का अनुमानित संयुक्त जी डी पी 3.8 लाख करोड़ डॉलर का था।

6. एक समय 'एशिया प्रशांत आर्थिक सहयोग' (एपेक) की सदस्यता के लिए भारत ने अनुरोध किया था। लेकिन यह स्वीकार इसलिए नहीं हुआ क्योंकि इसके सदस्य देशों की जल सीमा प्रशांत महासागर से लगी होनी चाहिए। नवंबर 2011 में भारत ने इसमें पर्यवेक्षक की हैसियत से भाग लिया था। एपेक की स्थापना 1989 में हुआ था। (देखिए परिशिष्ट संख्या 2) 2012 के आंकड़ों के अनुसार विश्व की कुल जनसंख्या का 40 प्रतिशत, जीडीपी का 54 प्रतिशत तथा विश्व व्यापार का 44 प्रतिशत भाग एपेक देशों के पास था। (http//www.apec.org)

7. 14वां ''वेस्टर्न पैसेफिक नेवल सिंपोजियम'' (डब्लू पी एन एस) 21– 25 अप्रैल 2014 को चीन में आयोजित हुआ था। एशिया प्रशांत क्षेत्र के इस प्रतिष्ठित नौसैनिक आयोजन में 25 देशों ने भाग लिया था। भारत इसमें पर्यवेक्षक की हैसियत से शामिल हुआ था। इस संगोष्ठी में सभी सदस्य देश ''समुद्र में अनियोजित मुठभेड़ों के लिए कोड'' (सी यू ई एस) के लिए सहमत हुए थे।[21]

8. शीतयुद्धोत्तर काल में भारत ने अपने सामुद्रिक राजनय (मेरीटाइम डिप्लोमेसी) को प्रभावशाली ढंग से बढ़ाया है। भारत ने अधिक से अधिक क्षेत्रिय देशों के साथ विभिन्न स्तरो पर सामुद्रिक सहयोग – प्रमुख रुप से नौसैनिक युद्ध अभ्यास, सद्भावना बंदरगाह यात्रा, अपरंपरागत समुद्री खतरे और चुनौतियों के प्रभावकारी नियंत्रण हेतु सहयोग, समुद्री सुविधाओं की उपलब्धता, सूचनाओं का आदान–प्रदान , सामुद्रिक विषयों प्रमुख रूप से विकास एवं सुरक्षा पर सेमिनार एवं संगोष्ठी का आयोजन, नौसैनिक सहायता, प्रशिक्षण एवं नौसैनिक सामानों की आपूर्ति और आपदा राहत

के माध्यम से आपसी संबंधों को मजबूत एवं शंकारहित बनाया जा सके।

9. हिंद– प्रशांत क्षेत्र के हिंद महासागर जलक्षेत्र में पांच द्वीप देशों – श्रीलंका, मालदीव, सेशेल्स, मारिशस तथा मेडागास्कर का विशेष आर्थिक एवं नौसैनिक महत्त्व है। इस शताब्दी में भारत ने इन देशों के साथ अपने संबंधों को विभिन्न स्तरों पर बढ़ाने का गंभीर प्रयास किया है। भारत सेशेल्स के एजम्पसन द्वीप पर एक नौसैनिक बेस तथा एक नए गहरे पानी के बंदरगाह का विकास एवं विस्तार कार्य कर रहा है। इसका उपयोग आवश्यकतानुसार भारतीय नौसेना भी कर सकेगी। भारत ने सेशेल्स के जलक्षेत्र का गश्ती कार्य एवं सर्वेक्षण कार्य भी किया है। 2009 में सेशल्स के अनुरोध पर भारतीय नौसेना के युद्धपोत ने सेशेल्स के अपवर्तित आर्थिक क्षेत्र का सुरक्षा गस्ती कार्य किया था। भारत ने सेशेल्स को सुरक्षा हेतु ''डोर्नियर 228'' वायुयान तथा चेतक हेलीकॉप्टर भी दिया है। भारतीय नौसेना के युद्धपोतों ने लगातार सेशेल्स की सदभावना यात्राएं तथा हाइड्रोग्राफिक सर्वेक्षण कार्य भी किया है। एजम्पसन द्वीप मेडागास्कर के उत्तर में स्थित है। इसका क्षेत्रफल 11.6 वर्ग किलोमीटर है। इसका तटीय विस्तार 17.3 किलोमीटर का है। सेशेल्स की राजधानी विक्टोरिया से यह 1135 किलोमीटर दक्षिण पश्चिम में स्थित है। भारत के कन्याकुमारी से एजम्पसन द्वीप 3915 किलोमीटर दक्षिण पश्चिम में स्थित है। 2016 में भारत ने यहाँ एक संचार केंद्र स्थापित किया है। 2014 में भारत ने एक नौसैनिक जलयान आईएनएस तरास को सेशेल्स को तटीय निगरानी एवं टोही कार्य हेतु उपहार स्वरुप दिया था।[22] भारत द्वारा एजम्पसन द्वीप पर विकसित किए जा रहे नौसैनिक सुविधाओं का उपयोग फॉरवर्ड सपोर्ट बेस के रूप में किया जा सकेगा।

10. हिंद– प्रशांत क्षेत्र के महत्व को देखते हुए भारतीय नौसेना के युद्धपोत ''आईएनएस सतपुड़ा'' को ''रिंमपैक'' (आर आई एम पी ए सी) युद्धाभ्यास में भाग लेने के लिए भेजा गया था। यह युद्धाभ्यास विश्व का सबसे बड़ा

अंतरराष्ट्रीय सामुद्रिक युद्धाभ्यास है। इसका नाम "रिंम ऑफ द पैसिफिक" है। यह 30 जून से लेकर 4 अगस्त 2016 तक चला था तथा इसमें 26 देशों के 45 युद्धपोतों, पांच पनडुब्बियों, 200 वायुयानों तथा 25000 नौसैनिकों ने भाग लिया था। यह युद्धाभ्यास अमेरिकी नौसेना के प्रशांत फ्लीट द्वारा प्रत्येक दूसरे वर्ष होनोलुलु, हवाई में आयोजित किया जाता है।[23]

11. भारतीय प्रधानमंत्री मोदी के पांच दिवसीय यात्रा (11–14 मार्च 17) के दौरान मारिशस के "एगालीगा" द्वीप पर विभिन्न नौसैनिक सुविधाओं के विकास के लिए सहमति पत्र पर हस्ताक्षर हुआ था। एगालीगा मारिशस के उत्तर में 1000 किलोमीटर दूर स्थित है। भारत यहाँ पर हवाई पट्टी तथा जलयानों के रूकने की सुविधाओं का विकास कार्य कर रहा है। भारत ने मेडागास्कर में एक लिसनिंग पोस्ट स्थापित किया है।[24]

    वर्तमान में भारत मारिशस के सामुद्रिक सुरक्षा के कार्य में महत्वपूर्ण योगदान दे रहा है। भारत 2003 से ही मारिशस तटरक्षक कर्मियों को प्रशिक्षित करने का कार्य कर रहा है। भारत ने मारिशस के सामुद्रिक जलक्षेत्र का पेट्रोलिंग कार्य भी किया है।

12. यूपीए सरकार ने 2012 में अमेरिका के साथ "डिफेंस ट्रेड एंड टेक्नोलॉजी इनिशिएटिव" (डी टी टी आई) समझौता किया था। उस समय इस बात का अनुमान लगाया गया था कि आगे के वर्षों में दोनों देशों के रणनीतिक संबंधों में काफी वृद्धि होगी। लेकिन यूपीए सरकार ने स्पष्ट रुप से तीन अन्य समझौतों के अमेरिकी प्रस्ताव से अपने को अलग रखा था। यह समझौते थे–

1. लॉजिस्टिक सपोर्ट एग्रीमेंट
2. कम्युनिकेशन इंटरआपरेटिबिलिटी एंड सिक्योरिटी मेमोरेंडम एग्रीमेंट
3. बेसिक एक्सचेंज एंड कोऑपरेशन एग्रीमेंट फॉर जिओ– स्पेटियल कोऑपरेशन

अप्रैल 2016 के अमेरिकी रक्षा सचिव कार्टर के भारत यात्रा के

समय तत्कालीन भारतीय रक्षा मंत्री पर्रिकर ने लॉजिस्टिक सपोर्ट एग्रीमेंट के विभिन्न प्रावधानों पर विस्तार से वार्ता किया था।[25] भारत और अमेरिका ने 29 अगस्त 2016 को "लॉजिस्टिक्स एक्सचेंज मेमोरेंडम आफ एग्रीमेंट" (एल ई एम ओ ए) पर हस्ताक्षर किया था।[26]

* हिंद–प्रशांत क्षेत्र के आर्थिक एवं प्रौद्योगिकी विकास के दृष्टिकोण से शक्तिशाली देश जापान के साथ भारत ने अपने नौसैनिक संबंधों को मजबूत करने का प्रयास किया है। जापान विश्व के बड़े सामुद्रिक शक्ति संपन्न देशों में स्थान रखता है। मई 2013 में प्रधानमंत्री मनमोहन सिंह ने जापान की यात्रा किया था। इस समय प्रधानमंत्री ने जापान के साथ सामुद्रिक संबंधों को बढ़ाने पर जोर दिया था। 30 नवंबर 2013 को जापानी सम्राट अकीहितो भारत के सरकारी यात्रा पर आए थे। 26 जनवरी 2014 के गणतंत्र दिवस परेड के मुख्य अतिथि जापानी प्रधानमंत्री शिंजो एबी थे। जून 2012 में पहला भारत–जापान संयुक्त नौसैनिक युद्धाभ्यास किया गया था। इसमें भारतीय नौसेना के चार युद्धपोतों ने भाग लिया था। इस समय जापान ने भारत के साथ रणनीतिक साझेदारी को बढ़ाने पर जोर दिया था। जापानी प्रधानमंत्री ने जापान, अमेरिका, आस्ट्रेलिया एवं भारत को मिलकर एक "एशियाज डेमोक्रेटिक सिक्योरिटी डायमंड ग्रुप" विकसित करने का भी सुझाव दिया था। सामुद्रिक सुरक्षा बढ़ाने तथा एंटी–सबमरीन वारफेयर क्षमता वृद्धि हेतु भारत ने जापान से "यूएस–2" नामक एंफीबियस वायुयान खरीदने का निर्णय लिया था। इस वायुयान का उपयोग निगरानी कार्यों के अतिरिक्त मैरीन सेना को एक स्थान से दूसरे स्थान तक ले जाने के अभियानों में भी किया जा सकता है।[27] भारत–जापान द्विपक्षीय व्यापार को अभी और अधिक बढ़ाने की आवश्यकता है। चीन के 'बेल्ट रोड़ पहल' के जवाब में जापान ने "एशिया अफ्रीका ग्रोथ कॉरिडोर" विकसित करने का भारत को प्रस्ताव दिया था।

* इस शताब्दी में भारत ने दक्षिण कोरिया से अपने आर्थिक एवं

सुरक्षा संबंधों को बढ़ाने का प्रयास किया है। दोनों देशों ने जनवरी 2009 में ''कॉन्प्रिहेंसिव इॅकनोमिक पार्टनरशिप एग्रीमेंट'' (सीईपीए) पर हस्ताक्षर किया था। दक्षिण कोरिया के राष्ट्रपति पार्क ने जनवरी 2014 में भारत की यात्रा किया था। जलयान निर्माण के क्षेत्र में दक्षिण कोरिया विश्व के अग्रणी देशों में स्थान रखता है। दक्षिण कोरिया का रक्षा उद्योग अत्यंत विकसित है। भारत सामुद्रिक विकास क्षेत्र में विशेष रुप से मछली उत्पादन तथा जलयान निर्माण के क्षेत्र में दक्षिण कोरिया से तकनीकी मदद प्राप्त कर सकता है।

* दक्षिण चीन सागर क्षेत्र का वियतनाम एक महत्वपूर्ण देश है। भारत ने पिछले वर्षों में वियतनाम से अपने संबंधों को बढ़ाने के लिए काफी प्रयास किया है। पूर्व राष्ट्रपति प्रणव मुखर्जी ने सितंबर 2014 वियतनाम की सरकारी यात्रा किया था। उस समय भारत ने वियतनाम को 100 मिलियन डॉलर का निर्यात क्रेडिट लाइन उपलब्ध कराया था। भारत वियतनाम में अपना रक्षा निर्यात बढ़ाने के लिए प्रयत्नशील है। वियतनाम ने भी भारत से विभिन्न रक्षा उत्पाद प्रमुख रुप से ब्रह्मोस एंटी शिप क्रूज मिसाइल के लिए उत्सुकता दिखाया था। इन प्रक्षेपास्त्रों से वह अपने नौसेना की शक्ति को मजबूत करना चाहता है। 2014 में वियतनाम ने भारतीय कंपनी ओएनजीसी को अपने ईईजेड क्षेत्र में तीन ब्लाक्स में तेल एवं गैस की खोज के लिए ''ई एंड पी'' आधार पर कार्य करने का अनुमति दिया था। भारत वियतनाम में अपना आर्थिक एवं रक्षा निर्यात हित देखता है। दोनों देश यह चाहते हैं कि दक्षिण चीन सागर में नौवहन की स्वतंत्रता बनी रहे। मई 2014 में वियतनाम के तटीय क्षेत्र से तेल निकालने के कार्य का चीन ने कड़ा विरोध किया था। भारत और वियतनाम के मध्य रणनीतिक साझेदारी के 10 वर्ष पूरे हो चुके है। 2015 में प्रधानमंत्री नरेंद्र मोदी ने वियतनाम की यात्रा किया था। प्रधानमंत्री मोदी के नेतृत्व में भारत हिंद–प्रशांत क्षेत्र में अपने महत्वपूर्ण भूमिका के

प्रति सजग है। दक्षिण चीन सागर में हांगकांग से 320 किलोमीटर दक्षिण पूर्व में चीन ने अपना पहला 'डीप वाटर ड्रिलिंग रिग्' स्थापित किया है।[28] भारत वियतनाम द्विपक्षीय व्यापार के 2020 तक 15 बिलियन डॉलर तक पहुंचने की उम्मीद है। जबकि वियतनाम चीन द्विपक्षीय व्यापार 2015 में 95.8 बिलियन डॉलर था। वियतनाम चीन से अपना व्यापार निर्भरता कम करने के लिए प्रयत्नशील है। अमेरिका ने भी वियतनाम से व्यापार प्रतिबंधों को हटा लिया है। वियतनाम और चीन में पुराना क्षेत्रीय विवाद रहा है तथा 1970 के दशक में दोनों के मध्य भयंकर युद्ध भी हो चुका है।[29]

* आस्ट्रेलिया हिंद– प्रशांत क्षेत्र को जोड़ने वाला सबसे महत्वपूर्ण देश है। इसका जलक्षेत्र दोनों महासागरों की तरफ है। ऑस्ट्रेलिया में अपने ''रक्षा श्वेत पत्र 2013'' स्पष्ट रूप से कहा था कि वह इस क्षेत्र में दो उभरती शक्तियों भारत तथा इंडोनेशिया के साथ अपने संबंधों को बढ़ाने को प्रमुखता देता है।[30]

आस्ट्रेलिया के प्रधानमंत्री जूलिया गिलार्ड ने 2012 की अपनी भारत यात्रा के समय यह कहा था कि ऑस्ट्रेलिया एशिया– प्रशांत एवं हिंद महासागर क्षेत्र से संबंधित सुरक्षा प्रश्नो एवं मुद्दों पर भारत के साथ द्विपक्षीय एवं बहुपक्षीय बातचीत को महत्व देता है। मुख्य रूप से ईस्ट एशिया शिखर वार्ता, आसियान रीजनल फोरम, आसियान डिफेंस मिनिस्टर मीटिंग प्लस, इंडियन ओशन नेवल सिंपोजियम तथा इंडियन ओशन रीजन–एसोसिएशन फॉर रीजनल कोऑपरेशन में। दोनों देशों ने तय किया था कि वह आगे के वर्षों में संयुक्त नौसैनिक युद्धाभ्यास करेंगे। इससे पूर्व दोनों देशों के नौसैनिक युद्धपोत एवं अधिकारी 2007 के मालाबार युद्धाभ्यास तथा 2012 के मिलन युद्धाभ्यास के समय मिले थे। सिडनी (4 से 10 अक्टूबर 2013) में आयोजित ''इंटरनेशनल फ्लीट रिव्यू'' में भारत के अत्याधुनिक स्टील्थ फ्रिगेट ''आई एन एस शिहाद्री'' ने भाग लिया था।[31]

* शीतयुद्धोत्तर काल में विभिन्न विरोधों तथा तनावों के बावजूद भी भारत ने चीन से अपने आर्थिक संबंधों को मजबूत करने का गंभीर प्रयास किया है। भारत –चीन व्यापारिक गतिविधियां दिन–प्रतिदिन बढ़ रही है। चीन से आयात की अपेक्षा भारतीय निर्यात काफी कम है। भारत ने चीन के साथ द्विपक्षीय संबंधों के विकास के संबंध में काफी सतर्कता बरतने का प्रयास किया है। भारत ने चीन के साथ पहला नौसैनिक युद्धाभ्यास शंघाई, 14 नवंबर 2003 में किया था। इसमें तीन भारतीय युद्धपोतों आईएनएस रंजीत, कुलिश तथा ज्योति एवं चीन के दो युद्धपोतों ने भाग लिया था। भारतीय नौसेना के फ्रिगेट 'आई एन एस शिवालिक' ने तीन अन्य युद्धपोतों के साथ जून 2012 में पांच दिवसीय शंघाई पोर्ट की सद्भावना यात्रा किया था। अप्रैल 2014 में पहली बार भारतीय फ्रिगेट शिवालिक ने चीन के नौसेना के 65वें वर्षगांठ पर आयोजित नौसैनिक युद्धपोतों के ड्रिल युद्धाभ्यास ने भाग लिया था। इस ड्रिल में चीन, पाकिस्तान, बांग्लादेश, सिंगापुर, इंडोनेशिया, मलेशिया तथा ब्रूनेई के 17 युद्धपोतों ने भाग लिया था।[32]

पिछले वर्षों में भारत 'हिंद–प्रशांत क्षेत्र' के सबसे तेजी से विकास कर रहे अपने पड़ोसी देश चीन से आपसी रणनीतिक साझेदारी तथा संबंधों को मजबूत करने के लिए लगातार प्रयत्नशील रहा है। मतभेदों एवं सीमा पर तनाव के बावजूद दोनों देशों के शासनाध्यक्षों ने एक दूसरे देश की गर्मजोशी से यात्रा भी किया है। भारतीय नीति निर्धारकों ने ब्रिक्स, आसियान रीजनल फोरम, ईस्ट एशिया सम्मेलन, शंघाई कॉरपोरेशन ऑर्गनाइजेशन तथा बी. सी.आई.एम. के माध्यम से चीन से संबंधों को मजबूत बनाया है। यही कारण था कि भारत ने दक्षिण चीन सागर में संयुक्त गश्ती कार्य के अमेरिकी प्रस्ताव में शामिल होने से मना कर दिया था। भारत 'हिंद –प्रशांत क्षेत्र' के सभी शक्तियों के साथ उचित तालमेल स्थापित करना चाहता है।

* नवंबर 2017 फिलीपींस की राजधानी मनीला में आयोजित आसियान सम्मेलन से अलग हटकर प्रधानमंत्री नरेंद्र मोदी तथा अमेरिकी राष्ट्रपति डोनाल्ड ट्रंप ने संयुक्त रुप से निम्नलिखित बातों के प्रति अपनी प्रतिबद्धता दिखाई थी–

* दोनों देशों ने इस समय दुनिया की सबसे बड़ी सेना रखने का संकल्प लिया था।
* इस समय दोनों देशों ने हिंद– प्रशांत क्षेत्र को खुला एवं मुक्त रखने के लिए अपनी प्रतिबद्धता जताया था ।
* इस समय दोनों नेताओं ने प्रमुख रक्षा साझेदार के तौर पर आपसी सहयोग बढ़ाने का भी संकल्प लिया था।
* राष्ट्रपति ट्रंप ने इस बात पर खुशी एवं संतोष जाहिर किया था कि भारत ने कुछ महीने पूर्व अमेरिका से एक करोड़ बैरल कच्चा तेल खरीदा था। अमेरिका से कच्चे तेल की पहली खेप अक्टूबर 2017 में भारत पहुंचा था। ऐसी उम्मीद है कि भारतीय तेल कंपनियाँ 2018 में अमेरिका से 2 अरब डालर (करीब 1310 करोड़ रुपए) का कच्चा तेल खरीदने की तैयारी में है।
* भारतीय प्रधानमंत्री श्री मोदी ने कहा था कि उन्हें ''वैश्विक उद्यमिता सम्मेलन'' में अमेरिकी प्रतिनिधि मंडल की मेजबानी का इंतजार है। अमेरिकी प्रतिनिधिमंडल का नेतृत्व राष्ट्रपति ट्रंप की बेटी इवांका करेंगी। इस सम्मेलन को दोनों देशों ने संयुक्त रुप से आयोजित किया था। इसमें दोनों देशों ने द्विपक्षीय व्यापार को बढ़ाने पर जोर दिया था।
* दोनों शासनाध्यक्षों ने ''भारत– अमेरिकी संबंध'', क्षेत्रीय सुरक्षा, व्यापार, अर्थव्यवस्था से लेकर आतंकवाद तक के मुद्दे पर गंभीरता से विचार किया था।[33]

वर्तमान विश्व परिदृश्य में भारत 'हिंद –प्रशांत क्षेत्र' में निम्नलिखित उद्देश्यों की पूर्ति हेतु सजग तथा कार्यरत है –

* हिंद प्रशांत क्षेत्र में भारतीय आर्थिक हितों की सुरक्षा। ग्लोबल व्यापार लगभग 17 ट्रिलियन डॉलर का है जिसमें भारत का व्यापार हिस्सा मात्र 1.7 प्रतिशत ही है।[34]
* चीन के साथ ही अन्य सभी प्रमुख क्षेत्रीय शक्तियों के साथ संबंधों का विकास एवं विस्तार।
* इस क्षेत्र के सबसे शक्तिशाली देश अमेरिका के साथ नौसैनिक संबंधों का विकास एवं विस्तार।
* प्रजातांत्रिक मूल्यों तथा अंतर्राष्ट्रीय नियमों एवं प्रतिमानों का समर्थन।
* सामुद्रिक सहयोग, सुरक्षा एवं आपदा राहत।

इस क्षेत्र में उचित रणनीतिक स्थान एवं महत्व के लिए भारत सचेत तथा प्रयत्नशील है।

* इन सब बातों को ध्यान में रखकर प्रधानमंत्री मोदी ने हिंद–प्रशांत क्षेत्र के लिए "सागर" (सिक्योरिटी एंड ग्रोथ फॉर ऑल इन द रीजन) नीति की घोषणा किया था। पूरा हिंद– प्रशांत क्षेत्र भारतीय राष्ट्रीय सुरक्षा के दृष्टिकोण से सामरिक, आर्थिक, पर्यावरणीय तथा जैविक विविधता वाला जलक्षेत्र है।

* प्रधानमंत्री मोदी 12वें पूर्वी एशिया सम्मेलन में भाग लेने के लिए 13–14 नवंबर 2017 को मनीला, फिलीपींस में थे। उस समय उन्होंने आसियान के 10 देशों के शासनाध्यक्षों को जनवरी 2018 के भारतीय गणतंत्र दिवस पर आयोजित कार्यक्रम में आमंत्रित किया तथा उनकी निमंत्रण को सभी देशों ने स्वीकार भी किया था। इस प्रकार भारत ने आसियान देशों से निकटता बढ़ाने का प्रयास किया है। आसियान देश भी चीन के साथ–साथ भारत की आर्थिक एवं नौसैनिक महत्त्व को

स्वीकार कर रहे है। वे क्वाड (चार देशों के समूह) के विकास को भी अपने लिए बेहतर विकल्प मान रहे है। हिंद–प्रशांत क्षेत्र में आसियान देशों का विशेष स्त्रातजिक एवं आर्थिक महत्व है ।

* प्रधानमंत्री मोदी ने सितंबर 2017 तक लगभग 57 देशों की यात्रा किया था। इसमें से 27 देश हिंद महासागर तटीय क्षेत्रीय देश थे। कई देशों की यात्रा एक से अधिक बार भी की थी। दूसरी तरफ प्रशांत क्षेत्र में प्रधानमंत्री मोदी ने अमेरिका की पांच, रूस की तीन, जापान की दो तथा चीन की दो बार राजकीय यात्रा की थी। इससे यह स्पष्ट है कि भारत अपने विदेश नीति में हिंद–प्रशांत क्षेत्र को विशेष महत्व दे रहा है। भारतीय नीति निर्धारक हिंद–प्रशांत क्षेत्र के आर्थिक एवं रणनीतिक महत्व को भली–भांति समझ रहे है। भारत भी हिंद–प्रशांत क्षेत्र में अपनी स्थिति तथा भूमिका के प्रति सचेत है।[35]

* वर्तमान समय में भारत हिंद–प्रशांत क्षेत्र के महत्व, आर्थिक एवं रणनीति हितों तथा चीन की नौसेना का हिंद महासागर क्षेत्र में बढ़ती गतिविधियों को देखते हुए पूरी तरह से सैनिक रूप से भी सजग तथा तैयार है। 20–24 नवंबर 2017 को भारतीय 'अंडमान निकोबार कमांड' ने अब तक का सबसे बड़ा नौसैनिक डिप्लायमेंट तथा अभ्यास कार्यक्रम "डिफेंस आफ अंडमान निकोबार आइलैंड एक्सर्साइज" (डी ए एन एक्स) किया था। अंडमान निकोबार द्वीप समूह के पास किया गया यह एक बड़ा सैनिक अभ्यास था। इसका उद्देश्य चीन के नौसैनिक एवं रणनीतिक अभियानों का सामना करना तथा इस जलक्षेत्र से निकलने वाले सामुद्रिक व्यापारिक जलमार्गों की सुरक्षा करने का अभ्यास करना था। इस अभ्यास अभियान में लड़ाकू विमानों, भारी मालवाहक जहाजों, युद्धपोतों, पैदल सेना के कांवेट व्हिकिल तथा स्पेशल फोर्स व रेगुलर सेना की टुकड़ियों ने भाग लिया था। इस आपरेशनल ड्रिल में भारतीय सशस्त्र सेना के तीनों अंगों थल, वायु तथा जल ने एक साथ मिलकर

अभ्यास कार्य किया था। इसका प्रमुख उद्देश्य अपनी आपरेशनल रेडिनेस का मूल्यांकन तथा अन्य दूसरे देशों को अपनी सैनिक क्षमता से परिचित कराना था। एनडीए सरकार इस थियेटर कमान को पूरी तरह से विकसित करने के लिए कटिबद्ध है। इसीलिए भारतीय रक्षा मंत्री निर्मला सीतारमण ने अक्टूबर 2017 में अंडमान निकोबार द्वीपसमूह की यात्रा किया था। इस सैन्य अभ्यास के लिए एएनसी के कमांडर इन चीफ वाइस एडमिरल बिमल वर्मा ने कहा था कि एएनसी को किसी भी परिस्थिति का सामना करने के लिए हमेशा तैयार रहना चाहिए। चीन की परंपरागत तथा परमाणु पनडुब्बियां लगातार हिंद महासागर में आ रही है। इस जलक्षेत्र के लगातार पेट्रोलिंग कार्य की आवश्यकता है। इस द्वीप क्षेत्र में भारत का 5.95 लाख वर्ग किलोमीटर का अपवर्जित आर्थिक क्षेत्र है। चीन के खतरे को देखते हुए भारत के पास "साइनर्जिक पावर" एप्लीकेशन की क्षमता होनी चाहिए।[36]

* इन्हीं रणनीतिक आवश्यकताओ को ध्यान में रख कर भारत ने सिंगापुर के साथ रक्षा समझौता किया है, जिसके अनुसार दोनों देशों की नौसेना एक दूसरे के नौसैनिक सुविधाओं का उपयोग कर सकेंगी।[37]

* 4 दिसंबर 2017 नौसेना दिवस के पूर्व आयोजित प्रेस कॉन्फ्रेंस में भारतीय नौसेनाध्यक्ष एडमिरल सुनील लांबा ने कहा था कि हिंद महासागर में चीन की नौसैनिक चुनौतियों का सामना करने के लिए भारत ने छह परमाणु पनडुब्बियों के निर्माण का कार्य शुरु कर दिया है। इस महत्वाकांक्षी परियोजना से भारतीय नौसेना की मारक क्षमता बढ़ेगी तथा प्रतिद्वंदी की रणनीतिक बढ़त पर भी नियंत्रण करने में सफलता मिलेगी। हिंद– प्रशांत क्षेत्र में चीन की बढ़ती नौसैनिक गतिविधियों को नियंत्रित करने में भारत, अमेरिका, जापान और ऑस्ट्रेलिया के रणनीतिक संबंध तथा नौसेना की एक खास भूमिका होगी। नौसेना प्रमुख ने कहा था कि यह परमाणु पनडुब्बी परियोजना बेहद गोपनीय परियोजना है।

इसलिए मैं सिर्फ यही बता सकता हूं कि इनकी निर्माण का कार्य शुरु हो गया है। नौसेना प्रमुख ने बताया था कि चीनी पनडुब्बियों का पाकिस्तान तथा श्रीलंका के बंदरगाहों तक आने का सिलसिला 2013 में शुरू हो गया था। भारत को इसकी जानकारी थी तथा भारतीय नौसेना इस चुनौती का सामना करने के लिए हमेशा तैयार और तत्पर थी। हिंद महासागर में साधारणतः चीनी नौसेना के आठ जहाज तैनात रहते है। लेकिन अगस्त 2017 में इनकी संख्या 14 हो गई थी। इसी दौरान भारत और चीन के मध्य "डोकलाम विवाद" चरम पर था।

बहुत से सैन्य विचारको तथा विश्लेषणकर्ताओं का यह कहना है कि भारत और चीन के बीच कोई बड़ा संघर्ष स्थल पर नहीं होगा बल्कि हिंद महासागर जलक्षेत्र में होगा। शीतयुद्धोत्तर काल में भारतीय नीति निर्धारक भी इस बात के प्रति लगातार सचेत थे। उन्होंने इसी बात को ध्यान में रखकर लगातार भारतीय नौसेना का आधुनिकरण, विकास एवं विस्तार कार्य किया है, ताकि 2030 तक भारतीय नौसेना हिंद महासागर क्षेत्र के किसी भी सामुद्रिक चुनौती का सामना सफलतापूर्वक कर सके तथा पश्चिमी प्रशांत महासागर क्षेत्र में भी भारतीय हितों की रक्षा हेतु ऑपरेशनल हो सके।

21वीं शताब्दी में भारतीय नीति का मुख्य आधार यह रहा है कि 'हिंद–प्रशांत क्षेत्र' में शांति, सुरक्षा तथा स्थिरता का वातावरण बना रहे। इस बात का भारत ने हमेशा ध्यान रखा कि इस क्षेत्र के दो प्रमुख शक्तियाँ रुस तथा चीन के साथ भी संबंधों को मजबूत करने के प्रयास किया जाए। रुस भारत का पुराना मित्र एवं प्रमुख रक्षा सहयोगी देश रहा है। दिसंबर 2017 में रुस, भारत तथा चीन के विदेश मंत्रियों की त्रिपक्षीय वार्ता (15वां) हुई थी। भारत का हमेशा से यही प्रयत्न रहा है कि विवादों एवं तनावों को नियंत्रित करने में द्विपक्षीय एवं बहुपक्षीय वार्ताओं की भूमिका को नजरंदाज नहीं किया जाए।

चीन एवं हिंद–प्रशांत क्षेत्र

हिंद–प्रशांत क्षेत्र में अमेरिका के पश्चात चीन आर्थिक एवं सैनिक रुप से दूसरा सबसे अधिक शक्तिशाली एवं प्रभावशाली देश है। साम्यवादी शासन व्यवस्था तथा विस्तारवादी नीति के कारण चीन के प्रति अन्य सभी प्रमुख शक्तियाँ अमेरिका, दक्षिण कोरिया, जापान, ताइवान, आसियान देश, ऑस्ट्रेलिया तथा भारत सशंकित रहते हैं। इनमें से अमेरिका एवं ऑस्ट्रेलिया को छोड़कर सभी देशों के साथ चीन का सीमा अथवा जलक्षेत्र विवाद है।

हिंद–प्रशांत क्षेत्र के बदलते स्त्रातजिक वातावरण में चीन के विरुद्ध अमेरिका सहित सभी प्रमुख शक्तियाँ एकजुट तथा सचेत है। स्त्रातजिक संतुलन के लिए वे लगातार एक दूसरे के संपर्क एवं सहयोग बढ़ाने के लिए प्रयत्नशील है। चीन के साथ भारत का थल सीमा क्षेत्र विवाद भी है। पिछले वर्षों में चीन में कई बार भारतीय सीमा क्षेत्र में अवैध घुसपैठ भी किया है। 2017 में भारत–भूटान सीमा के पास स्थित डोकलाम विवाद काफी सुर्खियों में था। चीन की नौसेना स्त्रातजिक परमाणु क्षमता विस्तार के लिए लगातार प्रयत्नशील है। चीन की नौसेना के पास (एस एल बी एम) सबमरीन लॉन्च बैलिस्टिक मिसाइल क्षमता है। चीन तेजी से हिंद महासागर क्षेत्रीय देशों में अपने आर्थिक, व्यापारिक एवं नौसैनिक संबंधों को विभिन्न माध्यमों से बढ़ाने हेतु प्रयत्नशील है।

चीन की समस्या को देखते हुए पूर्व अमेरिकी राष्ट्रपति बराक ओबामा ने अपने अप्रैल 2014 के फिलीपींस यात्रा के अंतिम संयुक्त प्रेस कॉन्फ्रेंस में वक्तव्य दिया था कि ''हमारा उद्देश्य चीन को काउंटर करना नहीं है। हमारा उद्देश्य चीन को रोकना नहीं है। हमारा उद्देश्य इस बात को सुनिश्चित करना है कि अंतरराष्ट्रीय नियम तथा प्रतिमानों का सम्मान हो, जिस भी क्षेत्र में किसी भी प्रकार का अंतर्राष्ट्रीय विवाद हो।'' 21 वीं शताब्दी में भारत 'हिंद– प्रशांत क्षेत्र' के सुरक्षा एवं विकास में महत्वपूर्ण

स्थान रखता है। यही कारण है कि इस क्षेत्र की दो बड़ी शक्तियाँ अमेरिका तथा जापान ने मिलकर यह तय किया है कि वह अपने सामुद्रिक संबंधों को दक्षिण कोरिया, ऑस्ट्रेलिया तथा भारत के साथ और अधिक मजबूत करने का संयुक्त प्रयास करेंगे।[38]

चीन के जलक्षेत्र संबंधी दावों तथा कृत्रिम द्वीपों के निर्माण कार्य से दक्षिण चीन सागर क्षेत्र पश्चिमी प्रशांत क्षेत्र का एक विवादित जल क्षेत्र बन गया है। विगत वर्षों में चीन ने दक्षिण चीन सागर में सात कृत्रिम द्वीपों का निर्माण कार्य पूरा किया है। इन पर विभिन्न प्रकार के सैनिक सुविधाओं का भी विकास किया है। जैसे– हवाई पट्टियां, एंटी एयरक्राफ्ट गन, प्रक्षेपास्त्र प्रक्षेपण स्थल तथा नौसैनिक सुविधाएं। इन सब की जानकारी पेंटागन द्वारा समय–समय पर जारी किए गए उपग्रह छायाचित्रों से होती रहती है।[39]

2009 तक दक्षिण चीन सागर जलक्षेत्र में कोई विवाद नहीं था। पिछले 8 वर्षों में यह क्षेत्र विवादित जलक्षेत्र में बदल गया है। दक्षिण चीन सागर में चीन "नाइन डैश लाइन" के आधार पर अपना जलक्षेत्र संबंधित दावा प्रस्तुत करता है। इस दावे के फलस्वरुप चीन तथा क्षेत्रीय पांच देशों वियतनाम, ताइवान, ब्रूनेई, मलेशिया तथा फिलीपींस के मध्य जलक्षेत्र सीमा निर्धारण संबंधी विवाद उत्पन्न हो गया है। इसके साथ ही स्पार्टली द्वीपों के लिए भी क्षेत्रीय देशों में विवाद है। फिलीपींस के पक्ष में दिया गया अंतरराष्ट्रीय न्यायालय के फैसले को भी चीन ने मानने से इंकार कर दिया था। पिछले दो सालों में चीन ने लगभग 3200 एकड़ (1295 हेक्टेयर) क्षेत्र के कृत्रिम द्वीपों का निर्माण कार्य दक्षिण चीन सागर में किया है। यहां चीन 200 समुद्री मील तक के ईईजेड क्षेत्र का भी दावा करता है।[40]

वियतनाम ने दक्षिण चीन सागर क्षेत्रीय विवाद पर समय समय पर कहा है कि चीन भले ही भूक्षेत्र तथा सामुद्रिक शक्ति में इस क्षेत्र का सबसे

बड़ा तथा शक्तिशाली देश है, लेकिन इसका तात्पर्य यह नहीं है कि वह जो चाहेगा करेगा। वह इस जलक्षेत्र के छोटे देशों के जलक्षेत्र आधिकारों को नजरअंदाज नहीं कर सकता है। फिलीपींस सहित सभी क्षेत्रीय देशों ने समय– समय पर चीन की दक्षिण चीन सागर जलक्षेत्र नीति एवं कार्यवाहियों की कड़ी आलोचना एवं विरोध किया है। दक्षिण चीन सागर क्षेत्र के एक द्वीप जिस पर चीन का नियन्त्रण है तथा जिस पर वियतनाम एवं ताइवान भी अपना दावा प्रस्तुत करते है, उस द्वीप के काफी करीब तक अमेरिकी विध्वंसक युद्धपोत ''यू एस एस कर्टिस बिल्वर'' ने अंतर्राष्ट्रीय अधिकारों तथा नियमों की वकालत करते हुए यात्रा की थी। क्षेत्रीय तनाव को ध्यान में रखकर वियतनाम ने 2011 से 2015 के मध्य अपना शस्त्र आयात काफी बढ़ाया था। वह इस दौरान विश्व का आठवां सबसे बड़ा शस्त्र आयातक देश बन गया था। भारत दक्षिण चीन सागर क्षेत्र के विवादित क्षेत्र मे नौवहन की स्वतंत्रता तथा सामुद्रिक सुरक्षा का पक्षधर है।

हिंद महासागर के लाल सागर जलक्षेत्र में स्थित जिबूती एक छोटा देश है। इसका स्त्रातजिक महत्व बहुत अधिक है। चीन ने जिबूती में नौसैनिक बेस स्थापित किया है। यह हिंद महासागर क्षेत्र में चीन का पहला नौसैनिक बेस है। यह चीन का नेवल सपोर्ट बेस है।

चीन विश्व के पहले नम्बर की अर्थव्यवस्था बनने की दिशा में तेजी से आगे बढ़ रहा है। एक आकलन के अनुसार यदि 2032 तक चीन का जी डी पी 5 प्रतिशत प्रति वर्ष के दर से बढ़े तथा अमेरिका का जी डी पी 2 प्रतिशत की गति से तो चीन 24 ट्रिलियन डॉलर की सबसे बड़ी अर्थव्यवस्था वाला देश बन जाएगा। चीन अपनी जी डी पी का 2 प्रतिशत रक्षा पर व्यय करता है, जबकि अमेरिका अपने जी डी पी का 5.5 प्रतिशत रक्षा पर व्यय करता है। चीन यदि जी डी पी का 4 प्रतिशत रक्षा पर व्यय करें तो उसका रक्षा व्यय 500 बिलियन डॉलर का होगा। अमेरिका का

रक्षा बजट 1000 बिलियन डॉलर का है। चीन के नौसेना में 140 मुख्य युद्धपोत है, जिसमें से काफी युद्धपोत 30 वर्ष तक के पुराने है। अमेरिकी नौसेना में 300 युद्धपोत है।[41] चीन प्रशांत महासागर क्षेत्र के लिए 'ए 2/ए डी (Anti Access/Area Denial) क्षमता का विकास कर रहा है। चीन ने दो वायुयानवाहक युद्धपोत तैयार कर लिया है। तीसरे का निर्माण कार्य शुरू करने वाला है।

पश्चिमी प्रशांत महासागर जलक्षेत्र में अमेरिका की सबसे बड़ी सुरक्षा चुनौती चीन है। अमेरिका भी चीन के विरुद्ध दक्षिण चीन सागर जलक्षेत्र में अपने मित्र देशों के लिए नौसैनिक एवं राजनीतिक दबाव बनाये हुआ है। चीन भी अमेरिका की नीतियों तथा शक्ति से पूरी तरह से चौकन्ना रहता है। चीन भी अमेरिका की ही तरह से पूरे पश्चिमी प्रशांत महासागर से लेकर हवाई द्वीप तक के जलक्षेत्र की समुद्री हवाई निगरानी एवं टोही कार्य करता है। जुलाई 2017 में चीन के ''एच 6 के'' बमवर्षक विमान को गुआम जलक्षेत्र में निगरानी कार्य करते देखा गया था। चीन का यह बमवर्षक विमान क्रूज मिसाइल (1000 किलोमीटर) छोड़ने की क्षमता वाला है। ऐसी सूचना है कि चीन गुआम पर हवाई आक्रमण करने की तैयारी कर रहा है। गुआम द्वीप पर एंडरसन एयर बेस चीन का प्रमुख टारगेट होगा। चीन की सैन्य शक्ति में तेजी से वृद्धि हो रहा है। चीन अमेरिका को भी निर्णायक नुकसान पहुंचा सकता है। वर्तमान समय में चीन को हल्के में नहीं लिया जा सकता है।[42]

चीन के ''एच6के'' स्त्रातजिक बमवर्षक विमानों में ''सीजे10के'' क्रूज प्रक्षेपास्त्र लगे है। यह प्रक्षेपास्त्र परम्परागत तथा परमाणु वारहेड ले जाने की क्षमता वाला है। इसके प्रभावकारी (3500 किलोमीटर) रेंज में जापान, गुआम तथा हवाई द्वीप पूरी तरह से आता है। यह वायुयान चीन की नौसेना में 2009 से 2013 के मध्य शामिल हुआ था। इसकी संख्या चीन के वायुसेना में 36 के लगभग है। लेकिन अमेरिकी प्रतिरक्षा व्यवस्था को भेद

पाना चीन के लिए असम्भव नहीं तो चुनौतीपूर्ण कार्य अवश्य है।[43]

चीन के फायर शक्ति तथा उसकाने वाली गतिविधियों से अमेरिका काफी चिंतित हैं। सूचना यह भी है कि चीन ने समय–समय पर प्रशांत महासागर क्षेत्र में अपनी फायर शक्ति का अभ्यास तथा परीक्षण कार्य भी किया है।[44]

21वी शताब्दी के दूसरे दशक में चीन ने हिंद महासागर क्षेत्र में भी अपने परंपरागत एवं परमाणु पनडुब्बियों की गतिविधियों को बढ़ाया है। सितंबर 2014 में चीन की एक पनडुब्बी श्रीलंका के बंदरगाह पर आई थी। यही पनडुब्बी पुनः नवंबर 2014 में श्रीलंका के कोलंबो बंदरगाह पर आई थी। पहली बार चीन की पनडुब्बी मई 2015 में पाकिस्तान के ग्वादर बंदरगाह पर देखी गई थी। चीन पाकिस्तान को अपने यहाँ निर्मित पनडुब्बी बेचने की योजना पर कार्यरत है।[45]

वर्तमान समय में चीन अमेरिका का प्रमुख आर्थिक एवं रणनीतिक प्रतिद्वन्दी बन चुका है। इस बात से पूरा विश्व सहमत है कि चीन को नियंत्रित करना लगभग असंभव है। चीन 2018 में अगली पीढ़ी की लंबी दूरी तक मार करने वाली प्रक्षेपास्त्रो को अपनी सेना में शामिल करने की योजना पर कार्यरत है। ये प्रक्षेपास्त्र 10 मैक (करीब 12000 किलोमीटर प्रति घंटा) की रफ्तार से 11000 किलोमीटर की दूरी तक मार करने में सक्षम होंगे। ''डॉगफेंग– 31'' नामक यह प्रक्षेपास्त्र एक साथ 10 परमाणु बमों को ले जाने में सक्षम होगा, जो अलग– अलग लक्ष्यों पर गिराये जा सकेंगे।[46]

चीन ने सीपीईसी (चीन–पाकिस्तान इकोनॉमिक कॉरिडोर) तथा वन बेल्ट –वन रोड (ओ बी– ओ आर) के द्वारा अपनी अर्थव्यवस्था को एक नया आयाम देने का प्रयास किया है। चीन– पाकिस्तान इकोनॉमिक कॉरिडोर के विकास पर चीन ने लगभग तीन लाख करोड़ रुपए के निवेश से अपनी मुख्य भूमि को पाक अधिकृत कश्मीर तथा बलूचिस्तान प्रांत से

होते हुए ग्वादर बंदरगाह तक जोड़ दिया है। इससे किसी भी आपातकाल में मलक्का जलडमरूमध्य तथा दक्षिण चीन सागर जलक्षेत्र के अतिरिक्त चीन अपने व्यापार तथा ऊर्जा आपूर्ति के लिए अरब सागर तथा पाकिस्तान का उपयोग कर सकेगा। चीन ने 'वन बेल्ट– वन रोड' मेगा परियोजना द्वारा अपने को अफ्रीका तथा यूरोप से जोड़ने का कार्य शुरू किया है।[47]

चीनी प्रधानमंत्री जिनपिंग ने अक्टूबर 2013 के इंडोनेशिया के संसद में अपने भाषण में सामुद्रिक सिल्क रोड (एम एस आर– मैरीटाइम सिल्क रोड) के विकास एवं महत्व का उल्लेख किया था। यह समुद्री रास्ता गल्फ तेल क्षेत्र से लेकर पूर्वी चीन सागर तक का है। यह 'हिंद– प्रशांत क्षेत्र' को जोड़ने वाला सबसे अधिक आर्थिक एवं रणनीतिक महत्व का समुद्री व्यापारिक रास्ता है। चीन समुद्री व्यापारिक रास्ते से अफ्रीका तथा यूरोप के देशों को बेहतर ढंग से जोड़ना चाहता है।[48] इसे ही ''बेल्ट रोड़ पहल'' (बी आर आई) भी कहा गया है। इसके द्वारा एशिया, रुस से लेकर योरप तथा हिंद –प्रशांत क्षेत्रीय तटीय देशों को सड़क मार्गों, जल मार्गो, तेल पाइप लाइनों, बंदरगाहों, पावर ग्रिड तथा अन्य ढांचागत परियोजनाओं से द्वारा जोड़ने का कार्य शुरू किया गया है। यह चीन की सबसे बड़ी ग्लोबल परियोजना है। यह 68 देशों, विश्व की 60 प्रतिशत जनसंख्या तथा 40 प्रतिशत ग्लोबल ट्रेड से जुड़ी मल्टी ट्रिलियन डॉलर परियोजना है।[49] नेपाल ने इस परियोजना में शामिल होने के लिए चीन के साथ एक डील पर हस्ताक्षर किया है। भूटान और भारत को छोड़कर बाकी सभी दक्षिण एशियाई देशों ने चीन के इस परियोजना को स्वीकार कर लिया है। इसके द्वारा चीन अपने आर्थिक विकास की गति को बनाए रखने हेतु प्रयत्नशील है।[50] पहले से ही चीन एशिया और अफ्रीका के हिंद महासागर तटीय देशों में 18 डीप वाटर बंदरगाहों का निर्माण कर रहा है।[51]

'हिंद–प्रशांत क्षेत्र' में चीन की प्रमुख रणनीति यह है कि किसी भी

स्थिति में वह इस क्षेत्र में अपने आर्थिक हितों का विस्तार एवं सुरक्षा चाहता है। आर्थिक सुरक्षा के लिए शक्तिशाली सामुद्रिक शक्ति की आवश्यकता है। इसीलिए चीन धीरे–धीरे अपने सामुद्रिक शक्ति को अन्य दूसरे देशों के सहयोग से बढ़ाने तथा मजबूत करने के कार्य में लगा है। चीन के आर्थिक विकास में हिंद महासागर तटीय देशों की विशेष भूमिका एवं महत्व है। हिंद महासागर तटीय देश अधिकतर विकासशील देश है तथा यह अपनी विभिन्न आवश्यकताओं के लिए चीन से जुड़े है। चीन यह बात भली–भांति जानता है कि किसी भी विषम परिस्थिति में हिंद महासागर क्षेत्र की तरफ से अमेरिका उस पर सैनिक दबाव बना सकता है। इसीलिए उसने पिछले दशक में म्यांमार, बांग्लादेश, श्रीलंका, मालदीव तथा पाकिस्तान से अपने निकट संबंध विकसित किया है। चीन ने हिंद महासागर क्षेत्र के इन सभी देशों में पूंजी निवेश तथा ढांचागत विकास कार्य किया है। भारत इन सभी देशों में एकमात्र शक्तिशाली देश है, जिसने पिछले दशकों में तेजी से अमेरिका के साथ अपने संबंधों को बढ़ाया तथा मजबूत किया है। चीन किसी भी स्थिति में बंगाल की खाड़ी तथा अरब सागर की तरफ से अमेरिकी नौसैनिक दबाव का सामना करने की रणनीति पर कार्यरत है। इसी से उसने म्यांमार, बांग्लादेश, श्रीलंका तथा पाकिस्तान में बंदरगाह एवं अन्य सहायक ढांचागत विकास कार्यों को प्रमुखता से करने का कार्य किया है। इसी को पश्चिमी विचारकों और लेखकों ने ''स्ट्रिंग ऑफ पर्ल्स'' रणनीति का नाम दिया है। सबसे पहले 2005 में यू. एस. सलाहकार फर्म 'ब्रूज एलेन हैमिल्टन' ने ''स्ट्रिंग ऑफ पर्ल्स'' का उपयोग किया था।[52] वास्तव में चीन हिंद महासागर के बंगाल की खाड़ी तथा अरब सागर क्षेत्र से अपनी पूरी सुरक्षा चाहता है, ताकि अमेरिका चीन पर अरब सागर तथा बंगाल की खाड़ी की तरफ से उस तरह की नौसैनिक कार्यवाही ना कर सके जैसा कि उसने अफगानिस्तान तथा ईराक के विरुद्ध किया था।

चीन ने 'हिंद–प्रशांत क्षेत्र' के देशों के ढांचागत विकास परियोजनाओं में आर्थिक मदद के उद्देश्य से 'एशियन इंटरनेशनल इंफ्रास्ट्रक्चर बैंक' (एआईआईबी) का विकास किया है। ए आई आई बी एशिया–प्रशांत क्षेत्र का एक मल्टीलैटरल डेवलपमेंट बैंक है। इसका प्रमुख उद्देश्य इसके सदस्य देशों के ढांचागत विकास को बढ़ावा देना है। वर्तमान में इसके 58 सदस्य देश तथा 22 प्रत्याशित सदस्य देश है। इसका निर्माण चीन के पहल पर हुआ था। चीन इसका सबसे बड़ा आर्थिक सहयोगी सदस्य देश है। भारत भी इसका सदस्य देश है। इसका मुख्यालय बीजिंग में है। इसने 16 जनवरी 2016 से कार्य करना प्रारंभ किया था। इसके पूंजी का 50 प्रतिशत भाग का निवेश इसके 10 सदस्य देशों ने किया है। इस बैंक के माध्यम से चीन ने हिंद–प्रशांत क्षेत्र में अपना आर्थिक महत्व बढ़ाया है। चीन ने जापान तथा अमेरिका का आर्थिक क्षेत्र में बराबरी करने का प्रयास किया है। जापान के पास ''एशियन डेवलपमेंट बैंक'' है, जबकि अमेरिका ''इंटरनेशनल मोनेटरी फंड'' को संचालित एवं नियंत्रित करता है।

मालदीव के राष्ट्रपति अब्दुल्ला यामीन अब्दुल गयूम के दिसंबर 2017 की चीन यात्रा के दौरान दोनों देशों ने 12 द्विपक्षीय समझौतों पर हस्ताक्षर किया था। इसमें दोनों देशों के मध्य ''फ्री ट्रेड डील'' के साथ ही ''वन बेल्ट –वन रोड'' प्रोग्राम में सहयोग का समझौता भी शामिल था। चीन इस बात के लिए प्रयत्नशील है कि दक्षिण एशिया के अधिक से अधिक देशों को 'ओ बी ओ आर' प्रोग्राम ने शामिल किया जाए। मालदीव ने अपने ढांचागत विकास के कई परियोजनाओं का ठेका चीनी कंपनियों को दिया है। इस समय चीन के राष्ट्रपति झी जिनपिंग ने कहा था कि मालदीव को चीन अपना सबसे करीबी मित्र, विश्वासी तथा बहुत अधिक भरोसेमंद साथी के रूप में देखता है। ओ बी ओ आर परियोजना से निश्चित रूप से छोटे तथा मध्यम देशों को फायदा पहुंचेगा। इस समय दोनों देशों ने यह भी कहा कि वे अपरंपरागत सुरक्षा चुनौतियों का

मिल का सामना करेंगे।[53] 5 फरवरी 2018 को राष्ट्रपति यामीन ने मालदीव में आपातकाल घोषित किया था। उन्होंने चीन, पाकिस्तान तथा सऊदी अरब से सहायता की अपील भी किया था। इस समय पूर्वी हिंद महासागर क्षेत्र में चीन की नौसेना के 11 युद्धपोत (विध्वंसक, फ्रिगेट, एंफीबियस ट्रांसपोर्ट डॉक तथा तीन सहायक टैंकर) मौजूद थे। चीन ने इनका कोई निश्चित उद्देश्य घोषित नहीं किया था।[54] राष्ट्रपति यामीन ने इस समय भारत को पूरी तरह से नजरअंदाज किया था। मालदीव भारत से केवल मात्र 400 किमी. दूर स्थित है। इस समय चीन ने कहा था कि यदि भारत मालदीव में किसी तरह का सैन्य हस्तक्षेप करता है तो बीजिंग इसके विरूद्ध कड़ा कदम उठायेगा। पूर्व राष्ट्रपति नशीद का दावा है कि चीन मालदीव के 17 टापुओं पर अपना नियंत्रण कर चुका है। एक समय पूर्व राष्ट्रपति नशीद ने भी चीन के साथ अपने संबंधों को बढ़ाने का प्रयास किया था। नवंबर 2011 के माले दक्षेस सम्मेलन के दौरान भारतीय प्रधानमंत्री मनमोहन सिंह के माले पंहुचने के ठीक एक दिन पहले ही नशीद ने माले में चीन के दूतावास का उद्घाटन किया था। पिछले कुछ वर्षों (2014 के बाद) से मालदीव लगातार भारत विरोधी रूख बनाये हुए है। 2017 में उसने अपने समुद्री सीमा में तीन चीनी युद्धपोतों का स्वागत किया था। इन युद्धपोतों ने माले तथा गिरीफुशी द्वीप पर लंगर डालकर मालदीव सुरक्षा बलों को विशेष प्रशिक्षण भी दिया था।[55]

9 दिसंबर 2017 को श्रीलंका ने औपचारिक रुप से हंबनटोटा बंदरगाह चीन को 99 साल के पट्टे पर दे दिया। चीन की दो कंपनियाँ 'हंबनटोटा इंटरनेशनल पोर्ट ग्रुप' तथा 'हंबनटोटा इंटरनेशनल पोर्ट सर्विसेज' मिलकर इस बंदरगाह को संचालित करेगी। इस समय श्रीलंका सरकार ने चीन के महत्वकांक्षी 'वन बेल्ट– वन रोड' परियोजना का भाग बनने की भी घोषणा किया था।[56]

चीन पाकिस्तान के ग्वादर बंदरगाह को एक प्रमुख वाणिज्यिक बंदरगाह के तौर पर विकसित कर रहा है। किसी के संकट के समय चीन के द्वारा इसके नौसैनिक उपयोग से इंकार नहीं किया जा सकता है। चीन पाकिस्तान के इस क्षेत्र में ढांचागत विकास कार्यक्रमों में भारी धन व्यय कर रहा है। पाकिस्तानी अधिकारियों को उम्मीद है कि ग्वादर बंदरगाह से 2018 में 12 लाख टन का कारोबार होगा जो 2022 में बढ़कर 1.3 करोड़ टन तक पहुंच जाएगा। अमेरिकी सरकार तथा रक्षा विशेषज्ञों का कहना है कि चीन इस बंदरगाह का निर्माण भविष्य के नौसैनिक आवश्यकताओं को देखते हुए बड़े पैमाने पर कर रहा है, ताकि अरब सागर की तरफ से उसको सैनिक कार्रवाई करने की ताकत हासिल हो सके।[57]

चीन हिंद–प्रशांत क्षेत्र में संतुलन के लिए रुस के साथ अपने संबंधों को मजबूत करने में गंभीरतापूर्वक लगा है। राजशाही के अंत और गृहयुद्ध खत्म होने के बाद नेपाल में पहली बार दिसंबर 2017 में आम चुनाव हुए। इसमें वामपंथी गठबंधन को बहुमत मिला। इस सरकार का चीन की तरफ अधिक झुकाव रहेगा। चीन के दक्षिण चीन सागर क्षेत्रीय दावों तथा हिंद महासागर क्षेत्र में बढ़ती गतिविधियों से अमेरिका तथा भारत दोनों ही प्रभावित है तथा दोनों नौवहन की स्वतंत्रता एवं आपसी नौसैनिक संबंधों को विकसित करने के लिए प्रयासरत है।

रुस एवं हिंद–प्रशांत क्षेत्र

रुस भू–क्षेत्र विस्तार की दृष्टि से विश्व का सबसे बड़ा देश है। इसके पूर्वी भाग का समुद्री तट प्रशांत महासागर के ओखोस्टक सागर जलक्षेत्र से लगा हुआ है। 1991 के क्षेत्रीय विघटन से पूर्व सोवियत संघ विश्व में महाशक्ति का दर्जा रखता था। सामुद्रिक शक्ति, परमाणु, अंतरिक्ष तथा प्रक्षेपास्त्र प्रौद्योगिकी के दृष्टिकोण से रुस आज भी विश्व के अग्रणी

देशों में स्थान रखता है। 1991 के विघटन के पश्चात रूस ने आर्थिक कारणों से अपने को विश्व राजनीतिक एवं सैनिक गतिविधियों से दूर रखा था। राष्ट्रपति पुतिन के शासन के दौरान रूसी अर्थव्यवस्था के पुनः मजबूत होने के पश्चात रूस ने विश्व व्यवस्था में अपनी गतिविधियों को बढ़ाना प्रारंभ किया है। मध्य पूर्व देशों के बीच पिछले वर्षों में रूस ने अपनी राजनीतिक एवं आर्थिक पहुंच बढ़ायी है। सीरिया में आतंकवादियों के विरुद्ध रूस ने सीधे सैनिक कार्रवाई भी की है।

इस शताब्दी में रूस ने अपने प्रशांत फ्लीट का आधुनिकीकरण एवं विस्तार कार्यक्रम चला रखा है। रुस की इस फ्लीट में 50 युद्धपोत तथा 23 पनडुब्बी रखने की योजना है। इस फ्लीट में 2013 में एस एस बी एन (Borrei–class परमाणु पनडुब्बी), 2014 में लैंडिंग क्राफ्ट (Dyugon- class) तथा 2015 में कारवेटस (Steregushchy– class) को शामिल किया गया था। 2017 में छः यासिन श्रेणी के परमाणु गाइडेड मिसाइलों से युक्त पनडुब्बियों को शामिल करने का कार्य किया जा रहा है। ऐसी भी संभावना है कि इसमें से कुछ प्लेटफार्म आपरेशनल न हो। जुलाई 2015 में रुसी सरकार ने नया "मैरीटाइम डाक्टिन" जारी किया था, जिसमें इस बात पर जोर दिया गया था कि जल्द ही रुस पुनः समुद्री शक्ति हासिल कर लेगा। राष्ट्रपति पुतिन का सोचना है कि रूस के पास 'ब्लू वाटर नेवी क्षमता' होनी चाहिए। रूसी प्रशांत फ्लीट के पास स्त्रातजिक भयादोहन तथा तटीय सुरक्षा की शक्ति एवं क्षमता होनी चाहिए ताकि वह दूसरी नौसेना के आक्रमण को रोक सके तथा आक्रामक शक्ति प्रदर्शन कर सकें।[58]

पिछले वर्षों में रुस ने अपनी सैन्य एवं समुद्री गतिविधियों को बढ़ाया है। रुस ने मध्य पूर्व एशिया के देश सीरिया की तरफ से सीधा सैन्य अभियान आतंकवादियों के विरुद्ध शुरू किया था। इस समय दुनिया के सभी बड़ी शक्तियाँ आश्चर्यचकित हो गयी थी। इससे रूस ने यह संदेश दिया था कि सैनिक रुप से वह अभी भी सुपरपावर की

हैसियत रखता है। नवंबर 2017 में सीरिया के राष्ट्रपति बशर अल असद रुस गये थे ताकि राष्ट्रपति पुतिन को मध्य पूर्व एशिया के स्थित से अवगत करा सकें।

सितंबर 2017 में रूस और चीन ने मिलकर जापान सागर तथा ओखोस्टक सागर में अपना संयुक्त नौसैनिक युद्धाभ्यास ''ज्वाइंट सी–2017'' किया था। इस नौसैनिक अभ्यास में दोनों देशों ने प्रमुख रूप से ''संयुक्त पनडुब्बी बचाव'' तथा ''पनडुब्बी निरोधी संक्रियाओं'' का अभ्यास किया था। इस नौसैनिक अभ्यास का तटीय चरण ब्लडीवोस्टक जलक्षेत्र में संपन्न हुआ था। रूस और चीन सैनिक सहयोगी देश है तथा विभिन्न स्त्रातजिक मुद्दों पर अपना सहयोग बढ़ा रहे हैं।[59]

2003 से चीन और रूस ने लगभग 25 संयुक्त सैन्य अभ्यास किए हैं। जिसमें से 10 अभ्यास आतंक निरोधी (पीस मिशन अभ्यास) थे। रुस ने पिछले दशकों में चीन को विभिन्न प्रकार के सैनिक साज–सामान तथा तकनीकी सूचनाओं को भी उपलब्ध कराया है, जिससे चीन को अपनी सैनिक शक्ति बढ़ाने में काफी मदद मिला है। नौसैनिक अभ्यास कार्य दोनों देश 2012 के पश्चात लगातार कर रहे हैं। सभी नौसैनिक युद्धाभ्यास पश्चिमी प्रशांत महासागर के सागरीय जलक्षेत्रों में संपन्न हुए हैं, जिसका संक्षिप्त विवरण इस प्रकार से है–

ज्वाइटं – सी 2012	अप्रैल 22 से 27	पीला सागर
ज्वाइंट – सी 2013	जुलाई 5 से 12	जापान सागर
ज्वाइंट – सी 2014	मई 20 से 26	पूर्वी चीन सागर
ज्वाइंट – सी 2015 (I)	मई 11 से 21	भूमध्य सागर
ज्वाइंट – सी 2015 (II)	अगस्त 20 से 28	जापान सागर
ज्वाइंट – सी 2016	सितंबर 12 से 20	दक्षिण चीन सागर

यूएस चाइना इकनोमिक एंड सिक्योरिटी रिव्यु कमीशन, स्टाफ रिसर्च रिपोर्ट, मार्च 20, 2017[60]

अमेरिकी राष्ट्रपति बराक ओबामा के 'पिवेट टू एशिया' नीति को देखते हुए रुस और चीन ने ज्वाइंट सी – 2015 (II) युद्धाभ्यास जापान सागर में आयोजित किया था। नौ दिन चले इस युद्धाभ्यास में चीन के सात युद्धपोत तथा रुस के 16 युद्धपोतों, दो पनडुब्बियों, 12 नौसैनिक वायुयानों, नौ एंफीबियस जलयानों तथा 200 मैरीन सैनिकों ने भाग लिया था। चीन के रक्षा मंत्री ने कहा था कि यह युद्धाभ्यास प्रमुख रूप से दोनों देशों के बीच रणनीतिक सहयोग एवं साझेदारी बढ़ाने के लिए आयोजित किया गया है। इससे दोनों देशों के नौसैनिक क्षमता में वृद्धि होगी।[61]

26 अक्टूबर 2017 को रूसी राष्ट्रपति व्लादिमीर पुतिन ने बेरेन्ट सागर तथा ओखोस्टक सागर में हुए सैनिक ड्रिल में भाग लिया तथा परमाणु पनडुब्बी से इंटरकॉन्टिनेंटल बैलिस्टिक मिसाइल परीक्षण भी देखा था। इस सैन्य अभ्यास में रुसी बांम्बर टीयू 160, टीयू 95 तथा टीयू 22 से क्रूज प्रक्षेपास्त्रो का भी परीक्षण कार्य किया गया था। रूसी सरकार ने यह कहा था कि यह एक नियमित सैन्य अभ्यास था। इसका अंतर्राष्ट्रीय जगत में होने वाले बदलावों से कोई संबंध नहीं है।[62]

जापान एवं हिंद–प्रशांत क्षेत्र

'हिंद–प्रशांत क्षेत्र' का जापान एक महत्वपूर्ण देश है। वर्तमान समय में जापान की अर्थव्यवस्था विश्व में तीसरे स्थान पर है। अमेरिका का जापान विशेष आर्थिक एवं रणनीतिक साझेदार मित्र है।

अमेरिकी राष्ट्रपति डोनाल्ड ट्रंप के नवम्बर 2017 के जापान यात्रा के समय जापान ने स्पष्ट रूप से कहा था कि "उत्तर कोरिया के मसले पर जापान सौ प्रतिशत अमेरिका के साथ है।" अमेरिकी राष्ट्रपति ट्रंप ने भी स्पष्ट रूप से कहा था कि उत्तर कोरिया के साथ युद्ध की स्थिति में उनका देश जापान के साथ युद्ध में भाग लेगा।[63]

हिंद–प्रशांत क्षेत्र में चीन की बढ़ती हुई आर्थिक गतिविधियों तथा "बेल्ट– रोड इनिशिएटिव" को देखते हुए जापान इस बात के लिए प्रयत्नशील है कि वह भारत, अमेरिका तथा आस्ट्रेलिया के साथ इस प्रकार का रणनीतिक वार्ता प्रारंभ करें जिसके फलस्वरुप एशिया से लेकर अफ्रीका तक विभिन्न स्थानों पर बंदरगाहों तथा तेज गति वाले सड़कों का नेटवर्क स्थापित किया जा सके। ताकि वे सभी मिलकर इस विशाल क्षेत्र में अपने आर्थिक गतिविधियों को एक नया आयाम दे सके।[64] जापान भी अपने सुदूर के व्यापारिक हितों की सुरक्षा तथा क्षेत्रीय स्थिरता चाहता है।

चतुष्कोणीय गठबंधन

अमेरिकी प्रशासन ने भी चतुष्कोणीय गठबंधन के गठन पर विचार करना प्रारंभ कर दिया है। ट्रंप प्रशासन के एक वरिष्ठ अधिकारी ने कहा था कि अमेरिका–भारत, जापान और ऑस्ट्रेलिया के साथ मिलकर सकारात्मक गठजोड़ बनाने का इच्छुक है, ताकि हम खुले दिमाग से क्षेत्रीय समस्याओं पर विचार कर सके तथा उसका उचित समाधान प्रस्तुत कर सकें। चीनी विदेश मंत्रालय ने भी कहा था कि ऐसे किसी भी गठबंधन का उद्देश्य आपसी समझ तथा विश्वास बढ़ाकर क्षेत्रीय विकास को बढ़ावा देने का होगा। इससे क्षेत्र के अन्य दूसरे देशों को भी लाभ मिलेगा। ऐसे गठबंधन से चीन को कोई नुकसान पहुंचने की आशंका नहीं है। चीन इस गठबंधन में शामिल सभी देशों के साथ भविष्य में और बेहतर संबंधों की अपेक्षा रखता है। इस प्रकार के पहल से क्षेत्रीय शांति विकास और सहयोग की भावना और अधिक विकसित तथा प्रबल होगी। जापान के अनुसार अभी यह प्रस्ताव विचाराधीन है तथा क्षेत्रीय परिदृश्य को देखते हुए इसके लिए गंभीर प्रयास करने की आवश्यकता है।[65]

15 वें आसियान शिखर सम्मेलन नवंबर 2017 मनीला में पहली

बार चारों देशों ने इस पर आधिकारिक वार्ता किया था। चारों देशों ने स्वतंत्र, खुले, खुशहाल तथा समावेशी हिंद –प्रशांत क्षेत्र के लिए इसे आवश्यक समझा है।

पिछले दो दशकों में भारत ने अमेरिका, जापान तथा ऑस्ट्रेलिया से विभिन्न क्षेत्रों में अपने संबंधों को प्रभावशाली ढंग से बढ़ाया तथा मजबूत किया है। यह ध्यान में रखना चाहिए कि वर्तमान समय में इनमें से किसी भी देश के साथ भारत का किसी भी प्रकार का सुरक्षा समझौता (सिक्योरिटी एलायंस) नहीं हैं। भारत ने हिंद महासागर क्षेत्र में चीन के बढ़ते गतिविधियों को देखते हुए इस प्रस्ताव में अपनी रुचि दिखाई है। भारत भी अपने राष्ट्रीय हितों की सुरक्षा के प्रति सचेत हैं। भारत ने हमेशा नैवहन की स्वतंत्रता का समर्थन किया है। भारत प्रमुख रूप से इस चतुष्कोणीय सहयोग के माध्यम से अपने सामुद्रिक हितों तथा नौवहन की सुरक्षा चाहता है।

21 वीं शताब्दी में 'हिंद–प्रशांत क्षेत्र' में भारत की रणनीति यह रही है कि इस क्षेत्र की सभी छोटी–बड़ी शक्तियों के साथ यथासंभव उचित तालमेल बिठाया जाए। शांति, सुरक्षा एवं स्थिरता के प्रयासों को बढ़ावा दिया जाए ताकि इस क्षेत्र का तेजी से आर्थिक विकास संभव हो सके।

संदर्भ सूची

1. टाइम्स ऑफ इंडिया नई दिल्ली अरविंद पनगढ़िया 4 जून 2017
2. गुरप्रीत खुराना, 2007 सिक्योरिटी ऑफ द सी लाइनस : प्रॉस्पेक्टस फॉर इंडिया–जापान कोऑपरेशन "स्ट्रेटेजिक एनालिसिस, वॉल्यूम 31, नंबर 1, पृष्ठ 160
3. "The Indo-Pacific and the Indo-US Relations : Geopolitics of Cooperation", Shreya Upadhyay, IPCS, Issue 256, November 2014

4. *https://m.timesofindia.com/india/indo-pacific-over-asia-pacific-reflects-the-importance-of-indias-rise-us-official/articleshow/61519942.cms*

5. Trump gives glimpse of 'Indo-Pacific' strategy to counter China, Financial Times, by Demetri Sevastopulo , November 10,2017 Mr Trump told delegates at the Asia Pacific Economic Cooperation Forum in Da Nang, Vietnam that "We have been friends, partners and allies in the Indo-Pacific for a long, long time, and we will be friends, partners and allies for a long time."

6. *https://www.google.co.in/amp/mobile.reuters.com/article/amp/idUSKBN1DA1YH, "Indo-Pacific\ Not from where* China is sitting—" Christian Shepherd and Sanjeev Miglani, November 10, 2017, " Describing the Indian and Pacific Oceans as a "single strategic arena", Tillerson went further as he described India and the United States as "bookends" within that region."

7. Indo-Pacific Region Emerging as Power Centre: Navy Chief, Adm- Sunil Lamba, 14 February 2017,.m.indiatoday.in/story/indo-pacific-region-emerging-as-power-centre-navy-chief/1/882925.html

8. वर्ल्ड फोकस, मार्च 2017

9. Jimmy Carter offers to travel to North Korea to calm World War 3 threat for Trump. express.co.uk October 22, 2017

10. Nuclear Test Brings to Pakistan's Proliferation Record, The Hindu, Allahabad, January 8, 2016

11. Clinton, Hillary Rodham(October 11,2011) "America's Pacific Century"US Dept- Of State through Foreign Policy Magazine

12. द डिप्लोमेट ,29 जनवरी, 2016

13. द डिप्लोमेट, जून 2, 2015 ''यूएस टू हेल्प वियतनाम ब्लोस्टर मेरीटाइम सिक्योरिटी'' अंकित पांडा

14. द हिंदू, नई दिल्ली, 28 जुलाई 2015

15. 'Freedom of Navigation-A Critical Security Imperative', Jeff.M.Smith, Ed.book "Line of the Waters : The South China Sea Dispute and it's implications for Asia" Editor Abhijit Singh, Observer Research Foundation, 2017

16. *http://www.bloomberg.com/news/article/2017-10-26/u-s-has-three-aircraft-carrier-in-west-pacific-for-first-time-since-07.*

17. *http://googleweblight.com/i?u=http://www. express.co. uk/news/world/875394/Trump-in-Asia-North-Korea-threatens-Donald-Trump-update-news-USA-grqid= pzLe5f Lo&hl=en-IN*

18. द टाइम्स ऑफ इंडिया नई दिल्ली नवंबर 8 2017

19. "Senate passes $700 billion defense policy bill, backing Trump call for steep increase in military spending Jeff Daniels| @jeffdanielsca Published 6:39 PM ET Mon, 18 Sept 2017.CNBC.com

20. दैनिक जागरण गोरखपुर 13 नवंबर 2017

21. *http//www.idsa.in/idsacomments/navalsymposium-china-290414*

22. 11 मार्च, 2015, www.dnaindia.com.victoria.ANI

23. *http://www.indiannavy.nic.in/content/ins-satpura-reaches-hawaii-usa-exercise-rimpac-2016*

24. India Today, "India obtains Two Strategically Significant Toeholds in the Indian Ocean" Sandeep Unnithan, March 27, 2015

25. द टाइम्स ऑफ इंडिया नई दिल्ली 12 अप्रैल 2016

26. प्रेस इनफार्मेशन ब्यूरो, भारत सरकार, रक्षा मंत्रालय, 30 अगस्त, 2016

27. *http://www.eastasiaforum.org/2013/12/06/india-joins-japan-in-asian-maritime-power-balance*

28. *http://in.reuters.com/article/2014/09/15*

29. *https://www.forbes.com/sites/ralphjennings/2017/07/10/vietnam-is-chasing-india-in-a-new-gambit-to-resist-china/*

30. इंडिया–ऑस्ट्रेलिया मेरिटाइम कोऑपरेशन, अभिजीत सिंह, आईडीएसए,

नई दिल्ली 14 अक्टूबर 2013

31. द हिंदू नई दिल्ली 5 जून 2013
32. साउथ चाइना मॉर्निंग पोस्ट, मई 1 2014
33. द टाइम्स ऑफ इंडिया, नई दिल्ली, 15 नवंबर 2017
34. अर्थशास्त्री अरविंद पनगढ़िया टाइम्स ऑफ इंडिया 4 जून 2017
35. देखें परिशिष्ट संख्या 11
36. With China on radar, tri-service test synergy with Andamans drill, Times of India, Varanasi, 26 November, 2017
37. *https://www.ndtv.com/india-news/wary-of-china-india-gets-rights-to-use-singapores-latest-navy-base-1781527*
38. द इकोनॉमिक टाइम्स, नई दिल्ली, 25 अप्रैल 2014
39. *https://www.thesun.co.uk/news/4808085/china-beijing-guam-threat-us-america-bombing/*
40. *https://m.huffpost.com/us/entry/10623660*
41. *http://sawarajmarg.com/world/guam-second-step-in-chinas-naval-plan-to-own-the-pacific*
42. *https://www.thesun.co.uk/news/4808085/china-beijing-guam-threat-us-america-bombing/*
43. *https://thediplomat.com/2013/08/can-chinas-new-strategic-bomber-reach-hawaii/) August 13, 2013*
44. *https://www.cnbc.com/2017/10/31/china-is-said-to-have-practiced-bombing-attacks-against-guam.html*
45. *www.futuredirections.org.au/publication/United-states-indian-ocean-region-security-vector/* 23 June 2016
46. *https://www.centerforsecuritypolicy.org/1999/08/04/china-flies-one-new-threatening-missile-and-unveils-another-what-other-surprises-are-in-store-for-an-undefended-america-2/*
47. *http://indianexpress.com/*,CPEC: The bumpy new trade route

between China and Pakistan , Adrija Roychowdhury | New Delhi 16 May 2017

48. *https://timesofindia.indiatimes.com/topic/China-Pakistan-Economic-Corridor*

49. *https://www.google.co.in/amp/s/www.foreignaffairs. com/articles/east-asia/2017-11-17/one-belt-one-roads-governance-deficit-problem%3famp*

50. The Indian Express, What is China's One Belt One Road (OBOR) project?, New Delhi ,14 May 2017

51. The Diplomate, 28 July 2015

52. China's Navy to Send More Ships to the Indian Ocean, Franz-Stefen Gady, The Diplomate, January 31, 2015

53. 'मालदीव एंड चाइना इंक 12 पैक्टस इंक्लूडिंग वन टू प्रमोट ओ बी ओ आर,' एस दासगुप्ता, टाइम्स ऑफ इंडिया, वाराणसी, 10 दिसंबर 2017

54. Times of India, New Delhi, 20 Feb, 2018

55. 'मालदीव में भारत के विकल्प' ब्रह्मा चेलानी, दैनिक जागरण, 2 फरवरी 2018

56. *http://www.thesundayleader.lk/2017/12/09/hambantota-port-formally-handed-over-to-china-lanka-joint-company/*

57. दैनिक जागरण, दिसंबर 18, 2017

58. Asia-Pacific Rebalance 2025 Capabilities, Presence and Partnership, Ed- Michall Green, Kathleen Hicks,Mark Cancian, www.csis.org, p.26

59. *https://thediplomat.com/2017/09/Chinese-russian-navies-hold-exercises-in-sea-of-japan-okhotsk-sea/½*

60. *https://www.uscc.gov/sites/default/files/Research/China-Russia% 20Mil-Mil%20Relations% 20Moving% 20Toward% 20Higher% 20Level%20of%20Cooperation.pdf*

61. China, Russia set for naval assertion in Sea of Japan, Atul Aneja, The Hindu, Allahabad, August 17, 2015½

62. ''सैन्य अभ्यास में शामिल हुए रूसी राष्ट्रपति पुतिन, खुद चलवाई न्यूक्लियर मिसाइलें'', जनसत्ता, अक्टूबर 28, 2017

63. द हिंदू, नयी दिल्ली, नवंबर 7, 2017

64. "Japan to propose OBOR like project with India US to counter China" Hindustan Times, New Delhi, September 14, 2017

65. *https://m.economictimes.com/news/defence/india-us-officials-vow-to-boost-cooperation-in-aircraft-carrier-tech/articleshow/61492506.cms*

2

हिंद महासागर

विश्व के पाँच महासागरों में हिंद महासागर जलक्षेत्र का विस्तार की दृष्टिकोण से तीसरा स्थान है। यह तीन महाद्वीपों अफ्रीका, एशिया तथा आस्ट्रेलिया से घिरा हुआ है। यह यूरोप के देशों को पश्चिमी प्रशांत महासागर के देशों से जोड़ता है अर्थात यह अटलांटिक महासागर को प्रशांत महासागर से जोड़ता है। इसका कुल क्षेत्रफल लगभग 72,520000 वर्ग किलोमीटर है। यह कुल विश्व जलक्षेत्र का लगभग 20.7 प्रतिशत है। यह लगभग 10400 किलोमीटर लम्बा तथा 9600 किलोमीटर चौड़ा है। इसका तटीय सीमा विस्तार लगभग 66,526 किलोमीटर है।[1] यह भूमध्यसागर से लगभग 35 गुना बड़ा है। हिंद महासागर क्षेत्र का लगभग 30 प्रतिशत भाग इस के तटीय देशों के अपवर्जित आर्थिक क्षेत्र (ई ई जेड) के अंतर्गत आता है। यह जलक्षेत्र प्राचीन काल से ही व्यापारिक गतिविधियों का केंद्र रहा है।

'हिंद महासागर क्षेत्र' में कुल 47 स्वतंत्र देश है। जिसमें से 30 तटीय देश, 5 द्वीप देश तथा 12 स्थलबद्ध देश है। इन सभी देशों में

विश्व की लगभग 30 प्रतिशत जनसंख्या निवास करती है। इन देशों में भारी मात्रा में खनिज पदार्थ, कच्चा तेल तथा प्राकृतिक गैस उपलब्ध है। विकासशील होने के नाते क्षेत्रीय देश इन खनिज पदार्थों का उपयोग बड़े पैमाने पर स्वयं नहीं कर पाते हैं। फलस्वरुप वह इनका निर्यात विकसित देशों को करते हैं। विकसित औद्योगिक देशों को हिंद महासागर क्षेत्र के देशों में बड़ी जनसंख्या, बाजार तथा खनिज पदार्थ की उपलब्धता है। भारत भी विभिन्न खनिज संपदा का निर्यात चीन, जापान तथा दक्षिण कोरिया को करता है।

हिंद महासागर क्षेत्र की कुछ प्रमुख विशेषताएं इस प्रकार से हैं––

1. इसके तटीय देशों में लगभग 2 बिलियन जनसंख्या निवास करती है। भारत सबसे अधिक जनसंख्या वाला तथा सेशेल्स सबसे कम जनसंख्या वाला देश है।

2. हिंद महासागर क्षेत्र में गल्फ क्षेत्र विश्व का सबसे अधिक कच्चा तेल उत्पादन करने वाला क्षेत्र है। क्षेत्रीय 10 देशों में विश्व के कुल कच्चे तेल का 70 प्रतिशत भाग मौजूद है। वर्तमान में भारत सबसे अधिक कच्चा तेल सऊदी अरब से आयात कर रहा है। विश्व खपत का 40 प्रतिशत कच्चा तेल हार्मुज जलडमरूमध्य से होकर प्रतिवर्ष निकलता है।

3. पूरे हिंद महासागर क्षेत्रीय देशों की तुलना में गल्फ क्षेत्र के देशों की जनसंख्या अत्यंत कम है। इन देशों का राष्ट्रीय आय तेल निर्यात के कारण बहुत अधिक है। यही कारण है कि यह देश भारी मात्रा में शस्त्र आयात करते हैं। गल्फ क्षेत्र में सऊदी अरब सबसे बड़ा (विश्व का दूसरा बड़ा) शस्त्र आयातक देश है।

4. हिंद महासागर जलक्षेत्र से लगभग 33 प्रतिशत ग्लोबल व्यापार तथा 50 प्रतिशत कंटेनर प्रतिवर्ष होकर निकलता हैं।[2] हिंद महासागर जलक्षेत्र से प्रति वर्ष लगभग 1,00,000 व्यापारिक जलयानों का आवागमन

होता है।

5. विश्व में मौजूद व्यापारिक जलयानों में से लगभग 50 प्रतिशत जलयान प्रतिवर्ष मलक्का जलडमरूमध्य के तरफ से होकर निकलते हैं।

6. कुल भारतीय व्यापार का लगभग 40 प्रतिशत भाग हिंद महासागर तटीय देशों के साथ होता है।

7. गल्फ क्षेत्र में लगभग 8 मिलियन भारतीय काम करते हैं जो प्रतिवर्ष लगभग 70 बिलियन डॉलर रेमिटेंस (अपने परिवार को भेजते है) भारत भेजते है।

8. जुलाई 2011 में इंटरनेशनल सीबेड एथारिटी (आई एस ए) ने चीन को (चाइना ओशन मिनरल रिसोर्सेज रिसर्च एंड डेवलपमेंट एसोसिएशन) हिंद महासागर क्षेत्र में 10000 वर्ग किलोमीटर क्षेत्र विभिन्न समुद्री उत्थनन और विकास कार्यों हेतु 15 वर्ष के पट्टे पर आवंटित किया था। यह क्षेत्र दक्षिण पश्चिमी हिंद महासागर में मेडागास्कर के नजदीक है।[3]

9. 1987 में ''इंटरनेशनल सीबेड अथॉरिटी'' ने भारत को मध्य हिंद महासागर क्षेत्र में 150000 वर्ग किलोमीटर का क्षेत्र अनुसंधान कार्य एवं समुद्र तल से माइनिंग हेतु आवंटित किया था। यह जलक्षेत्र भारत के सुदूर दक्षिण में स्थित कन्याकुमारी से 1000 समुद्री मील तथा मुम्बई से 3000 किलोमीटर की दूरी पर है।[4]

10. हिंद महासागर क्षेत्रीय देशों में भारत नौसैनिक शक्ति तथा हाइड्रोग्रागिक विकास की दृष्टि से सबसे अग्रणी देश है। भारतीय वैज्ञानिकों ने सागर की अथाह गहराई से खनिज पिण्डो को निकाला है। 1981 ई. में भारतीय अन्वेषण पोत ''गवेषणी'' ने मध्य हिंद महासागर क्षेत्र से तीन से साढ़े चार हजार फीट गहराई से खनिज मैग्नीज नूडल्स

निकाला था। 1986 ई. में भारतीय सामुद्रिक विकास विभाग ने मध्य हिंद महासागर क्षेत्र के तीन मिलियन वर्ग किलोमीटर क्षेत्र का समुद्री सर्वेक्षण कार्य पूरा किया था।

11. हिंद महासागर क्षेत्रीय देशों में पिछड़े तथा कम विकसित अफ्रीकी देशों के ही साथ विश्व में तेजी से विकास की ऊंचाइयों तक पहुंचने वाले दक्षिण पूर्वी एशियाई देश भी हैं। प्रति व्यक्ति आय की दृष्टि से सिंगापुर तटीय देशों में सबसे धनी देश है। विश्व के लगभग 43 प्रतिशत गरीब जनसंख्या केवल मात्र दक्षिण एशिया में ही निवास करती है। वर्तमान में (2017) म्यांमार के "रोहिंग्या मुसलमानों" की समस्या अत्यंत गंभीर बनी हुई है। इस समस्या से सबसे अधिक प्रभावित देश भारत और बांग्लादेश है।

12. परमाणु प्रसार हिंद महासागर क्षेत्र की सबसे गंभीर समस्या है। यहां के दो देश –भारत और पाकिस्तान पूर्ण रूप से परमाणु शक्ति संपन्न देश बन चुके हैं। इसके अतिरिक्त ईरान भी परमाणु शक्ति विकास की तरफ तेजी से अग्रसर है। दक्षिण अफ्रीका तथा इजराइल के पास भी इस प्रकार के हथियार होने की संभावना है। एक समय इराक तथा सीरिया भी परमाणु शक्ति विकास के क्षेत्र में तेजी से आगे बढ़ रहे थे लेकिन इजराइल ने औचक आक्रमण कर इन दोनों के निर्माणाधीन परमाणु रिएक्टरों को ध्वस्त कर दिया था। यह हिंद महासागर क्षेत्र की ही नहीं अपितु पूरे विश्व में अपनी तरह की पहली घटना थी।

13. यहाँ के दो परमाणु शक्ति संपन्न देशों भारत और पाकिस्तान की सीमा आपस में लगी हुई है। इन देशों का आपसी संबंध स्वतंत्रता के पश्चात से ही अत्यंत तनावपूर्ण रहा है। इन दोनों देशों से विश्व की दूसरी बड़ी शक्तिशाली परमाणु संपन्न देश चीन की सीमा भी लगी हुई है। चीन पाकिस्तान का अभिन्न मित्र है। चीन से भारत का 1962 में युद्ध

भी हो चुका है तथा सीमा क्षेत्र को लेकर दोनों देशों के मध्य विभिन्न प्रकार के विवाद भी है। यह विश्व का यह एकमात्र ऐसा क्षेत्र है, जहाँ तीन परमाणु शक्ति संपन्न देशों की सीमाएं एक दूसरे से लगी है तथा उनके मध्य पूर्व में विभिन्न विवादों के कारण युद्ध भी हो चुका है।

14. अंतरिक्ष, परमाणु तथा प्रक्षेपास्त्र विकास की दृष्टि से भारत एवं इजरायल हिंद महासागर क्षेत्र के सबसे अधिक विकसित देश है। तीसरे स्थान पर ईरान आता है।

15. सामुद्रिक शक्ति तथा नौसैनिक शक्ति के दृष्टिकोण से भारत हिंद महासागर का सबसे अधिक शक्तिशाली देश है। इसके पश्चात पाकिस्तान, ईरान, इजरायल, दक्षिण अफ्रीका, आस्ट्रेलिया, इंडोनेशिया, सिंगापुर तथा थाईलैंड का स्थान है। भारतीय नौसेना ही एकमात्र ऐसी नौसेना है जिसमें वायुयानवाहक युद्धपोत तथा परमाणु पनडुब्बी आपरेशनल है। भारत ही एकमात्र ऐसा तटीय देश है, जिसके शिपयार्डों में वायुयानवाहक पोतो तथा परमाणु पनडुब्बियों का निर्माण किया जा रहा है।

16. हिंद महासागर क्षेत्र का सबसे बड़ा तथा व्यस्त बंदरगाह सिंगापुर पोर्ट है। इसके बाद दुबई पोर्ट का स्थान है। इस क्षेत्र के अन्य बड़े बंदरगाह है – जवाहरलाल नेहरू पोर्ट, नवी मुम्बई, दीन दयाल पोर्ट (कांडला पोर्ट), कराची पोर्ट, ग्वादर पोर्ट, चवाहार पोर्ट, अदन पोर्ट, चिटगांव पोर्ट, कोलंबो पोर्ट आदि।

17. हिंद महासागर के दक्षिण में अंटार्टिका (दक्षिणी ध्रुव एवं दक्षिणी महासागर) का दुर्गम बर्फीला क्षेत्र स्थित है। यहाँ शोध कार्य हेतु केवल 18 देशों के ही वैज्ञानिक स्टेशन स्थापित है। भारत ने यहां पर अपना पहला स्थायी स्टेशन ''दक्षिण गंगोत्री'' 1983 में ही स्थापित किया था। भारत ने दूसरा स्टेशन ''मैत्री'' 1988–89 में तथा तीसरा स्टेशन ''भारती'' 2012 में स्थापित किया था। वर्तमान में केवल ''भारती'' ही

आपरेशनल है। विशेष रुप से जलवायु, मौसम, भूगर्भशास्त्र, वाइल्डलाइफ तथा मॉलीक्यूलर बायोडायवर्सिटी अध्ययन एवं शोध हेतु।

अंटार्टिका क्षेत्र का 98 प्रतिशत भाग आइस से ढका हुआ है तथा इस महाद्वीप पर किसी भी प्रकार का प्रदूषण नहीं है। 1959 के अंटार्टिका संधि के नियमों के अनुसार इस क्षेत्र को "शांति एवं सहयोग" (पीस एंड कोऑपरेशन) का क्षेत्र घोषित किया गया है। 1981 से लेकर 2016 तक भारत यहाँ 35 वैज्ञानिक अभियान दलों को भेज चुका है। 2008 में "नेशनल इंस्टिट्यूट ऑफ ओशन टेक्नोलॉजी" (एन आई ओ टी) को "सागर निधि" नामक आइस क्लास वेसिल मिला था। यह विशेष जलयान अंटार्कटिका जलक्षेत्र में चलने की क्षमता वाला है। यह "डीप सी नोड्यूल सिस्टम" तथा "सुनामी अध्ययन" की विशेष दक्षता वाला अपनी तरह का एकमात्र अत्याधुनिक जलयान है।[5]

भारत सरकार के पृथ्वी विज्ञान मंत्रालय के अधीन "नेशनल सेंटर फॉर अंटार्टिक एंड ओशन रिसर्च" के नियंत्रण में भारतीय अंटार्टिक कार्यक्रम एक बहुआयामी तथा मल्टी इंस्टिट्यूशनल कार्यक्रम है।

18. हिंद महासागर क्षेत्र में कुछ द्वीप फ्रांस तथा ब्रिटेन के अधीन है। फ्रांस के अधीन दक्षिण–पश्चिमी हिंद महासागर में मॉरीशस तथा मेडागास्कर के पास पांच द्वीप है। यह द्वीप है – क्रोजेट, करग्यूलिन, सेंट पॉल, एम्स्टर्डम तथा रीयूनियन। इसमें से रीयूनियन तथा एम्सटर्डम को छोड़कर बाकी सभी द्वीप निर्जन है। इनमें रीयूनियन सबसे बड़ा है। यह मॉरीशस के पास स्थित है। इसके अतिरिक्त मायोती (Mayotte) भी फ्रांस ओवरसीज डिपार्टमेंट के अधीन है। यह कोमरूस द्वीप देश के पास है। कोमरूस पहले फ्रांस के अधीन था। फ्रांस ने कोमरूस (Comoros) को 1975 में स्वतंत्र कर दिया था। 1974 तथा 1976 (64 प्रतिशत तथा 99.4 प्रतिशत) के रेफरेंडम में मायोती के लोगों ने भारी मत से फ्रांस के साथ रहने का निर्णय किया था। मायोती का कुल क्षेत्रफल 374 वर्ग

किलोमीटर तथा अगस्त 2012 में जनसंख्या 212645 था। कोमरूस समय– समय पर मायोती पर अपना दावा प्रस्तुत करता रहा है। 29 मार्च 2009 के रेफरेंडम (95.5 प्रतिशत) के पश्चात मार्च 2011 में मायोती फ्रांस के ओवरसीज डिपार्टमेंट के अधीन हो गया था। यहाँ फ्रांस का सैनिक बेस है। फ्रांस के नेशनल असेंबली के लिए 345 सीनेटर चुने जाते हैं। इसमें से 21 सेनेटर फ्रेंच ओवरसीज विभाग से जाते हैं। जिसमें से रीयूनियन से 4 तथा मायोती से 2 सीनेटर जाते हैं।

इन द्वीपों को फ्रांस अपनी मुख्यभूमि का भाग मानता है। इन द्वीपों का निम्नलिखित कारणों से फ्रांस के लिए विशेष महत्व है–

पहला– ये द्वीप फ्रांसीसी राष्ट्रीय प्रतिष्ठा को बढ़ाते हैं।

दूसरा– इनसे फ्रांस का अपवर्जक आर्थिक क्षेत्र काफी बढ़ जाता है। फ्रांस का अपवर्जित क्षेत्र विस्तार 10 मिलियन वर्ग किलोमीटर का है।

तीसरा– रीयूनियन द्वीप पर फ्रांस का एक बड़ा तथा शक्तिशाली नौसैनिक अड्डा है। इसे फ्रांस ने अपने पश्चिमी हिंद महासागर क्षेत्र के आर्थिक एवं रणनीतिक सुरक्षा हेतु विकसित कर रखा है।

चौथा– इन द्वीपों पर फ्रांस विभिन्न प्रकार के हथियारों का सुरक्षित परीक्षण कार्य करता है, ताकि उसके यूरोपीय क्षेत्र के नागरिकों को किसी प्रकार की असुविधा न हो। फ्रांस विश्व का एक प्रमुख शस्त्र निर्यातक देश है।

पांचवां– फ्रांसीसी नौसेना पूरे विश्व में कहीं भी कार्य करने की क्षमता रखती है। फ्रांस ने भी रैपिड डिप्लॉयमेंट फोर्स (आर डी एफ) का गठन कर रखा है। इस बल को कहीं भी पूरे विश्व में आवश्यकता पड़ने पर लगाया जा सकता है। ऐसे में इन द्वीपों के स्त्रातजिक महत्व को नजरअंदाज नहीं किया जा सकता है। इन द्वीपों पर फ्रांस अपने सेनाओं के लिए विभिन्न प्रकार के युद्धाभ्यास कार्यक्रमों को आयोजित करता

रहता है, जिससे उसकी सेना को विभिन्न प्रकार की जलवायु में कार्य करने का अनुभव हो सके।[6]

19. हार्न–आफ – अफ्रीका तथा लाल सागर के दक्षिण मुहाने पर स्थित जिबूती एक छोटा देश है। शीत युद्ध काल में फ्रांस अपने जिबूती नौसैनिक अड्डे को अपने व्यापारिक हितों की सुरक्षा के लिए आवश्यक समझता था। 1973 में फ्रांस के मालागासी नौसैनिक अड्डे के बंद होने तथा अदन से ब्रिटिश नौसेना के हटने से जिबूती स्थित फ्रांसीसी नौसैनिक अड्डे का महत्व बहुत अधिक बढ़ गया था। जिबूती में फ्रांस ने हवाई पट्टी, शक्तिशाली संचार व्यवस्था तथा अन्य नौसैनिक सुविधाओं का काफी विकास किया था। अमेरिकी नौसेना भी इस अड्डे की सुविधाओं का उपयोग करती थी। 1985 में यहाँ पर लगभग 3880 फ्रांसीसी सैनिक थे।

21 वीं शताब्दी में अमेरिका ने जिबूती में एक शक्तिशाली नौसैनिक एक्सपिडिशनरी फोर्स लगा रखा है। इस सैनिक अड्डे का अमेरिका ने अफगानिस्तान, इराक, तथा सीरिया के विरुद्ध रणनीतिक उपयोग किया है।

चीन ने भी जिबूती में एक नौसैनिक अड्डा स्थापित किया है। हिंद महासागर क्षेत्र में यह चीन का पहला सैनिक अड्डा है।

20. इस शताब्दी में हिंद महासागर जलक्षेत्र की सबसे बड़ी सुरक्षा चुनौती समुद्री लूट तथा अपहरण की रही है। इस समस्या से सबसे अधिक प्रभावित अदन की खाड़ी के पास का जलक्षेत्र रहा है। इस समस्या के निराकरण हेतु विश्व की सभी बड़ी शक्तियाँ अदन की खाड़ी जलक्षेत्र में समुद्री लुटेरों के विरुद्ध कार्यरत रही हैं। 6 अक्टूबर 2017 को नयी दिल्ली के 14वें ''भारत –यूरोपीय संघ सम्मेलन'' में दोनों पक्ष में इस बात पर सहमत हुए कि हिंद महासागर और अन्य सागरीय क्षेत्रों में समुद्री सुरक्षा के मामले में वह आपसी सहयोग को बढ़ाएंगे। निश्चित रूप से यह

निर्णय आगे आने वाले दिनों में दोनों पक्षों के बीच सैन्य सहयोग को मजबूती प्रदान करेगा। सम्मेलन में बनी सहमति के आधार पर अदन की खाड़ी में लगी यूरोपीय यूनियन नौसैनिक बल "अटलांटा" तथा भारतीय नौसेना का संयुक्त सामरिक युद्धाभ्यास किया जाएगा। इसके जरिए दोनों पक्ष इस वैश्विक चुनौती से मिलकर निपटने के गुर (विधि) सीख सकेंगे।[7]

2008 से लेकर 2017 तक भारतीय नौसेना ने इस क्षेत्र में स्थित 490 किलोमीटर लंबी इंटरनेशनली रेकमेंडेड ट्रानजिट कारिडोर (आईआरटीसी) में व्यापारिक जलयानों को सुरक्षित निकालने के कार्य के लिए समय समय पर अपने 50 युद्धपोतों को लगाया था। इस दौरान भारतीय नौसेना ने लगभग 3075 व्यापारिक जलयानों को सुरक्षित निकालने का काम किया था।[8]

21. हिंद महासागर तटीय क्षेत्रीय देशों की सबसे बड़ी सुरक्षा चुनौती आतंकवाद है। यह अब अंतरराष्ट्रीय आतंकवाद में बदल गया है। इस शताब्दी की बड़ी आतंकवादी घटनाओं में प्रमुख थी —9/11 अमेरिका, पेरिस, ब्रसेल्स, बर्लिन, लंदन, ग्रीस, स्टाकहोम, मैनचेस्टर, बर्सिलोना, टर्की, मुम्बई, पठानकोट, उरी, नगरोटा एवं अनंतनाग इत्यादि।

9/11 कि घटना के पश्चात अमेरिका में अफगानिस्तान, इराक तथा सीरिया के आतंकवादियों के विरुद्ध सीधी सैनिक कार्रवाई किया। आज भी इन सभी जगहों पर अमेरिकी सेना लगी हुई है। आतंकवाद इस शताब्दी की सबसे बड़ी सुरक्षा चुनौती बनी हुई है। भारत भी पाकिस्तान प्रायोजित आतंकवाद का कई दशकों से सामना कर रहा है।

22. शीत युद्ध काल में हिंद महासागर महाशक्तियों के नौसैनिक प्रतिस्पर्धा का प्रमुख केंद्र बन गया था। बाहरी शक्तियों के नौसैनिक उपस्थिति का तटीय देशों ने समय–समय पर विरोध भी किया था। लेकिन इन देशों के साथ दो प्रमुख समस्या थी जिसके कारण वे बाहरी शक्तियों से अपने को पूरी तरह से अलग नहीं कर पाते थे। यह समस्याएं

थी –

1. बाहरी शक्तियों का राजनीतिक, आर्थिक, तकनीकी एवं सैनिक सहयोग
2. क्षेत्रीय देशों का आपसी विवाद एवं संघर्ष

शीत युद्ध काल में गुटनिरपेक्ष देशों ने हिंद महासागर क्षेत्र को ''शांति क्षेत्र'' बनाने के लिए लगातार प्रयत्न किया था। इन देशों ने महाशक्तियों से लगातार अपील किया था कि वे हिंद महासागर क्षेत्र को अपने प्रतिस्पर्धा का केंद्र न बनाएं तथा अपनी नौसेना को इस जलक्षेत्र से हटा लें। चूंकि तटीय देश राजनीतिक, आर्थिक एवं सैनिक दृष्टिकोण से कमजोर थे, इसीलिए वे कभी भी महाशक्तियों की नौसैनिक उपस्थिति का जोरदार ढंग से विरोध न कर सके थे।

संयुक्त राष्ट्र महासभा ने 16 दिसंबर 1971 को हिंद महासागर को ''शांति क्षेत्र'' घोषित किया था। उस समय गुटनिरपेक्ष देशों के प्रयास से इस प्रस्ताव के पक्ष में 61 वोट पड़े तथा 55 देशों ने इससे अपने को अलग रखा था। बड़े देशों में केवल जापान तथा चीन ने इस प्रस्ताव का समर्थन किया था। महाशक्तियों ने इसका यह कह कर विरोध किया था कि यह उनके गहरे समुद्रों में स्वतंत्रता के अधिकार को सीमित करने का प्रयास है। महाशक्तियों के विरोध के बावजूद भी शांति क्षेत्र प्रस्ताव के पक्ष में धीरे–धीरे विश्व समर्थन बढ़ता गया था। महासभा के 1972 अधिवेशन में 95 देशों तथा 1977 के अधिवेशन 130 देशों ने इसके पक्ष में मतदान किया था। 1972 में महासभा ने 15 देशों की एक ''तदर्थ कमेटी'' शांति क्षेत्र प्रस्ताव का मसौदा तैयार करने हेतु नियुक्त किया था। लेकिन यह कार्य 1977 तक पूरा न हो सका था। 1977 में सोवियत संघ तथा अमेरिका ने कई वार्तायें हिंद महासागर के पूर्ण निः सैन्यीकरण के लिए किया था, लेकिन वे किसी निष्कर्ष पर नहीं पहुंच सके थे। दिसंबर 1979

में सोवियत सेना अफगानिस्तान में घुस गयी। इससे हिंद महासागर 'शांति प्रयास' को भारी झटका लगा था। इस घटना के पश्चात हिंद महासागर क्षेत्र में अमेरिकी नौसैनिक गतिविधियाँ बहुत अधिक बढ़ गई थी। इस समय तीन अमेरिकी विमानवाहक पोत हिंद महासागर क्षेत्र में मौजूद थे। 10 फरवरी 1980 को "तदर्थ कमेटी" बिना किसी समझौते के समाप्त हो गयी। श्रीलंका ने 1981 में एक अंतरराष्ट्रीय सम्मेलन हिंद महासागर पर आयोजित किया था। 1989 में यूएन में इस संदर्भ में कोई बैठक नहीं आयोजित हुआ था। 1991 में सोवियत विघटन के पश्चात इस अभियान का महत्व ही समाप्त हो गया, क्योंकि तुरंत ही रूस ने हिंद महासागर क्षेत्र से अपनी नौसैनिक सुविधाओं को हटा लिया था। फलस्वरूप इस महासागर में महाशक्तियों का नौसैनिक प्रतिस्पर्धा समाप्त हो गया था।

23. शीतयुद्धोत्तर काल में हिंद महासागर क्षेत्र का आर्थिक एवं स्त्रातजिक महत्व निम्नलिखित कारणों से बहुत अधिक बढ़ गया है –

23.1. क्षेत्रीय देशों द्वारा भूमंडलीकरण तथा उदारीकरण की नीति को अपनाना। भारत का आर्थिक अभ्युदय।

23.2. चीन का तेजी से क्षेत्रीय देशों के ढांचागत विकास परियोजनाओं में सहयोग तथा व्यापार में विस्तार। चीन की महत्वाकांक्षी 'मैरीटाइम सिल्क रोड' तथा 'वन बेल्ट– वन रोड' परियोजनाएं।

23.3. ईरान की परमाणु एवं सैनिक तैयारियां।

23.4. दक्षिण एशिया में परमाणु प्रसार।

23.5. आतंकवाद का प्रसार। अफगानिस्तान, इराक तथा सीरिया का संकट।

23.6. मध्यम दूरी के प्रक्षेपास्त्रों का प्रसार।

24. 9/11की आतंकवादी घटना के पश्चात अमेरिका ने 'आतंकवाद के विरुद्ध ग्लोबल वार' घोषित कर रखा है। अफगानिस्तान तथा इराक

को सीधी सैनिक कार्यवाही से अमेरिका तथा उसके सहयोगी देशों ने तबाह कर दिया है। आज भी अमेरिका 'आईएसआईएस' सीरिया के विरुद्ध सीधे सैनिक कार्यवाही में लगा है। अमेरिका हिंद महासागर में अपने तथा मित्र देशों के हितों की सुरक्षा के लिए कटिबद्ध है। विभिन्न स्थानों पर उसने अपनी नौसेना तथा वायुयानों को लगा रखा है। निकट भविष्य में इन सब के हटने की कोई संभावना नहीं है। अमेरिका चीन के सामुद्रिक विकास एवं विस्तार नीतियों से भी सजग है। चीन के बारे में यूएस असिस्टेंट सेक्रेटरी ऑफ डिफेंस 'पेटर रोडमैन' ने कहा था कि "इस बात पर ध्यान देने की आवश्यकता है कि चीन शक्ति प्रक्षेपण क्षमता का विकास कर रहा है।"[9]

आगे के वर्षों में हिंद महासागर क्षेत्र में अमेरिका तथा चीन के मध्य नौसैनिक प्रतिस्पर्धा होने की संभावना से इंकार नहीं किया जा सकता है। ऐसी स्थिति में भारतीय नौसेना को भी राष्ट्रीय हितों की सुरक्षा तथा विस्तार के लिए अत्यंत सजग रहने की जरूरत है। इन्हीं सब बातों को ध्यान में रखते हुए भारतीय नीति निर्धारकों ने सामुद्रिक शक्ति विकास एवं विस्तार की बड़ी कार्य योजना तैयार किया है।

हिंद महासागर क्षेत्र के मार्जिनल सागर

1. बंगाल की खाड़ी

बंगाल की खाड़ी दुनिया की सबसे बड़ी खाड़ी जलक्षेत्र है। इसका क्षेत्रफल 21,72000 वर्ग किलोमीटर है। यह हिंद महासागर के उत्तर पूर्वी भाग में स्थित है। इसकी लंबाई 2090 किलोमीटर तथा चौड़ाई 1610 किलोमीटर है। इसके तटीय देश है – भारत, श्रीलंका, बांग्लादेश, थाइलैंड, इंडोनेशिया एवं मलेशिया। भारत के पूर्वी तटीय क्षेत्र पर बंगाल की खाड़ी जलक्षेत्र में प्रमुख बंदरगाह है –हल्दिया, विशाखापट्टनम, पारादीप, तूतीकोरिन, और चेन्नई। गल्फ ऑफ मन्नार में शिपिंग व्यापारिक रास्ता

विकसित करने के लिए भारत "सेतु समुंद्रम" परियोजना पर कार्यरत है। इसके बन जाने के उपरांत भारतीय पूर्वी तथा पश्चिमी क्षेत्र के समुद्री व्यापार में धन तथा समय दोनों की बचत होगी। अभी व्यापारिक जलयान श्रीलंका की तरफ से घूम कर निकलते हैं। बंगाल की खाड़ी जलक्षेत्र में मछली पकड़ने का कार्य प्रमुखता से होता है। अनुमानतः विश्व के 30 प्रतिशत मछुआरे बंगाल की खाड़ी के तटीय क्षेत्रों में निवास करते हैं। इसके व्यापारिक समुद्री जलमार्गों से होकर पश्चिमी प्रशांत महासागर के देशों, यूरोपियन यूनियन, अमेरिका, आसियान, अफ्रीकी व मध्य पूर्वी देशों एवं सार्क देशों के व्यापारिक एवं नौसैनिक जलयान अधिक निकलते हैं। बंगाल की खाड़ी कोरल रीफ, समुद्री तूफानों – चक्रवातों, मैंग्रूव स्वैंप एवं समुद्री व्यापारिक रास्तों से भरा है। बंगाल की खाड़ी क्षेत्र में 1971 के भारत पाक युद्ध के दौरान भारतीय विध्वंसक युद्धपोत "आईएनएस रंजीत" ने पाकिस्तान की गाजी पनडुब्बी को डुबो दिया था। भारत का कृष्णा–गोदावरी बेसिन, आंध्र प्रदेश के तट पर स्थित है। इसे 'के–जी बेसिन' भी कहा जाता है। यहाँ पर भारत सरकार के हाइड्रोकार्बन महानिदेशालय ने आरआईएल तथा ब्रिटिश कंपनी बी पी (BP) को संयुक्त रुप से गैस फील्ड विकसित करने का लाइसेंस दिया है। आरआईएल तथा बीपी इस विकास कार्य पर 1.5 अरब डालर (9,500 करोड़ रुपए) का निवेश करेंगे। यह धनराशि केजी बेसिन के केजी–6 ब्लॉक में छह सैटेलाइट गैस फील्डो का विकास कर उत्पादन लायक बनाने पर खर्च होगा।[10] के जी–6 ऑफशोर क्षेत्र से भारत प्राकृतिक गैस निकाल रहा है। जुलाई 2005 में 'गुजरात स्टेट पेट्रोलियम कारपोरेशन' ने यह अनुमान लगाया था कि इस क्षेत्र में लगभग 20 ट्रिलियन क्यूबिक फीट प्राकृतिक गैस मौजूद है। ओएनजीसी के अनुसार बंगाल की खाड़ी तटीय क्षेत्रों में प्राकृतिक गैस की उपलब्धता अधिक है।[11] दक्षिण एशिया तथा दक्षिण पूर्वी एशिया के देशों के आर्थिक विकास में बंगाल की खाड़ी क्षेत्र का विशेष योगदान रहा है। इसी जलक्षेत्र में भारतीय अंडमान निकोबार द्वीप समूह स्थित है।

2. अरब सागर

हिंद महासागर जलक्षेत्र के उत्तरी भाग में अरब सागर स्थित है। इसका क्षेत्रफल 3862000 वर्ग किलोमीटर है। इसकी अधिकतम चौड़ाई 2400 किलोमीटर है। यह भारतीय पश्चिमी स्थल क्षेत्र से लगा है। इसके अन्य तटीय देश है – ईरान, पाकिस्तान, ओमान और मालदीव। कुछ विद्वानों के मतानुसार इसके तटीय देशों में सोमालिया, जिबूती तथा यमन भी आते हैं। बहुत प्राचीन समय से ही इस जलक्षेत्र का धार्मिक यात्राओं एवं व्यापारिक उपयोग इसके तटीय देशों द्वारा किया जा रहा है। इस क्षेत्र के महत्वपूर्ण बंदरगाह है – कोच्चि पोर्ट, जवाहरलाल नेहरू पोर्ट ट्रस्ट नवी मुंबई, कांडला पोर्ट, मामोगोवा पोर्ट, कराची पोर्ट, ग्वादर पोर्ट एवं सल्लाह पोर्ट (ओमान)। इन सब में जवाहरलाल नेहरू पोर्ट ट्रस्ट मुंबई सबसे अत्याधुनिक एवं बडा कंटेनर सर्विस पोर्ट है। यह भी मछली उपलब्धता वाला जलक्षेत्र है। भारतीय आफशोर तेल क्षेत्र – मुंबई हाई तथा लक्षद्वीप द्वीप क्षेत्र अरब सागर में स्थित है। इस क्षेत्र के देशों में भारत क्षेत्रफल, जनसंख्या, औद्योगिक विकास, ढांचागत विकास, परमाणु व अंतरिक्ष विकास और सामुद्रिक शक्ति विकास की दृष्टिकोण से सबसे अधिक शक्तिशाली देश है। अरब सागर क्षेत्र का सबसे छोटा एवं कमजोर देश मालदीव है । भारत–ईरान और ओमान से भारी मात्रा में कच्चा तेल एवं प्राकृतिक गैस आयात करता है। इस शताब्दी में अफगानिस्तान, इराक तथा सीरिया के विरुद्ध सैन्य कार्यवाहियों में अमेरिकी नौसेना ने इस जलक्षेत्र का विशेष नौसैनिक रणनीतिक उपयोग किया था। भौगोलिक अवस्थिति के अनुसार अरब सागर दक्षिण एशिया तथा गल्फ क्षेत्र के देशों के मध्य एक प्राकृतिक ब्रिज के रूप में स्थित है।

3. लाल सागर

लाल सागर हिंद महासागर के उत्तर पश्चिम में अफ्रीका एवं

एशिया महाद्वीप के मध्य पतला जलक्षेत्र है। इसका क्षेत्रफल 438000 वर्ग किलोमीटर है। इसके उत्तर में स्वेज नहर स्थित है तथा दक्षिण मुहाने पर बाब –एल –मण्डेब तथा अदन की खाड़ी स्थित है। इसके तटीय देश है– सूडान, जिबूती, मिस्र, इरीट्रिया, सऊदी अरब, इजरायल तथा यमन। इसकी लंबाई 2250 किलोमीटर तथा अधिकतम चौड़ाई 335 किलोमीटर है। यह भूमध्यसागर तथा हिंद महासागर क्षेत्र को जोड़ने वाला आर्थिक एवं रणनीतिक रूप से अत्यंत महत्वपूर्ण जलमार्ग है। सिनाई प्रायद्वीप, अकाबा की खाड़ी तथा स्वेज खाड़ी क्षेत्र लाल सागर में ही स्थित है। स्वेज की खाड़ी क्षेत्र पूरी तरह से मिस्र के अधिकार क्षेत्र में आता है। अकाबा की खाड़ी क्षेत्र में मिस्र, इजरायल, जॉर्डन एवं सऊदी अरब की तटीय क्षेत्र सीमा स्थित है। यह पर्यटकों का पसंदीदा स्थान है। लाल सागर से लगे स्थल क्षेत्रो में वर्षा बहुत कम होती है। इसी से यह क्षेत्र अधिकार रेगिस्तानी है। लाल सागर में मछलियों की लगभग 1200 प्रजातियां पाई जाती हैं। कोरल रीफ के लिए भी यह जलक्षेत्र प्रसिद्ध है। 17 नवंबर 1869 को स्वेज नहर का व्यापारिक उपयोग प्रारंभ हुआ था। यहां के कम वर्षा वाले तटीय देशों ने समुद्री जल शोधन संयंत्र अधिक संख्या में लगा रखा है।

4. फारस की खाड़ी जलक्षेत्र

फारस की खाड़ी विभिन्न आर्थिक एवं राजनीतिक कारणों से विश्व का सबसे अधिक महत्वपूर्ण एवं संवेदनशील जलक्षेत्र है। इसकी सुरक्षा हेतु अमेरिका ने अपना पांचवां बेड़ा बहरीन में लगा रखा है। ईरान को छोड़कर सभी तटीय देशों में अमेरिकी सेना तथा सैन्य इकाइयाँ लगी है। यहां के तटीय देशों तथा जलक्षेत्र में कच्चा तेल एवं प्राकृतिक गैस भारी मात्रा में उपलब्ध है। हिंद– प्रशांत क्षेत्र की बड़ी शक्तियों तथा यूरोप के देशों को इस क्षेत्र के कच्चे तेल का भारी मात्रा में निर्यात होता है। भारत का भी कच्चा तेल आयात प्रमुख रूप से फारस की खाड़ी देशों से होता

है।

फारस की खाड़ी का क्षेत्रफल लगभग 251000 वर्ग किलोमीटर है। इसका तटीय विस्तार 1880 किलोमीटर लंबा है। गल्फ क्षेत्र की अधिकतम लंबाई 917 किलोमीटर तथा चौड़ाई 338 किलोमीटर है। इस के तटीय देश है – संयुक्त अरब अमीरात (यू ए ई), इराक, इराक, कुवैत, सऊदी अरब, बहरीन, ओमान तथा कतर। इसमें बहरीन द्वीप देश है। फारस की खाड़ी अरब सागर से हारमुज जलमार्ग द्वारा जुड़ा है। 1980– 88 के मध्य फारस की खाड़ी क्षेत्र ईरान–इराक युद्ध के कारण काफी अधिक संवेदनशील हो गया था। दोनों देशों ने तेल टैंकरों को भी बड़े स्तर पर निशाना बनाया था। यह जलक्षेत्र मोतियों, मछलियों एवं कोरल रीफ की उपलब्धता वाला है। ईरान तथा सऊदी अरब का तटीय सीमा विस्तार सबसे अधिक है। विश्व का सबसे बड़ा आफशोर तेल क्षेत्र 'शफानिया तेल क्षेत्र' फारस की खाड़ी क्षेत्र में स्थित है। ईरान तथा ओमान के क्षेत्रीय जलक्षेत्र (टेरीटोरियल रीजन) में भारी मात्रा में प्राकृतिक गैस की उपलब्धता है। इस जलक्षेत्र का सबसे बड़ा नदी डेल्टा शत– अल– अरब नदी का है। गल्फ क्षेत्र का अंतर्राष्ट्रीय महत्व 1908 ई में बढ़ा, जब इस क्षेत्र में कच्चे तेल की उपलब्धता का पता चला था। 19वीं शताब्दी के मध्य (1853) में अंग्रेजों ने इस क्षेत्र को अपने अधीन कर लिया था। यह स्थिति 1971 तक बनी रही। अंग्रेजों के हटने के उपरांत 1971 में फारस की खाड़ी में अमेरिकी सेनाओं ने अपना स्थान ले लिया था।

अमेरिकी पांचवा नौसैनिक बेड़ा बहरीन में स्थित है। इसको हिंद महासागर क्षेत्र के गल्फ, अरब सागर तथा लाल सागर जलक्षेत्र के 10.5 मिलियन वर्ग किलोमीटर जलक्षेत्र की सुरक्षा की जिम्मेदारी दिया गया है।

गल्फ क्षेत्र के तीन देशों ईरान, कतर तथा यू ए ई के पास कुल विश्व प्राकृतिक गैस रिजर्व का 26 प्रतिशत भाग उपलब्ध है। द्वितीय

विश्व युद्ध के पश्चात से ही गल्फ क्षेत्र विश्व का एक संवेदनशील क्षेत्र बना हुआ है।

5. अंडमान सागर

इस सागर का क्षेत्रफल लगभग 798000 वर्ग किलोमीटर है। यह हिंद महासागर के उत्तर पूर्वी किनारे पर स्थित है। यह उत्तर में म्यांमार (इरावदी नदी डेल्टा), पूरब में म्यांमार, थाईलैंड तथा मलेशिया प्रायद्वीप, दक्षिण में इंडोनेशिया के सुमात्रा तथा मलक्का जलडमरूमध्य तथा पश्चिम में भारतीय क्षेत्र अंडमान निकोबार दीप समूह से घिरा है। यह उत्तर–दक्षिण में 1200 किलोमीटर लंबा तथा 645 किलोमीटर पूरब–पश्चिम में चौड़ा है। यह जलक्षेत्र प्राचीन समय से व्यापारिक गतिविधियों का केंद्र रहा है। यहाँ के बंदरगाहों में मलेशिया का जॉर्ज टाउन तथा म्यांमार का यांगून काफी पुराने तथा व्यस्त बंदरगाह है। इसका तटीय क्षेत्र फिशिंग तथा पर्यटन के ढांचागत विकास से भरा हुआ है। यह जलक्षेत्र कोरल रीफ के लिए प्रसिद्ध है। दक्षिण पूर्व एशिया के देशों के मौसम तथा मानसून में इस जलक्षेत्र की विशेष भूमिका एवं महत्व है।

हिंद महासागर के प्रमुख जलमार्ग

हिंद महासागर के प्रमुख जलमार्ग हैं –

* मलक्का–सिंगापुर जलमार्ग
* छः डिग्री चैनल तथा दस डिग्री चैनल
* नौ डिग्री चैनल
* हार्मुज जलडमरूमध्य
* मोजांबिक चैनल
* केप आफ गुडहोप

* लाल सागर –स्वेज नहर जलमार्ग
* बाब–एल–मण्डेव जलडमरूमध्य
* सुंडा जलडमरूमध्य
* लाम्बोक जलडमरूमध्य

हिंद महासागर के पूरब की तरफ के जलमार्ग हैं – मलक्का – सिंगापुर, सुंडा, लाम्बोक, छः डिग्री चैनल तथा नौ डिग्री चैनल।

हिंद महासागर के पश्चिमी क्षेत्र के जलमार्ग है –

हार्मुज, लाल सागर –स्वेज नहर, बाब– एल–मण्डेव तथा केप आफ गुडहोप। कुछ प्रमुख जलमार्गों का विवरण इस प्रकार है –

1. मलक्का–सिंगापुर जलमार्ग

हिंद– प्रशांत क्षेत्र में दक्षिणी चीन सागर (प्रशांत महासागर) तथा अंडमान सागर (बंगाल की खाड़ी) को जोड़ने वाला यह जलमार्ग विश्व के प्रमुख व्यापारिक एवं रणनीतिक जलमार्गों में से एक है। इस जलमार्ग के तटीय देश है– मलेशिया, इंडोनेशिया एवं सिंगापुर। इस प्राकृतिक जलमार्ग की लंबाई 800 किलोमीटर है। यह दक्षिण की तरफ कम चौड़ा (65 किलोमीटर) तथा उत्तर की तरफ अधिक चौड़ा (250 किलोमीटर) है। यह सबसे पतले जगह केवल मात्र 1.2 नाटिकल मील चौड़ा है तथा यहाँ पर यह केवल 25 मीटर ही गहरा है। इसका कुल क्षेत्रफल लगभग 65000 वर्ग किलोमीटर है। यह जलमार्ग दक्षिण पूर्व एशिया के देशों तथा विश्व के सभी बड़ी अर्थव्यवस्था वाले देशों के लिए जीवन रेखा के समान है। इसकी गहराई कम होने की वजह से (90 – 120 फिट) से पनडुब्बियाँ पानी के अंदर से हो कर नहीं निकल पाती है तथा बहुत बड़े सुपर तेल टैंकर एवं कंटेनर शिप भी नहीं निकाल पाते हैं। उन्हें इंडोनेशिया के 'सुंडा' एवं 'लाम्बोक' जलमार्ग से होकर निकालना पड़ता है। यह जलमार्ग प्राचीन

समय से ही यातायात एवं व्यापार के दृष्टिकोण से व्यस्त जलमार्ग रहा है। आज भी विश्व व्यापार का लगभग एक तिहांई भाग इसी जलमार्ग से होकर निकलता है। सिंगापुर पोर्ट विश्व के अत्याधुनिक एवं व्यस्ततम बंदरगाहों में से एक है।

इस जलमार्ग में जलयानों के अधिक होने के यहाँ पाइरेट्स तथा समुद्री आतंकवाद का खतरा अधिक रहता है। लगभग एक लाख छोटे बड़े जलयान प्रति वर्ष इधर से होकर निकलते हैं। लगभग 40 प्रतिशत विश्व व्यापार इसी समुद्री रास्ते से होकर निकलता है। 2001 के आतंकवादी घटना के पश्चात अमेरिका अपने जलयानों की सुरक्षा को लेकर काफी सचेत हो गया था। उसने हाई वैल्यू जलयानों के एस्कार्टिगं की भी व्यवस्था किया था। अमेरिका ने अप्रैल 2004 में मलक्का जलडमरूमध्य की सुरक्षा के लिए 'रीजनल मेरीटाइम सिक्यूरिटी इनीशिएटिव' (आर एम एस आई) का सुझाव भी दिया था। इसमें क्षेत्रीय तथा मित्र देशों को इस जलमार्ग की सुरक्षा के लिए संसाधनों तथा सूचनाओं के लिए एक साथ मिलकर काम करना था। अमेरिका तेज गति वाले पेट्रोल वेसिल्स पर अपने स्पेशल फोर्स के जवानों को तैनात करने वाला था। इस अमेरिकी प्रस्ताव को मलक्का क्षेत्रीय देशों ने स्वीकार नहीं किया था। जून 2004 में मलेशिया, इंडोनेशिया तथा सिंगापुर ने मिलकर बिना अमेरिका के अपना कोऑरडिनेटेड पेट्रोलिंग कार्य प्रारंभ किया था। भारतीय नौसेना ने भी थाईलैंड तथा इंडोनेशिया के साथ संयुक्त पेट्रोलिंग का कार्य किया है। भारतीय राष्ट्रीय सुरक्षा एवं विकास के दृष्टिकोण से भी मलक्का सिंगापुर जलमार्ग का विशेष महत्व है। पिछले दशकों में भारत की व्यापारिक गतिविधियाँ दक्षिण पूर्व एशिया तथा सुदूर पूर्व के देशों के साथ काफी बढ़ा है। इस शताब्दी में मुक्त, खुला तथा सुरक्षित नौवहन के लिए विश्व के लगभग सभी अर्थव्यवस्थायें प्रयत्नशील है। भारतीय अर्थव्यवस्था के लिए भी यह आवश्यक है। भारत सरकार ने इन्हीं सब बातों को ध्यान

में रखते हुए 'अंडमान निकोबार कमांड' का गठन किया था। भविष्य में तेल की आवश्यकता को ध्यान में रखते हुए 'ओएनजीसी विदेश लिमिटेड' ने रुस, वियतनाम तथा इंडोनेशिया के तेल एवं गैस खोज व उत्पादन कार्य में भारी निवेश कर रखा है। यहाँ से कच्चा तेल एवं प्राकृतिक गैस (एलएनजी) मलक्का सिंगापुर जलमार्ग से होकर ही भारत आयेगा। भारत को मलक्का जलमार्ग के सुरक्षा के लिए सजग तथा प्रयत्नशील रहना होगा। इसके सुरक्षा के लिए भारत क्षेत्रीय देशों थाईलैंड, मलेशिया, सिंगापुर तथा इंडोनेशिया के साथ संयुक्त रुप से भी कार्यरत है। भारत ने हमेशा यह कहा है कि मलक्का सिंगापुर जलमार्ग की सुरक्षा जिम्मेदारी किसी एक देश की नहीं है, बल्कि यह सभी क्षेत्रीय देशों की संयुक्त जिम्मेदारी है।

2. स्वेज नहर जलमार्ग

स्वेज नहर को 17 नवंबर 1869 को सामुद्रिक आवागमन के लिए खोला गया था। इसको ब्रिटेन तथा फ्रांस में मिलकर संयुक्त रूप से बनाया था। यह उत्तर में भूमध्यसागर की तरफ स्थित "पोर्ट सईद" तथा दक्षिण में लाल सागर स्थित "स्वेज" नामक स्थान को जोड़ता है। इसकी लंबाई 103 मील, चौड़ाई 167 फीट तथा गहराई 67 फीट थी। इस मानव निर्मित नहर का आर्थिक एवं रणनीतिक महत्व बहुत अधिक है। इसीलिए इसे विश्व की आर्थिक एवं रणनीतिक नाड़ी भी कहा जाता है।

यह नहर सीधी न होकर कई जगहों पर मुड़ी हुई है। इसको इस क्षेत्र की तीन प्राकृतिक झीलों – मेनझाला, तिमेस तथा विटर को जोड़कर बनाया गया था। प्रारंभ में इस नहर की चौड़ाई तथा गहराई काफी कम थी, तथा इधर से निकलने वाले जलयानों को असुविधा होती थी। 1967 में इस नहर की चौड़ाई 179 फीट तथा गहराई 67 फीट कर दी गई थी। अगस्त 2015 में इसके साथ 22 मील (35 किलोमीटर) लंबा एक नया नहर रास्ता जोड़ा गया है। इससे बड़े जलयानों का आवागमन

काफी सुगम हो गया है। स्वेज नहर – लाल सागर जलमार्ग विश्व के कुछ अति व्यस्त एवं महत्वपूर्ण जलमार्गों में से एक है। 1870 में इस नहर से कुल 486 जलयान निकले थे। जबकि 1966 में 21250 तथा 2014 में 17148 जलयान (947,800,000 टन भार के साथ) इधर से गुजरे थे।[12] छठी शताब्दी ईसा पूर्व में मिस्र के शासक (Necho II) नीको II ने आर्थिक एवं रणनीतिक उद्देश्य से यहाँ नहर बनाने का प्रयास किया था। लेकिन उनका यह प्रयास कभी पूरा न हो सका था।

औद्योगिक क्रांति के बाद उन्नीसवीं शताब्दी में व्यापारिक गतिविधियों के कारण सामुद्रिक आवागमन बहुत अधिक बढ़ जाने से ब्रिटेन तथा फ्रांस ने संयुक्त रूप से इस नहर का निर्माण किया था। यह अटलांटिक महासागर तथा हिंद महासागर के मध्य भूमध्यसागर की तरफ से सबसे कम दूरी का संपर्क जलमार्ग बन गया था। अमेरिका, ब्रिटेन तथा यूरोप के देशों के जलयान अटलांटिक महासागर से जिब्राल्टर– भूमध्यसागर –स्वेज नहर– लाल सागर –अदन की खाड़ी से होकर फारस की खाड़ी, अरब सागर तथा बंगाल की खाड़ी तक के देशों तक जाने लगे थे। यही जलयान बंगाल की खाड़ी स्थित अंडमान सागर तथा मलक्का जलडमरूमध्य से निकलकर दक्षिण चीन सागर होते हुए जापान, चीन, कोरिया, रूस (सोवियत संघ) तथा प्रशांत महासागर तक जाने लगे थे। इस नहर के बनने से पूर्व जलयानों को केप– ऑफ– गुडहोप होकर जाना पड़ता था, जो काफी लंबा समुद्री रास्ता था। स्वेज नहर से यह दूरी काफी कम हो गई थी। इससे ईंधन तथा समय दोनों की बचत संभव हो सका था। लंदन से मुंबई की दूरी केप से होकर 10800 किलोमीटर थी, जो स्वेज नहर से होकर यह केवल 6300 किलोमीटर हो गई थी। भूमध्यसागर तटीय देशों तथा सोवियत संघ (रूस) के लिए भी यह जलमार्ग बहुत अधिक उपयोगी है। काला सागर से स्वेज नहर के रास्ते फारस की खाड़ी क्षेत्र की दूरी लगभग 2000 मील है, जबकि केप की तरफ से यह दूरी लगभग 9000 मील है।

इसी कारण से शीत युद्ध काल में अपने हितों की सुरक्षा के लिए सोवियत संघ ने इथोपिया, अदन तथा सकोत्रा द्वीप पर विभिन्न प्रकार की नौसैनिक सुविधाओं का विकास किया था।

बीसवीं शताब्दी में वायुयानों के अविष्कार, विकास एवं उपयोग के कारण इस जलमार्ग से भारी यात्री जलयानों का निकलना कम हो गया था। पहले यात्री जलयानों से ही दूसरे देशों तक जाते थे। 1945 में 984000 यात्रियों ने स्वेज नहर होकर यात्रा किया था। लेकिन आज यह संख्या बहुत कम लगभग समाप्त हो गई है।

मिस्र के राष्ट्रपति नासिर ने 26 जुलाई 1956 को स्वेज नहर का राष्ट्रीयकरण कर दिया था। उस समय स्वेज नहर के अधिकांश शेयर ब्रिटेन और फ्रांस के पास थे। इन देशों में मिस्र के इस कदम पर काफी कड़ा विरोध किया था। मिस्र को डराने के लिए अंतरराष्ट्रीय सम्मेलन किए गए तथा इस समस्या को संयुक्त राष्ट्र –सुरक्षा परिषद में भी उठाया गया। लेकिन मिस्र के राष्ट्रपति नासिर नहीं झुके तो ब्रिटेन और फ्रांस ने इजराइल के साथ मिलकर 29 अक्टूबर 1956 को मिस्र पर सीधा आक्रमण कर दिया। नासिर ने इस आक्रमण का डटकर मुकाबला किया। अंत में सोवियत संघ की धमकी की डर से आक्रमणकारियों को युद्ध बंद करना पड़ा। 7 नवंबर 1956 को युद्ध समाप्त हो गया तथा स्वेज नहर पर मिस्र का पूर्ण अधिकार हो गया था। राष्ट्रपति नासिर को अरब राष्ट्रीयता और एकता का प्रतीक माना जाता है। मिस्र ने इस नहर के प्रबंधन, संचालन एवं उपयोग के लिए "स्वेज नहर प्राधिकरण" बना दिया।" मिस्र सरकार को स्वेज नहर से प्रतिवर्ष यात्रा प्रतिकर के रूप में भारी राजस्व की प्राप्ति होती है।

इजरायल युद्ध के समय जून 1967 में स्वेज नहर को बंद कर दिया गया था। इसे पुनः 5 जून 1975 को आवागमन के लिए खोला गया था। भारत के लिए भी यह जलमार्ग विशेष आर्थिक महत्व का है। भारत का

योरप के देशों के साथ सामुद्रिक व्यापार का आवागमन इसी जलमार्ग पर निर्भर करता है।

3. केप–आफ–गुडहोप जलमार्ग

यह प्राकृतिक समुद्री जलमार्ग अफ्रीकी महाद्वीप के देश दक्षिण अफ्रीका की तरफ से दक्षिण अटलांटिक महासागर को पश्चिमी हिंद महासागर क्षेत्र से जोड़ता है। स्वेज नहर के निर्माण से पहले यूरोप से हिंद महासागर क्षेत्र में पहुंचने का यही एकमात्र समुद्री रास्ता था। यह जलमार्ग साम्राज्यवादी यूरोपीय शक्तियों के लिए विशेष आर्थिक एवं सैनिक महत्व का था। इसीलिए इसे "दक्षिण का जिब्राल्टर" भी कहा जाता था। इस जलमार्ग की वजह से ही पश्चिमी हिंद महासागर क्षेत्र के द्वीपों – सकोत्रा, सेशेल्स, रीयूनियन, मेडागास्कर, कैमरूज, मायोती, त्रोमोलिन तथा मॉरीशस का विशेष महत्व था।

1662 में सबसे पहले डच केप–ऑफ–गुडहोप पहुंचे थे। इन्होंने यहाँ के लंबे समुद्री तटों पर कई बंदरगाहों का निर्माण किया था। फ्रांस की क्रांति तथा नेपोलियन के समय यहां पर अंग्रेजों ने अपना अधिकार कर लिया था। ब्रिटिश साम्राज्य तथा ब्रिटिश रायल नेवी के विकास में दक्षिण अफ्रीका तथा केप– ऑफ– गुडहोप का विशेष योगदान था। अगर यह समुद्री जलमार्ग ब्रिटेन के नियंत्रण में नहीं होता तो शायद वह द्वितीय विश्व युद्ध में जर्मनी तथा धुरी राष्ट्रों का मुकाबला नहीं कर पाता। द्वितीय विश्व युद्ध के समय जब भूमध्यसागर पर जर्मनी का नियंत्रण हो गया तो मित्र देशों ने इसी प्राकृतिक समुद्री जलमार्ग से अपना काम चलाया था। इस समुद्री रास्ते की सुरक्षा के लिए ब्रिटेन ने 1795 में केपटाउन से 30 मील दक्षिण में "सीमेंसटाउन" नामक स्थान पर एक शक्तिशाली नौसैनिक अड्डा स्थापित किया था।

स्वेज नहर के बन जाने के पश्चात इस समुद्री रास्ते का महत्व

कम हो गया। आज केवल बहुत बड़े वायुयानवाहक पोत, तेल टैंकर तथा कार्गो शिप ही इस जलमार्ग का उपयोग करते हैं, क्योंकि ये अपने भार के कारण स्वेज नहर से नहीं निकल पाते हैं। 1967 के स्वेज संकट समय पूरे विश्व को इस जलमार्ग का पुनः उपयोग करना पड़ा था। स्वेज नहर 1967 से 1975 तक बंद था। 1978 में 2600 जलयानों ने इस जलमार्ग से यात्रा किया था। इस जल मार्ग पर दक्षिण अफ्रीका के बंदरगाहों पर रुकने तथा शिपयार्डों पर जलयानों की मरम्मत तथा रखरखाव की अच्छी व्यवस्था उपलब्ध है। ये बंदरगाह है –रिचर्ड्स बे, डरबन, पूर्वी लंदन, पोर्ट एलिजाबेथ, मोसेल– वे तथा टेबिल– बे।

शीत युद्ध काल में नौसैनिक आवश्यकताओं को देखते हुए 1970 में अमेरिका ने गुप्त रूप से अत्यंत उच्च शक्ति का संचार एवं निगरानी स्टेशन "सीमेंस टाउन" के पास "सिल्वर माइन" नामक स्थान पर स्थापित किया था। उस समय इस केंद्र के लिए नाटो देशों ने भी विभिन्न प्रकार के अत्याधुनिक इलेक्ट्रॉनिक उपकरणों को उपलब्ध कराया था। इस केंद्र से विभिन्न सूचनाएं कोडिंग सिस्टम से सीधे नाटो मुख्यालय को भेजी जाती थी।

आज भी अमेरिका के लिए इस जलमार्ग का विशेष स्त्रातजिक महत्व है। उसके नौसैनिक बेड़े इधर से निकल कर डियागो –गार्सिया अड्डे तक जाते हैं। इसका कारण यह है कि इस तरफ से किसी भी भार वाले युद्धपोत जा सकते हैं तथा परमाणु पनडुब्बियां पानी के अंदर से निकल सकती हैं। अमेरिका से डियागो –गार्सिया की दूरी केप ऑफ गुडहोप तथा स्वेज नहर दोनों तरफ से लगभग बराबर है।

4. हार्मुज जलमार्ग

हिंद महासागर के उत्तरी भाग में स्थित हार्मुज जलडमरूमध्य का विशेष आर्थिक एवं स्त्रातजिक महत्व है। यह जलमार्ग फारस की खाड़ी

को अरब सागर से जोड़ता है। यह प्राकृतिक जलमार्ग 60 मील चौड़ा तथा 235 फीट तक गहरा है। इस समुद्री जलमार्ग से होकर प्रतिवर्ष लगभग 6000 तेल टैंकर तथा 800 मिलियन टन कच्चा तेल अन्य दूसरे देशों को जाता है। फारस की खाड़ी देशों का तेल यहाँ से होकर दूसरे देशों के लिए निकलता है। फारस की खाड़ी से हार्मुज, अरब सागर, बंगाल की खाड़ी में स्थित अंडमान सागर एवं मलक्का जलमार्ग होकर दक्षिणी चीन सागर तक जाने वाले व्यापारिक जलमार्ग को आज ''न्यू सिल्क रूट'' के नाम से जाना जाता है।

1980 के ईरान इराक युद्ध के समय इस जलमार्ग का स्त्रातजिक महत्व बहुत अधिक बढ़ गया था। इस युद्ध के दौरान ईरान ने धमकी दिया था कि वह इस जलमार्ग को अंतर्राष्ट्रीय आवागमन के लिए बंद कर देगा। उसने यह शर्त रखा था कि अगर इस क्षेत्र से अमेरिका अपना नौसैनिक बेड़ा हटा ले तो वह ऐसा नहीं करेगा। सितंबर 1983 में अमेरिकी राष्ट्रपति जिमी कार्टर ने कहा था कि इस महत्वपूर्ण जलमार्ग को अंतरराष्ट्रीय आवागमन के लिए खुला रखने हेतु अमेरिका जो भी कार्यवाही संभव होगा करेगा। इस संकट को देखते हुए अमेरिका ने अब तक का सबसे बड़ा नौसैनिक बेड़ा इस क्षेत्र में लगाया था। इस नौसैनिक बेड़े में 35 अमेरिकी युद्धपोत, दो वायुयानवाहक पोत, 10 ब्रिटिश, 5 फ्रांसीसी तथा 5 ऑस्ट्रेलिया के युद्धपोत सम्मिलित थे। 1 जनवरी 1983 को इस जलमार्ग तथा अपने मित्र देशों के हितों की सुरक्षा हेतु अमेरिका ने एक नए ''मध्य कमान'' का गठन किया था। शीतयुद्धोत्तर काल में इराक तथा आतंकवाद की समस्या को देखते हुए अमेरिका ने फारस की खाड़ी में अपने राजनीतिक, आर्थिक एवं सैनिक हितों की सुरक्षा हेतु 1995 में पांचवा नौसैनिक बेड़ा गठित किया तथा इसका मुख्यालय बहरीन को बनाया था।

अन्य जलमार्ग

नाइन डिग्री चैनल का लगभग 200 किलोमीटर चौड़ा जलक्षेत्र

मिनीकाय द्वीप के उत्तर में स्थित है। इस जलक्षेत्र से होकर महत्वपूर्ण समुद्री व्यापारिक रास्ते निकलते हैं। प्रमुख रूप से पश्चिम एशिया तथा दक्षिण पूर्वी एशिया के लिए। इसके पास ही भारतीय लक्षद्वीप स्थित है। लांबोक तथा सुडां जलमार्ग इंडोनेशिया के क्षेत्र में स्थित है। मोजांबिक चैनल जलमार्ग मेडागास्कर तथा मोजांबिक के बीच में स्थित है। यह 1600 किलोमीटर लंबा है। छः डिग्री चैनल जलमार्ग अंडमान निकोबार द्वीप समूह के ग्रेट निकोबार तथा इंडोनेशिया के मध्य स्थित है। यह 200 किलोमीटर लंबा है। दस डिग्री चौनल 150 किलोमीटर चौड़ा जलमार्ग अंडमान द्वीप क्षेत्र को निकोबार द्वीप क्षेत्र से अलग करता है। बाब–एल–मण्डेव जलडमरूमध्य अदन की खाड़ी जलक्षेत्र तथा लाल सागर को जोड़ता है। हार्न आफ अफ्रीका के पास स्थित इस जलमार्ग के तटीय देश यमन, जिबूती तथा इरिट्रिया है।

हिंद महासागर क्षेत्र में बाहरी शक्तियाँ

ब्रिटेन

ब्रिटेन ने मारीशस को स्वतंत्र करने के समय उसके कुछ द्वीपों को खरीदकर 'ब्रिटिश इंडियन ओसियन टेरिटरी' (बीआईओटी) बनाया था। इसी का सबसे बड़ा द्वीप डियागो गार्शिया है। यह 37 मील लंबा द्वीप है। इसे ब्रिटेन ने दिसंबर 1966 में अमेरिका को 50 वर्षों के लीज पर दे दिया था। अप्रैल 2018 में ब्रिटेन ने बहरीन के मीना सलमान पोर्ट पर 'यूनाईटेड किंग्डम नेवल सपोर्ट फेसिलिटी' का विकास किया है। यहाँ 300 ब्रिटिश नौसैनिको तथा अन्य सहायक कर्मियों के रहने तथा कार्य करने की व्यवस्था है।

अमेरिका

हिंद महासागर क्षेत्रीय देशों में अमेरिकी सेना अफगानिस्तान,

इराक तथा गल्फ सहयोग परिषद के सदस्य देशों में लगी है। सीरिया में आतंकवादियों के विरुद्ध अमेरिका सीधी सैनिक कार्यवाही में लगा है। अफगानिस्तान, इराक तथा सीरिया के आतंकवादियों के विरुद्ध अमेरिका ने अपने नौसैनिक युद्धपोतों एवं पनडुब्बियों से क्रूज प्रक्षेपास्त्रो को छोड़ा था। यह कार्य अधिकतर अरब सागर जलक्षेत्र से किया गया था। फारस की खाड़ी जलक्षेत्र में बहरीन में 1 जुलाई 1995 से अमेरिकी पांचवां नौसैनिक बेड़ा लगा है। मध्य हिंद महासागर क्षेत्र में डियागो– गार्शिया द्वीप पर अमेरिका ने एक शक्तिशाली नौसैनिक एवं वायु सेना का बेस स्थापित कर रखा है। यहाँ पर एक शक्तिशाली संचार केन्द्र भी है। इस बेस का उपयोग अमेरिका ने यमन संकट 1979, ईरान संकट 1979–81, प्रथम गल्फ युद्ध 1990–91, अफगानिस्तान 2002, इराक 2003 तथा सीरिया के आतंकवादियों के विरुद्ध किया है।

2002 से लाल सागर स्थित देश जिबूती के 'कैंप लामोनियर' में अमेरिकी एक्सपिडिशनरी फोर्स स्थित है। सीरिया तथा इराक के विरुद्ध इस बेस की सुविधाओं का प्रमुखता से उपयोग किया गया है। जिबूती अफ्रीका का 14300 वर्ग मील क्षेत्रफल वाला छोटा देश है। इसकी जनसंख्या 8,75,000 है। इसके जलक्षेत्र से होकर विश्व व्यापार का 10 प्रतिशत तेल तथा 20 प्रतिशत व्यापारिक सामान प्रति वर्ष होकर निकलता है। अफ्रीकी महाद्वीप पर यह अमेरिका का अकेला बेस है। जिबूती में सऊदी अरब, फ्रांस तथा जापान के भी बेस है। अमेरिका के यहां 4000 सैनिक रहते है। यहाँ छः ड्रोन लांचिंग स्टेशन है। यहाँ से सोमालिया, नाइजीरिया तथा यमन के आतंकवादियों के विरुद्ध अमेरिका ने आक्रमण किया था। 2014 में अमेरिकी सरकार ने बेस के लिए जिबूती से 20 वर्षीय समझौता किया है। इसके साथ ही पाइरेट्स की गतिविधियों की निगरानी के लिए अमेरिका ने सेशेल्स में भी एक ड्रोन लांचिंग स्टेशन स्थापित कर रखा है। अमेरिकी नौसेना के "सेंट्रल कमांड" को 2.5 मिलियन वर्ग किलोमीटर क्षेत्र की

सुरक्षा की जिम्मेदारी सौंपी गई है। इसमें अरबियन गल्फ, गल्फ आफ ओमान, उत्तरी अरब सागर, गल्फ आफ अदन तथा लाल सागर जलक्षेत्र की सुरक्षा आती है।[13] यह 25 क्षेत्रीय देशों की सुरक्षा के लिए जिम्मेदार है। इसमें बहरीन, सऊदी अरब, संयुक्त अरब अमीरात, इराक, ईरान, पाकिस्तान तथा सोमालिया भी शामिल है। इस फ्लीट में किसी भी समय 20 के लगभग युद्धपोत, तटीय कार्यबल में 1000 कर्मी तथा 15000 नौसैनिक जलयानों पर कार्यरत रहते है। इसमें कैरियर बैटिल ग्रुप, एम्फीबियस रेडी ग्रुप, काम्बैट एयरक्राफ्ट और दूसरे सहायक जलयान है।

फ्रांस

फ्रांस का पश्चिमी हिंद महासागर जलक्षेत्र में पांच द्वीप क्षेत्र – रीयूनियन, क्रोजेट, सेंट पॉल, एम्सर्टडम, कर्गुलिन है। इसमें रीयूनियन सबसे बड़ा है। फ्रांस अपनी नौसैनिक गतिविधियों को केवल पश्चिमी हिंद महासागर जलक्षेत्र में सीमित रखता है। उसका उद्देश्य केवल मात्र अपने व्यापारिक एवं द्वीपों की सुरक्षा से है। फ्रांस अपनी तेल खपत का 70 प्रतिशत भाग फारस की खाड़ी क्षेत्र से आयात करता है। फ्रांस नाटो का सदस्य देश होने के कारण अमेरिका का प्रमुख सहयोगी देश है। मेडागास्कर के पास स्थित मायोती द्वीप भी फ्रांस के नियंत्रण में है। फ्रांस ने जिबूती में भी नौसैनिक सुविधाओं का विकास किया है। शीत युद्ध काल में फ्रांस की इन सुविधाओं का उपयोग अमेरिकी नौसेना भी करती थी। अमेरिका के पश्चात फ्रांस ही एकमात्र ऐसा बाहरी शक्ति है, जिसकी नौसेना नियमित रूप से पश्चिमी हिंद महासागर जलक्षेत्र में रहती है।

चीन

शीतयुद्धोतर काल में चीन ने तेजी से हिंद महासागर क्षेत्र में अपनी आर्थिक एवं नौसैनिक गतिविधियों को रणनीतिक ढंग से बढ़ाया है। 2008 के एंटी पाइरेसी अभियानों के लिए चीन की नौसेना ने सक्रिय आपरेशन

प्रारंभ किया था। चीन ने लाल सागर स्थित जिबूती में अपना पहला नौसैनिक बेस स्थापित कर लिया है। 2015 से चीन ने यहाँ ढांचागत विकास कार्य पर लगभग 14 बिलियन डॉलर व्यय किया है। चीन ने श्रीलंका, म्यांमार तथा पाकिस्तान में व्यापारिक बंदरगाहों का भी निर्माण किया है। इन बंदरगाहों के नौसैनिक उपयोग से इंकार नहीं किया जा सकता है। चीन की डीजल– इलेक्ट्रिक पनडुब्बियाँ तथा परमाणु पनडुब्बियाँ समय–समय पर हिंद महासागर जलक्षेत्र में देखी गयी है। चीन पाकिस्तान के सभी नौसैनिक सुविधाओं का उपयोग संकट के समय कर सकता है। हिंद महासागर क्षेत्रीय देशों में म्यांमार, बांग्लादेश, श्रीलंका, मालदीव तथा पाकिस्तान ने चीन से काफी नौसैनिक सहायता भी प्राप्त किया है।

हिंद महासागर क्षेत्र में चीन के गतिविधियों से संबंधित कुछ प्रमुख विवरण इस प्रकार से है–

* शीतयुद्धोतर काल में अमेरिका के पश्चात चीन ही एकमात्र ऐसा देश है जिसमें अपने विदेश नीति, आर्थिक, तकनीकी, तथा नौसैनिक क्षमता के बल पर हिंद महासागर क्षेत्रीय देशों से अपने संबंधों को विभिन्न क्षेत्रों में रणनीतिक रूप से बढ़ाने का कार्य सफलतापूर्वक किया है।

* उसकी सामुद्रिक रणनीति का प्रमुख उद्देश्य यह है कि वह प्रशांत महासागर तथा दक्षिण चीन सागर के लिए "एंटी एसेस कैपेबिलिटी" तथा हिंद महासागर में सामुद्रिक शक्ति के विस्तार का कार्य कर सके।

* चीन ने हिंद महासागर तटीय देशों को विभिन्न प्रकार के कार्यों तथा ढांचागत विकास के लिए भारी मात्रा आर्थिक मदद दिया है तथा आर्थिक एवं तकनीकी मदद के द्वारा उसने अपने संबंधों को इन देशों से बढ़ाने का कार्य सफलतापूर्वक किया है।

* 21 वीं शताब्दी में चीन एशिया का एकमात्र ऐसा देश है जो

आर्थिक एवं तकनीकी विकास में अमेरिका को चुनौती दे रहा है। चीन तेजी से आर्थिक महाशक्ति बनने की दिशा में अग्रसर है। ऐसे में उसकी ऊर्जा एवं अन्य प्राकृतिक संसाधनों की खपत दिन–प्रतिदिन अप्रत्याशित ढंग से बढ़ रही है। चीन को भारी मात्रा में कच्चा तेल पश्चिम एशिया के देशों तथा विभिन्न प्रकार के प्राकृतिक संसाधन अफ्रीका के देशों से मिल रहा है। यह संसाधन हिंद महासागर समुद्री रास्तों से होकर चीन पहुंचता है। चीन अफ्रीका में अमेरिका के स्थान पर वहाँ के देशों का सबसे बड़ा ट्रेडिंग पार्टनर बन गया है। चीन के आर्थिक विकास में हिंद महासागर क्षेत्र के देशों, संसाधनों, बाजारों एवं व्यापारिक रास्तों का महत्वपूर्ण योगदान रहा है। इसी से चीन हिंद महासागर क्षेत्र में अपने गतिविधियों को तेजी से बढ़ाने, फैलाने तथा मजबूत करने के कार्य में पूरी गम्भीरता से लगा है।

* बढ़ते आयात–निर्यात को संतुलित करने के उद्देश्य से चीन सुपर कार्गो कैरियर तथा सुपर तेल टैंकरों के निर्माण कार्य में लगा है।

* चीन अपनी नौसेना को अत्याधुनिक शक्तिशाली 'ब्लू वाटर नेवी' में बदलने के लिए प्रयत्नशील है। चीन भलीभांति समझता है कि अमेरिकी प्रतिष्ठा का मुख्य आधार उसकी आर्थिक तथा नौसैनिक शक्ति है। चीन यह भी भली भांति समझता है कि कोई भी देश महान तब तक नहीं बन सकता जब तक कि उसके समर्थक मित्र देश न हो। ऐसे में चीन के लिए एशिया, अफ्रीका तथा हिंद महासागर तटीय देश विशेष महत्व के है। महान शक्ति बनने के लिए रिसोर्सेज, बेसेज तथा मार्केट (आर बी एम) के महत्व को नकारा नहीं जा सकता है। इसी के लिए चीन ने मैरीटाइम सिल्क रोड, चीन–पाकिस्तान आर्थिक गलियारा तथा वन वेल्ट–वन रोड परियोजनाओं पर गंभीरतापूर्वक तेजी से कार्यरत है।

* चीन की नौसेना विश्व में अमेरिकी तथा रुस की नौसेना के पश्चात तीसरी सबसे बड़ी तथा शक्तिशाली नौसैना है। चीन भारी धन तथा संसाधन नौसेना के विकास कार्य पर खर्च कर रहा है। चीन एशिया

का एकमात्र ऐसा देश है, जिसकी नौसेना के पास एसएलबीएम (सबमरीन लॉन्च बैलिस्टिक मिसाइल) की क्षमता है।

* इन सब तथ्यों से स्पष्ट है कि चीन आगे के वर्षों में निश्चित रूप से हिंद महासागर क्षेत्र में अपनी नौसैनिक गतिविधियाँ तथा उपस्थिति बढ़ाएगा।

* इस शताब्दी में अमेरिका चीन के आर्थिक एवं सामुद्रिक शक्ति एवं चुनौतियों को अपने मित्र देशों के साथ मिलकर संतुलित तथा नियंत्रित करने के प्रयास में लगा है।

* किसी ने युद्ध की स्थिति में अमेरिका हिंद महासागर के बंगाल की खाड़ी तथा अरब सागर जलक्षेत्र से चीन के मुख्य भूमि के लक्ष्यों को निशाना बना सकता है। इसीलिए इस तरफ के जलक्षेत्र से सुरक्षा की दृष्टिकोण से चीन ने म्यांमार, बांग्लादेश, मालदीव तथा पाकिस्तान से नजदीकी संबंध स्थापित करने का कार्य किया है। म्यांमार तथा पाकिस्तान चीन के दो सबसे प्रमुख मित्र देश है। चीन ने म्यांमार में सिट्वे, श्रीलंका में हंबनटोटा तथा पाकिस्तान में ग्वादर बंदरगाह का निर्माण किया है। चीन ने म्यांमार तथा पाकिस्तान को अपने मुख्य भूमि से सड़क मार्ग से भी जोड़ दिया है, ताकि किसी भी संकट के समय वह बंगाल की खाड़ी तथा अरब सागर तक पहुंच सके।

* 800 किलोमीटर लंबी इरावदी सड़क मार्ग से चीन म्यांमार की तरफ से बंगाल की खाड़ी तक पहुंच सकेगा। किसी भी युद्ध की स्थिति में लॉजिस्टिक सपोर्ट पहुंचाने की दृष्टिकोण से यह सड़क मार्ग अत्यंत महत्वपूर्ण होगा। चीन ने म्यांमार के "ग्रेट कोको" द्वीप पर रडार स्टेशन, हवाई पट्टी तथा लिसनिंग पोस्ट भी विकसित किया है।[14]

. सीपीईसी से चीन सीधे पाकिस्तान के ग्वादर बंदरगाह तक पहुंच सकेगा। ग्वादर कराची से 460 किलोमीटर पश्चिम तथा ईरान की सीमा

से 72 किलोमीटर पूरब में स्थित है। ग्वादर से हार्मुज जलमार्ग 400 किलोमीटर दूरी पर है।

* इन सब बंदरगाहों पर चीन ऐसी ढांचागत सुविधाएं विकसित कर रहा है, ताकि किसी भी संकट के समय उसके बड़े युद्धपोतों तथा परमाणु पनडुब्बियों को यहां नौसैनिक सुविधाएं उपलब्ध हो सके।

* इस बात में कोई संदेह नहीं है कि चीन दूसरे छोटे देशों को पहले ढांचागत विकास के लिए आसान शर्तों पर आर्थिक एवं तकनीकी मदद देता है तथा अपनी आर्थिक जाल में फंसाकर अपने हितों की पूर्ति अपने हिसाब से करता है। इसी तरीके से चीन श्रीलंका के सामरिक रूप से बेहद महत्वपूर्ण बंदरगाह हंबनटोटा को हथियाने में कामयाब रहा है। चीन ने श्रीलंका को बड़े पैमाने पर कर्ज दिया था। श्रीलंका सरकार उसे अदा न कर सकने की एवज में हंबनटोटा बंदरगाह को चीन को 99 साल की लीज पर दे दिया है। बहुत से विचारकों, लेखकों तथा विश्लेषकों का मत है कि चीन अपने आर्थिक और इंजीनियरिंग कौशल के दम पर छोटे एवं विकास की चाहत रखने वाले देशों को अपने सामरिक चंगुल में फंसा रहा है, तथा इस तरीके से वह इन देशों के खनिज संसाधनों से लेकर बंदरगाहों तक का उपयोग अपने शर्तो पर कर रहा है। जब कि कुछ विचारको तथा लेखकों का कहना है कि कई शताब्दी से यही कार्य पश्चिमी देश एशिया तथा अफ्रीका के देशों के साथ कर रहे थे। इन देशों को पश्चिमी देशों के उपनिवेश शासन का भी पूरा अनुभव तथा ज्ञान है। वर्तमान में इन देशों को ऐसा लगता है कि चीन की शर्तें तथा नीयत पश्चिमी देशों की तुलना में कहीं अधिक उदार एवं सहयोगात्मक है। इसी कारण से वे चीन से आर्थिक एवं तकनीकी सहयोग लेने के लिए स्वतः तैयार एवं उत्सुक है।

चीन के राष्ट्रपति चिनफिंग ने कई अवसरों पर स्पष्ट रूप से कहा है कि वह ''चीनी राष्ट्र का पुनरोत्थान'' करेंगे। इसी कारण से पश्चिमी

देश सशंकित है। इससे पहले 2015 में चीन की ही एक कंपनी ने ऑस्ट्रेलिया के डीप वाटर पोर्ट 'डार्विन' का अधिग्रहण किया था जो अमेरिकी मरीन सैनिकों का ठिकाना था। चीनी कंपनी ने 2015 में यह सौदा 38.8 करोड़ डॉलर में किया, जिसमें उसे 99 साल की लीज मिली है। इसी तरह से कर्ज के बोझ तले दबे ग्रीस ने भी भूमध्यसागर स्थित 'पिरायस' नामक अपना प्रमुख बंदरगाह 2016 में चीन को बेच दिया था। अब चीन इस बंदरगाह को यूरोप में 'ओबोर' के प्रवेश के 'ड्रैगन हेड' के रूप में विकसित कर रहा है। चीन की सरकार ने अपनी कंपनियों को इस बात के लिए प्रोत्साहित किया है कि वह रणनीतिक रूप से महत्वपूर्ण बंदरगाहों को खरीदने तथा विकसित करने की हर संभव कोशिश करें। जिबूती ने भी कर्ज के बदले चीन को सैनिक अड्डा बनाने के लिए भूमि उपलब्ध कराने का कार्य किया है। ऐसा प्रतीत होता है कि केन्या भी चीनी कर्ज के बदले अपना प्रमुख "मोंबासा" बंदरगाह चीन को लीज पर दे सकता है।[15]

* चीन अपने उत्पादन निर्यात, प्राकृतिक संसाधन आयात तथा आसान शर्तों पर कर्ज देने की अर्थनीति के द्वारा हिंद महासागर क्षेत्रीय देशों में अपना प्रभाव तेजी से बढ़ा रहा है।

* 1990 के दशक से ही चीन ने म्यांमार के पांच बंदरगाहों के आधुनिकरण तथा विस्तार का कार्य प्रारंभ कर दिया था।[16]

* चीन ने पाकिस्तान तथा म्यांमार की नौसेना के लिए विभिन्न प्रकार के युद्धपोत तथा पनडुब्बियों को भी उपलब्ध कराया है।

* चीन ने बांग्लादेश से भी अपने संबंधों को मजबूत करने का प्रयास किया है। उसने बांग्लादेश के चिट्टागांव बंदरगाह के लिए भी विभिन्न प्रकार से मदद किया है। ऐसी भी सूचना थी कि चीन चिटटगांव बंदरगाह की सुविधा लेने के लिए बांग्लादेश को परमाणु रिएक्टर देने का प्रस्ताव भी किया था।[17] दिसंबर 2002 में चीन ने बांग्लादेश के साथ एक

'रक्षा सहयोग समझौता' किया था। चीन की कंपनी "चाइना नेशनल पेट्रोलियम कॉरपोरेशन" ने बांग्लादेश के सरकारी कंपनी "पेट्रो बांग्ला" के साथ बांग्लादेश के आफशोर जलक्षेत्र में तेल एवं प्राकृतिक गैस खोजने का समझौता भी किया था। चीनी सरकार ने इस परियोजना के लिए 1 बिलियन डालर के कर्ज की भी पेशकश किया था।[18]

फारस की खाड़ी क्षेत्र में चीन का सऊदी अरब तथा ईरान से नजदीकी संबंध है। चीन का 40 प्रतिशत तेल ओमान, यमन, ईरान तथा सऊदी अरब से जाता है। इस क्षेत्र से चीन प्राकृतिक गैस (एलएनजी) भी आयात कर रहा है। चीन ने ईरान के परमाणु तथा प्रक्षेपास्त्र विकास कार्यक्रम में भी काफी मदद किया है। 2012 में तेल के अतिरिक्त चीन ने ईरान में 120 बिलियन डालर का निवेश कर रखा था। ईरान के परमाणु कार्यक्रम के विरुद्ध लगाए गए अमेरिकी प्रतिबंधों के समय चीन ने ईरान का काफी साथ दिया था।[19]

* इस शताब्दी में चीन ने इंडोनेशिया के साथ अपने संबंधों को कई गुना बढ़ाया तथा मजबूत किया है। इंडोनेशिया ने चीन से मध्यम दूरी के एंटी शिप प्रेक्षपास्त्र भी खरीदा है।[20]

* चीन ने मलेशिया तथा थाईलैंड के साथ भी अपने संबंधों को बढ़ाया है। हिंद महासागर क्षेत्र का थाईलैंड पहला देश था, जिसने चीन से सैनिक सहायता (300 मिलियन यूएस डॉलर) प्राप्त किया था।

* तमाम विरोधों के बावजूद भी चीन ने म्यांमार तथा नेपाल को हथियार सप्लाई करने कार्य किया है।

* पिछले वर्षों में चीन का ऑस्ट्रेलिया के साथ भी आर्थिक एवं व्यापारिक संबंध काफी बढ़ा तथा मजबूत हुआ है।

* चीन के लिए 'अतंर्राष्ट्रीय ऊर्जा एजेंसी' ने कहा है कि 2020 तक चीन विश्व का दूसरा सबसे बड़ा ऊर्जा खपत वाला देश बन जाएगा।

चीन तेल के लिए मध्य एशिया, रुस, अफीक्री देशों, मध्य पूर्व तथा गल्फ देशों के साथ अपने संबंधों को मजबूत करने के लिए प्रयत्नशील है। किसी भी कीमत पर ऊर्जा आपूर्ति बनी रहनी चाहिए। चीन अपने ऊर्जा तथा व्यापारिक हितों की सुरक्षा के लिए हिंद महासागर में अपनी नौसैनिक गतिविधियों को भी बढ़ा रहा है। ''स्ट्रिंग आफ पर्ल'' रणनीति के तहत वह मध्य पूर्व से लेकर दक्षिण चीन सागर तक के समुद्री रास्ते के देशों के साथ नौसैनिक अड्डे तथा बंदरगाहों के लिए स्टैटजिक संबंधों के विकास में लगा है।[21] चीन का लगभग 70 प्रतिशत तेल आपूर्ति पश्चिम एशिया तथा अफीक्री देशों से होता है और यह हिंद महासागर जलक्षेत्र के समुद्री रास्ते से होकर गुजरता है।[22]

* चीन ने पूर्वी अफ्रीका तटीय देशों सूडान, जिंबाब्वे और मोजांबिक में काफी निवेश ढांचागत निर्माण कार्यों में किया है। चीन इन देशों में खनिज खानों को खरीदने के नीति पर चल रहा है।

* चीन ने युद्धपोत, हथियार तथा एंटी शिप मिसाइल पाकिस्तान, श्रीलंका, बांग्लादेश तथा थाईलैंड को दिया है। चीन ने हथियार तथा गोला बारूद तंजानिया, इथोपिया, इरिट्रिया, सूडान, मिस्र ,यमन तथा ईरान को भी दिया है। यह ध्यान रखना चाहिए कि हिंद महासागर क्षेत्रीय देशों को युद्धपोतों की सप्लाई करने वाले देशों में चीन का तीसरा तथा पूरे विश्व में पांचवां स्थान है।[23]

* अफ्रीकी महाद्वीप के देशों से चीन भारी मात्रा में विभिन्न प्रकार के खनिज संसाधन आयात करता है। अफ्रीका चीन के उद्योगों के लिए अत्यंत आवश्यक बन गया है। चीन अफ्रीकी महाद्वीप के देशों का सबसे बड़ा व्यापार सहयोगी देश बन गया है। पहले यह स्थान अमेरिका के पास था।

चीन अपने ग्लोबल व्यापार तथा वाणिज्यिक गतिविधियों के बल

पर आज विश्व में दूसरी सबसे बड़ी अर्थव्यवस्था बन गया है। बहुत से विचारको तथा लेखकों का यह मत है कि 2025–30 तक चीन विश्व की सबसे बड़ी अर्थव्यवस्था बन जाएगा। ऐसे में चीन अपने आर्थिक हितों के प्रति अत्यंत सजग है। आर्थिक हितों की सुरक्षा के लिए चीन किसी भी प्रकार का कदम उठाने से पीछे नहीं हटेगा।

* चीन हिंद महासागर क्षेत्रीय देशों के माध्यम से धीरे–धीरे हथियारों के व्यापार के क्षेत्र में अपनी स्थिति मजबूत कर रहा है। पिछले वर्षों में चीन की नौसेना ने हिंद महासागर क्षेत्रीय देशों में सामुद्रिक राजनय प्रयासों को बढ़ाया है।

संदर्भ सूची

1. कासिम एस.जेड. ''जानिए हिंद महासागर को'', प्रभात प्रकाशन, दिल्ली, 2007, पेज सं. 13
2. स्ट्रेटेजिक डाइजेस्ट, अगस्त 2008 पृष्ठ 1031
3. द इंडियन एक्सप्रेस, नई दिल्ली, जुलाई 31, 2011
4. Hari Saran, "Maritime Profile of India", Defence and Security Alert, 3(3), December 2011, p.87
5. Breaking the ice : The Story of How India's Antarctic Mission Turned Ambition into Action, Sanchri Pal *www.thebetterindia.com/58743/india-Antarctic-mission-dakshin-gangotri-maitri-bhariti/*
6. शरण हरी एवं सिन्हा हर्ष कुमार, ''हिंद महासागर : चुनौतियाँ एवं विकल्प'' प्रत्यूष प्रकाशन, दिल्ली, 2012, पेज 84–85
7. ''अधर में अटका मुक्त व्यापार समझौता'' हर्ष वी पंत, दैनिक जागरण, 23 अक्टूबर 2017
8. *https://www.indiannavy.nic.in/content/anti-piracy-operations*
9. Jane's Defence Weekly, May 21, 2006
10. दैनिक जागरण, गोरखपुर, 18 अक्टूबर 2017

11. द इंडियन एक्सप्रेस, नई दिल्ली, 11 जनवरी 2006

12. *www.britannica.com*

13. *http://www.cusnc.navy.mil*

14. Arun Prakash, 'Evolution of ANC and Defence of Island Territory' , USI Journal, Jan- March 2003, p.26

15. 'चीनी कर्ज के फंदे में फंसती दुनिया', ब्रह्म चेलानी, दैनिक जागरण, 23 दिसंबर 2017

16. The Indian Express, New Delhi, December 16, 2005½

17. 'Rivals not Partners', Malik Mohan, Force, January 2006, p. 33

18. "China hedges to energy bet with move into Bangladesh", The Irrawady, September 2, 2009, at *http://www.irrawady.org/print-article php2art3d=16706*

19. 'Join Iran Oil Embargo: EU tells India, China ', Indrani Bagchi, The Times of India, January 15, 2012

20. Jane's Defence Weekly, August 31,2005

21. Gurpreet Khurana, " China's String of Pearls in the Indian Ocean and it's Security Implications", Strategic Analysis, 32 (1), January 2008, p. 11

22. Pranab Mukherjee, ' International Relations and Maritime Affairs: Strategic Imperatives', Paper presented at the Admiral A K Chatterjee Memorial Lecture, Kolkata, June 30, 2007

23. Strategic Analysis, IDSA, March 1996, p.1697

3

प्रशांत महासागर

विश्व के पांच महासागरों में प्रशांत महासागर जलक्षेत्र विस्तार की दृष्टिकोण से सबसे बड़ा महासागर है। यह उत्तर में आर्टिक महासागर तथा दक्षिण में अंटार्कटिक महासागर से लगा है। इसके पश्चिमी तट की तरफ एशिया तथा ऑस्ट्रेलिया एवं पूर्वी तरफ अमेरिकी महाद्वीप स्थित है। इसका क्षेत्रफल 165.25 मिलियन वर्ग किलोमीटर है। पृथ्वी के कुल जलक्षेत्र का लगभग 46 प्रतिशत भाग प्रशांत महासागर में स्थित है। भूमध्य रेखा के द्वारा यह दो भागों में – उत्तरी तथा दक्षिणी प्रशांत महासागर में बंटा हुआ है।

बीसवीं शताब्दी के प्रारंभ में प्रशांत महासागर क्षेत्र के द्वीपों पर ब्रिटेन, फ्रांस, अमेरिका, जर्मनी, जापान तथा चिली का नियंत्रण था। 1898 में अमेरिका ने स्पेन से गुआम तथा फिलीपींस को अपने नियंत्रण में कर लिया था। द्वितीय विश्व युद्ध के दौरान जापानी नौसेना तथा अमेरिकी नौसेना के मध्य 'मिड– वे' तथा 'कोरल–सी' क्षेत्र में भयंकर समुद्री लड़ाई हुई थी। अमेरिका के पर्ल हार्बर नौसैनिक एवं वायु बेस पर जापान ने 7

दिसंबर 1941 को औचक आक्रमण कर भारी नुकसान पहुंचाया था। इस घटना के पश्चात राष्ट्रपति रूजवेल्ट ने कहा था कि 'ए डेट विच विल लिव इन इंफेमी'। जापान के औचक आक्रमण से लगभग 2300 अमेरिकी मारे गए थे। अमेरिकी बैटिलशिप 'यूएसएस एरिजोना' तथा 'यूएसएस ओक्लाहोमा' पूरी तरह से ध्वस्त हो गये थे। जापानियों ने अमेरिका के 12 युद्धपोतों को डुबो दिया तथा 9 को क्षतिग्रस्त कर दिया था। इसके अलावा 160 वायुयान नष्ट हुए थे तथा 150 वायुयान क्षतिग्रस्त हुए थे।[1] जापान प्रशांत महासागर में अपनी राष्ट्रीय हितों की सुरक्षा के प्रति सजग था। अमेरिकी राष्ट्रपति रूजवेल्ट ने 1939 में यूएस पैसिफिक फ्लीट को कैलिफोर्निया से हटा कर पर्ल हार्बर भेज दिया था। उस समय की राजनीतिक स्थिति को देखते हुए सभी सैन्य विचारकों का यह मत था कि अब अमेरिका तथा जापान के मध्य युद्ध की पूरी संभावना है। अमेरिका ने जापान पर व्यापारिक प्रतिबंध भी लगा दिया था तथा अमेरिका स्थित जापानी संपत्तियों को सीज कर दिया था। ऐसे में जापान ने अपने राष्ट्रीय हितों को देखते हुए पहले ही हवाई स्थित पर्ल हार्बर बेस पर औचक आक्रमण कर दिया था।

प्रशांत महासागर विश्व का सबसे अधिक गहरा महासागर है। इसके तटीय क्षेत्र में पेट्रोलियम एवं प्राकृतिक गैस भारी मात्रा में उपलब्ध है। बड़े देशों के द्वारा प्रशांत महासागर में मछली पकड़ने का कार्य बड़े पैमाने पर किया जाता है। पिछले वर्षों में इसके जल प्रदूषण में काफी वृद्धि हुई है। प्रशांत महासागर में 20000 से 30000 छोटे–बड़े द्वीप हैं। इन द्वीपों को माइक्रोनेशिया, मेलानेशिया तथा पॉलिनेशिया समूह में विभाजित किया गया है।

इसके तटीय देश है– ऑस्ट्रेलिया, ब्रूनेई, कंबोडिया, कनाडा, चिली, चीन, कोलंबिया, कोस्टा रिका, अल सल्वाडोर, इक्वेडर, फेडरेटेड स्टेटस ऑफ माइक्रोनेशिया, फिजी, ग्वाटेमाला, होंडुरस, इंडोनेशिया,

जापान, किरीबती, उत्तरी कोरिया, दक्षिण कोरिया, मलेशिया, मार्शल द्वीप, मेक्सिको, नौरू, निकारागुआ, न्यूजीलैंड, पलाऊ, पनामा, पापुआ न्यू गिनी, पेरू, फिलिपींस, रुस, समोआ, सिंगापुर ,सोलोमन आइलैंड, ताइवान, थाईलैंड, तिमोर लिस्ट, टोंगा, तुवालू अमेरिका, वानुअतु तथा वियतनाम।

इसके अतिरिक्त अमेरिका, न्यूजीलैंड, चिली, ऑस्ट्रेलिया, फ्रांस, चीन तथा इंग्लैंड के नियंत्रण में द्वीप क्षेत्र भी है। इसमें से सबसे अधिक द्वीप क्षेत्र अमेरिका के पास है।

पूरे प्रशांत महासागर की सुरक्षा व्यवस्था अमेरिकी नौसेना तथा वायु सेना के हाथों में है। अमेरिका ने प्रशांत महासागर के गुआम द्वीप पर एक शक्तिशाली नौसैनिक तथा वायु सेना का बेस बना रखा है। गुआम का कुल क्षेत्रफल 210 वर्ग मील (544 वर्ग किलोमीटर) है। 2015 में यहां की कुल जनसंख्या 162000 था। गुआम द्वीप जापान तथा पपुआ न्यू गिनी के मध्य स्थित है। गुआम उत्तरी कोरिया की राजधानी प्यांगयांग से 2100 किलोमीटर दूर स्थित है। यहाँ पर स्थित एंडरसन एयरफोर्स बेस पर अमेरिकी बी–52 वायुयानों के उतरने तथा रुकने की व्यवस्था है।

प्रशांत महासागर में अमेरिकी ''इंडो–पैसिफिक कमांड'' का मुख्यालय ''हवाई द्वीप'' पर स्थित है। यह अमेरिका का सबसे बड़ा एवं शक्तिशाली कमांड है। यह लगभग पूरे प्रशांत महासागर को कवर करता है। यहाँ पर लगभग 375000 अमेरिकी सैनिक एवं सिविल अधिकारी कार्यरत है। हवाई में इस कमांड के पास लगभग 200 युद्धपोत व अन्य सहायक जलयान और 1000 विभिन्न प्रकार के वायुयान हैं।[2]

दक्षिण कोरिया में अमेरिकी सैनिक बलों की संख्या 34,805 है, जो दक्षिण कोरिया के 83 जगहों पर फैले हुए हैं। यहाँ पर अमेरिका के नौसेना के साथ ही 300 स्थल सेना के टैंक भी लगाए गए हैं। अप्रैल 2017 में अमेरिका ने दक्षिण कोरिया की सुरक्षा के लिए ''टर्मिनल हाई

एल्टीट्यूड एरिया डिफेंस सिस्टम'' (थाड़- THAAD) भी लगाया है, ताकि शत्रु के प्रक्षेपास्त्रों को मध्यमार्ग में ही नष्ट किया जा सके। इसके अलावा दक्षिण पूर्वी एशिया के थाईलैंड, फिलीपींस तथा सिंगापुर में भी अमेरिकी नौसेना तथा वायु सेना की इकाइयाँ लगी है।[3]

शीत युद्ध काल में व्यापारिक गतिविधियों का केंद्र ट्रांस– अटलांटिक था। एक तरफ अमेरिका और दूसरी तरफ पश्चिमी यूरोप के देश थे। इनके बीच में अटलांटिक महासागर था। शीतयुद्धोत्तर काल में व्यापारिक गतिविधियों का केंद्र ट्रांस– पैसिफिक हो गया है। एक तरफ अमेरिका तथा दूसरी तरफ पूर्वी एशिया के देश है। इनके बीच में प्रशांत महासागर का जलक्षेत्र है।

शीत युद्ध काल में आर्थिक दृष्टिकोण से पश्चिमी यूरोप के देशों ब्रिटेन, जर्मनी, फ्रांस, इटली, स्पेन आदि का विशेष महत्व था। शीतयुद्धोत्तर काल में पूर्वी एशिया के देशों जापान, दक्षिण कोरिया, चीन, ताइवान एवं दक्षिण पूर्व एशिया के देशों का आर्थिक महत्व है। इन सभी देशों के व्यापक राष्ट्रीय हितों का जलक्षेत्र प्रशांत महासागर है। वर्तमान विश्व परिदृश्य में राजनीतिक, आर्थिक एवं सैनिक दृष्टिकोण से प्रशांत महासागर का विशेष महत्त्व है।

प्रशांत महासागर के पश्चिमी मार्जिनल सागर जलक्षेत्र

दक्षिण चीन सागर

इस शताब्दी में दक्षिण चीन सागर जलक्षेत्र पर चीन लगातार दबाव बना रहा है। दक्षिण चीन सागर के लगभग 90 प्रतिशत जलक्षेत्र पर चीन अपना दावा प्रस्तुत करता है। वह इस बात की लगातार चेतावनी दे रहा है कि बाहर के देशों को दक्षिणी चीन सागर क्षेत्र में किसी भी प्रकार का दखल नहीं देना चाहिए। ऐसा कहकर चीन अमेरिका तथा भारत को स्पष्ट चेतावनी देने का कार्य समय–समय पर किया है। भारत ने हमेशा

इस जलक्षेत्र से संबंधित विवाद को शांतिपूर्ण ढंग से समाधान करने की वकालत किया है।

दिसंबर 2015 में चीन ने दक्षिण चीन सागर क्षेत्र में अमेरिकी बमवर्षक वायुयान "बी –52" की उड़ान पर कड़ा प्रतिरोध व्यक्त किया था। जबकि उस समय पेंटागन ने इसे अनजाने में हुई भूल बताया था। पेंटागन प्रवक्ता कमांडर बिल अर्बन ने कहा था कि "इस अभियान के लिए 12 समुद्री मील के भीतर उड़ान भरने का कोई इरादा नहीं था। चीन ने इस अभियान के बारे में कुछ चिंता जाहिर किया है हम हर मामले पर गौर कर रहे हैं।" "वॉल स्ट्रीट जर्नल की रिपोर्ट के अनुसार यह वायुयान उडान के समय चीन के कृत्रिम द्वीप के क्षेत्र में आ गया था। पहली बार पेंटागन ने इस घटना के लिए चीन से खेद व्यक्त किया था तथा गलती के लिए खराब मौसम को जिम्मेदार बताया था। ऐसी सूचना है कि इस बी– 52 वायुयान ने गुआम द्वीप से उड़ान भरा था। गुआम द्वीप दक्षिण चीन सागर के इस द्वीप से लगभग 2200 मील दूर प्रशांत महासागर में स्थित है।

चीन संसाधन संपन्न दक्षिण चीन सागर पर अपनी संप्रभुता का दावा करता है। इस दावे के कारण इस जलक्षेत्र के अन्य दूसरे देशों वियतनाम, मलेशिया, फिलीपींस, ताइवान तथा ब्रूनेई का चीन से विवाद चल रहा है। यह सभी देश अमेरिका के मित्र देश हैं। चीन दक्षिणी चीन सागर में कृत्रिम द्वीपों (छः) का विकास कर रहा है। यह जलक्षेत्र वर्तमान में एक विवादित क्षेत्र में बदल गया है।

इस सागर से कुल विश्व का लगभग 30 प्रतिशत व्यापार होकर गुजरता है, जिसमें से 1.2 ट्रिलियन डॉलर का व्यापार अमेरिका को जाता है। दक्षिणी चीन सागर क्षेत्र में चीन के आर्थिक एवं रणनीतिक गतिविधियों से अमेरिका सचेत है। 2015 में अमेरिकी नौसैनिक गतिविधियां दक्षिणी चीन सागर क्षेत्र में निश्चित रुप से चीन पर दबाव बनाने हेतु संचालित

की गयी थी। नवंबर 2015 एपेक शिखर सम्मेलन के समय राष्ट्रपति ओबामा ने इस क्षेत्र के लिए अपने मित्र देशों को साझा रूप से सुरक्षा एवं नौवहन सुरक्षा तंत्र विकसित करने का सुझाव दिया था। अक्टूबर 2015 में अमेरिका का एक विध्वंसक युद्धपोत चीन के द्वारा निर्मित किए जा रहे कृत्रिम द्वीप के निकट जा पहुंचा था।

फिलीपींस दक्षिण चीन सागर का एक महत्वपूर्ण देश है। जिसने इस जलक्षेत्र के विवाद को अंतरराष्ट्रीय कोर्ट में चुनौती दे रखा था। अंतरराष्ट्रीय कोर्ट ने फिलीपींस के हक में फैसला दिया तथा चीन के जलक्षेत्र संबंधी दावे को खारिज कर दिया था। लेकिन चीन ने अंतरराष्ट्रीय कोर्ट के फैसले को मानने से इंकार कर दिया था। इसीलिए फिलीपींस इस जलक्षेत्र की सामुद्रिक चुनौतियों का सामना करने हेतु अपनी नौसेना के विकास की आवश्यकता महसूस करता है। ताकि वह चीन के किसी दबाव का मजबूती से सामना कर सके। देश की सशस्त्र सेनाओं की 80वीं वर्षगांठ पर बोलते हुए राष्ट्रपति एकिनो ने कहा था नौसेना के विस्तार योजना के अंतर्गत फ्रिगेट, रणनीतिक सी लिफ्ट, लंबी दूरी के पेट्रोलिंग एवं वायु सहायता वायुयानों को नौसेना में शामिल करने की योजना है। दक्षिण चीन सागर में कुल विश्व फिशिंग का लगभग 10 प्रतिशत भाग पकड़ा जाता है।

पूर्वी चीन सागर

चीन के पूरब में स्थित "पूर्वी चीन सागर" भी पश्चिमी प्रशांत महासागर क्षेत्र का एक महत्वपूर्ण मार्जिनल जलक्षेत्र है। इसका क्षेत्रफल लगभग 12,49000 वर्ग किलोमीटर है। पूर्वी चीन सागर मुख्य रूप से पूरब में जापान के द्वीपों, दक्षिण में दक्षिण चीन सागर, पश्चिम में एशिया महाद्वीप तथा उत्तर में पीला सागर जल क्षेत्र से घिरा है। इसके तटीय देश दक्षिण कोरिया, जापान, ताइवान तथा चीन है। इस जलक्षेत्र में चीन और जापान के मध्य विवादित द्वीप "सेनकाकू" है। चीनी भाषा में इन द्वीपों को

"दियाउ" कहा जाता है। सकोत्रा रॉक या सुयान रॉक के क्षेत्र को लेकर चीन एवं दक्षिण कोरिया के मध्य विवाद है। पूर्वी चीन सागर जलक्षेत्र में प्राकृतिक गैस की भारी उपलब्धता है।

1982 के "यू एन सी एल ओ एस" के अनुसार इस जलक्षेत्र में चीन और जापान अपने –अपने जल क्षेत्र का विस्तार 200 समुद्री मील बताते हैं जबकि यह जलक्षेत्र केवल मात्र 360 समुद्री मील ही चौड़ा है। इस जलक्षेत्र में जापान का ओकिनावा द्वीप स्थित है। पूर्वी चीन सागर जलक्षेत्र को लेकर चीन और जापान अक्सर आरोप–प्रत्यारोप करते रहे हैं। ओकिनावा द्वीप पर अमेरिका का एक शक्तिशाली सैनिक बेस है। वियतनाम युद्ध के दौरान अमेरिका ने इसका महत्वपूर्ण रणनीतिक उपयोग किया था। वर्ष 2013 में यहाँ पर लगभग 50000 अमेरिकी सैनिक तथा 5500 अमेरिकी नागरिक अधिकारी स्थित थे। अमेरिकी नौसेना का सातवां बेड़ा योकोसुका (Yokosuka), तीसरा मैरीन एक्सपडीसन फोर्स, ओकिनावा (Okinawa) तथा 130 यू एस ए एफ फाईटर्स मिसावा एयर बेस (Misawa Air Base) तथा कनेडा (Kaneda) पर लगा है। जापान ने भी अपनी नौसैनिक शक्ति को मजबूत करने का निर्णय लिया है। उसने ताइवान तक फैले 1400 किलोमीटर जलक्षेत्र में अपने 200 द्वीपों पर एंटी एयरक्राफ्ट तथा एंटी शिप प्रक्षेपास्त्र बैटरीज लगाने का निर्णय लिया है। जापानी प्रधानमंत्री शिंजो एबे ने भी इन द्वीपों की रक्षा व्यवस्था को बढ़ाने एवं सुदृढ़ करने पर जोर दिया है। 2013 में चीन ने अपनी तरफ से एकतरफा पहल कर इस क्षेत्र में एयर डिफेंस जोन घोषित कर दिया था। जिसका जापान, अमेरिका, ऑस्ट्रेलिया तथा दक्षिण कोरिया ने कड़ा विरोध कर अवैधानिक घोषित किया था। चीनी सरकार में स्पष्ट रुप से कहा था कि दूसरे देशों के वायुयानो को इस विवादित क्षेत्र के ऊपर से उड़ान भरने की पूर्व सूचना चीन को देना आवश्यक है। 22 दिसंबर 2015 को जापान ने यह आरोप लगाया था कि पूर्वी चीन सागर के विवादित जलक्षेत्र में चीनी तटरक्षक बल का एक

युद्धपोत अन्य जलयानों के साथ घुस आया था। नवंबर 2015 में भी चीनी नौसेना के पोत "सेनकाकू द्वीप" के पास दिखे थे।

पीला सागर (यलो सी)

पूर्वी चीन सागर के उत्तरी भाग में स्थित जलक्षेत्र को पीला सागर के नाम से जाना जाता है। यह प्रशांत महासागर क्षेत्र के पश्चिमी भाग का मार्जिनल सागर जलक्षेत्र है। यह जलक्षेत्र चीन तथा कोरिया पेनिनसुला के मध्य स्थित है। चीन के गोबी के रेगिस्तान का रेत तूफान में उड़कर जब इस जलक्षेत्र में गिरता है तो यह पूरा क्षेत्र पीला दिखता है। इसी से इसका नाम पीला सागर हो गया। विश्व में रंगों के नाम पर अन्य दूसरे सागर है लाल सागर, काला सागर तथा सफेद सागर। पीला सागर के उत्तरी भाग को कोरिया की खाड़ी कहा जाता है। पीला सागर जलक्षेत्र 960 किलोमीटर (600 मील) उत्तर से दक्षिण तथा 700 किलोमीटर (430 मील) पूरब से पश्चिम है। यह जलक्षेत्र मछलियों से भरा है। यहाँ बड़ी संख्या में प्रवासी चिड़िया आती हैं। यह चीन, कोरिया तथा जापान का प्रमुख फिशिंग जोन है। पीला सागर का तटीय क्षेत्र घनी आबादी वाला क्षेत्र है। यहाँ चीन, दक्षिण कोरिया तथा उत्तरी कोरिया के महत्वपूर्ण बंदरगाह एवं शिपयार्ड स्थित है। तटीय क्षेत्र में भारी मात्रा में तेल/गैस की उपलब्धता हैं।

जापान सागर

इसे पूर्वी सागर जलक्षेत्र भी कहा जाता है। इस सागर के पूरब एवं दक्षिण में जापान, पश्चिम में उत्तरी कोरिया, उत्तर में रूस (सखालिन) तथा दक्षिण कोरिया स्थित है। इसका क्षेत्रफल लगभग 977980 वर्ग किलोमीटर है। भूमध्यसागर की ही तरह यह जलक्षेत्र भी टाइड मुक्त जलक्षेत्र है। इस जलक्षेत्र में कोई बड़ा द्वीप नहीं है। यह मछली उपलब्धता वाला सागर है। फिशिंग का यह एक महत्वपूर्ण केंद्र है। जापान सागर का तट का विस्तार 7600 किलोमीटर लंबा है। रूस के तट की लंबाई

3240 किलोमीटर है। जापान सागर उत्तर दक्षिण 2255 किलोमीटर तथा पूरब पश्चिम में 1070 किलोमीटर लंबा है। यह अन्य पड़ोसी सागरो की अपेक्षा अधिक गहरा है। इसकी अधिकतम गहराई 12276 फीट है। यहीं रूस का महत्वपूर्ण ब्लडीवोसटक बंदरगाह स्थित है। जापान विश्व का एक शक्तिशाली सामुद्रिक विकास वाला देश है। सामुद्रिक उद्योगों का जापानी अर्थव्यवस्था के विकास में महत्वपूर्ण योगदान रहा है। दक्षिण कोरिया तथा रुस भी सामुद्रिक विज्ञान एवं तकनीकी में विश्व में अग्रणी स्थान रखते हैं।

ओखोस्टक सागर'

इस सागर का क्षेत्रफल 15,83000 वर्ग किलोमीटर है। इसके प्रमुख तटीय देश जापान और रूस है। यह सागर सर्दी के मौसम में नौवहन के लिए उपयुक्त नहीं है, क्योंकि यह जम जाता है। इसके तटीय क्षेत्र में भारी मात्रा में प्राकृतिक तेल एवं गैस मौजूद है।

ओखोस्टक सागर के आर्थिक एवं रणनीतिक परिदृश्य को देखते हुए रूस ने भी जापान के उत्तर में स्थित अपने कुरील द्वीप समूह पर सैनिक शक्ति बढ़ाने का निश्चय किया है। इन द्वीपों में से दो द्वीप पर जापान अपना दावा प्रस्तुत करता है। इन द्वीपों का कुल क्षेत्रफल 10503 वर्ग किलोमीटर है तथा जनसंख्या 19434 है। इन द्वीपों के पश्चिम में रूस का सखालिन क्षेत्र तथा ओखोस्टक सागर स्थित है। सखालिन के दो तेल क्षेत्रों में भारतीय कंपनी 'ओ एन जी सी' ने भारी निवेश कर रखा है। कुरील द्वीप के पास रुस का ब्लाडीवोस्टक का नौसैनिक अड्डा है।

गुआम

गुआम द्वीप प्रशांत महासागर क्षेत्र में स्थित है। प्रशांत महासागर क्षेत्र में स्थित अमेरिका के पांच द्वीप क्षेत्रों (अमेरिकी सिविलियन सरकार) में से एक है। इसका क्षेत्रफल 544 वर्ग किलोमीटर है। यह 50 किलोमीटर

लंबा तथा 6 से 19 किलोमीटर चौड़ा है। इसकी राजधानी हगाटना है। गुआम माइक्रोनेशिया का सबसे बड़ा द्वीप है। यह अमेरिकी हवाई द्वीप क्षेत्र से 3300 मील दूर स्थित है। इसकी दूरी फिलीपींस से 1500 मील पूरब में तथा जापान से 1550 मील दक्षिण में स्थित है। यह द्वीप जापानियों का एक महत्वपूर्ण पसंदीदा पर्यटन स्थल है। यहाँ पर अमेरिकी सेना का एक बड़ा शक्तिशाली अड्डा स्थित है। अमेरिकी नौसेना का बड़ा रणनीतिक बेस 'अपरा हार्बर' पर स्थित है। इसके सहायता के लिए 'एंडरसन एयर फोर्स बेस' है। इसका संबंध अमेरिकी पैसिफिक कमांड, यू एस पैसिफिक फ्लीट, सातवें बेड़े तथा सीबी यूनिट से है। वियतनाम युद्ध में अमेरिका ने इस द्वीप की सैनिक सुविधाओं का रणनीतिक उपयोग किया था। यहाँ पर वियतनाम युद्ध के समय लगभग एक लाख वियतनामी शरणार्थियों ने शरण लिया था। इसी तरह 1996 में 6600 कुर्दिश शरणार्थी यहाँ आए थे। अमेरिका ने जापान पर अपने ओकिनावा सैनिक अड्डे से 8600 मैरीन सैनिकों को तथा 9000 उनके परिवार के सदस्यों को गुआम द्वीप पर 2020 तक स्थानांतरित करने का निर्णय लिया है। अमेरिकी पश्चिमी तट से चले अमेरिकी नौसेना के युद्धपोतों को आगे प्रशांत महासागर में हवाई द्वीप तथा उसके आगे गुआम द्वीप पर ही किसी प्रकार की नौसैनिक सुविधा उपलब्ध हो पाती है। प्रशांत क्षेत्र की रणनीतिक स्थिति को ध्यान में रखकर अमेरिका गुआम द्वीप के सैनिक सुविधाओं को बढ़ाने की नीति का पालन कर रहा है।

हवाई द्वीप

प्रशांत महासागर में स्थित हवाई द्वीप अमेरिका के अधीन है। यह द्वीप क्षेत्र मध्य प्रशांत महासागर में स्थित है। इसका क्षेत्रफल 4028 वर्ग किलोमीटर है। पर्ल हार्बर द्वीप पर अमेरिकी पेसिफिक कमांड का हेड क्वार्टर है। इसी द्वीप पर द्वितीय विश्व युद्ध के दौरान 7 दिसंबर 1941 को जापान ने बड़ा नौसैनिक आक्रमण किया था। द्वितीय विश्व युद्ध की समाप्ति के पश्चात से लेकर आज तक हवाई द्वीप का स्त्रातजिक महत्व

''पर्ल हार्बर नेवल शिपयार्ड'' तथा ''पैसिफिक मिसाइल रेंज फेसिलिटी'' (पी एम आर एफ) की वजह से लगातार बना हुआ है।[4]

प्रति वर्ष लाखों की संख्या में पर्यटक हवाई द्वीप आते है। 21 अगस्त 1959 से ''हवाई'' अमेरिका का 50 वां राज्य के रूप में है। 2011 के जनगणना के अनुसार यहां पर कुल जनसंख्या का केवल 10 प्रतिशत भाग ही हवाई मूल के निवासियों का है। 1 जनवरी 1947 को 'यूएस पैसिफिक कमांड' का गठन किया गया था तथा इसका मुख्यालय हवाई द्वीप को बनाया गया था।

संदर्भ सूची

1. *http://www.americaslibrary.gov/jb/wwii/jb_wwii_ pearlhar_1.html*
2. द गार्जियन, 9 अगस्त 2017, "what is the US military's presence near North Korea"
3. *https://www.theguardian.com/us-news/2017/aug/09/what-is-the-us-militarys-presence-in-south-east-asia#img-1*
4. *http://www.navy.mil/submit/display.asp\story_id=34192*

4

सामुद्रिक शक्ति एवं भारतीय राष्ट्रीय सुरक्षा

21वीं शताब्दी में भारत का तेजी से आर्थिक, सैनिक तथा तकनीकी विकास हुआ है। भारतीय सुरक्षा एवं विकास संबंधी हितों का हिंद– प्रशांत क्षेत्र तथा अन्य दूसरे जलक्षेत्रो में तेजी से विस्तार एवं फैलाव हुआ है। इस शताब्दी को व्यापारिक गतिविधियों तथा सुरक्षा समस्या की दृष्टिकोण से ''सामुद्रिक शताब्दी'' के रूप में देखा जा रहा है। ऐसे में भारतीय सामुद्रिक शक्ति एवं भारतीय सुरक्षा के महत्व को समझना आवश्यक हो जाता है। इसी से ''अंतर्राष्ट्रीय फ्लीट रिव्यू 2016'' (आई एफ आर 2016) विशाखापट्टनम के समय 7 फरवरी 2016 को एक ''अंतर्राष्ट्रीय मेरीटाइम कॉन्फ्रेंस'' का आयोजन किया गया था। जिसका उद्घाटन रक्षा मंत्री, भारत सरकार के द्वारा किया गया था ।

भारत एक प्रायद्वीपीय देश है। यह तीन तरफ से जलक्षेत्र – पूरब में बंगाल की खाड़ी, पश्चिम में अरब सागर तथा दक्षिण में हिंद महासागर से घिरा है। भारतीय समुद्र तटीय क्षेत्र की लंबाई (मुख्यभूमि तथा द्वीपों

सहित) 7516.5 किलोमीटर है। भारतीय मुख्य भूमि की तटीय सीमा की लम्बाई 5422.6 किलोमीटर, लक्षद्वीप का 132 किलोमीटर तथा अंडमान निकोबार द्वीपसमूह का 1962 किलोमीटर है। समुद्र तटीय विस्तार की दृष्टि से भारत का विश्व में 15वां स्थान है। पहले स्थान पर कनाडा (90889 किलोमीटर) तथा दूसरे पर इंडोनेशिया (54705 किलोमीटर) है। भारत के पास लगभग 1200 छोटे बड़े द्वीप है। भारतीय अंडमान निकोबार द्वीपसमूह भारत की मुख्य भूमि से लगभग 1200 किलोमीटर दूर बंगाल की खाड़ी क्षेत्र में स्थित है। इसमें 572 द्वीप लगभग 8300 वर्ग किलोमीटर जलक्षेत्र में फैले हुए है। इनसे भारत को लगभग 300000 वर्ग किलोमीटर का अतिरिक्त ई ई जेड जलक्षेत्र प्राप्त होता है। ये भारतीय द्वीप समूह भारत की मुख्य भूमि की अपेक्षा दक्षिण पूर्व एशिया के अधिक निकट है तथा उत्तर से दक्षिण की तरफ 750 किलोमीटर लम्बे क्षेत्र में फैले हुए हैं। इसका सबसे उत्तरी द्वीप म्यांमार के कोको द्वीप से केवल मात्र 22 नॉटिकल मील दूर स्थित है। थाईलैंड का फुकेट द्वीप अंडमान द्वीप से केवल मात्र 50 नॉटिकल मील दूर स्थित है। इसका दक्षिणी द्वीप "इंदिरा प्वाइंट" इंडोनेशिया के सुमात्रा से केवल मात्र 90 नॉटिकल मील दूर स्थित है। यहाँ केवल 36 द्वीपों पर आबादी है बाकी द्वीप निर्जन है। निर्जन होने तथा घने वन क्षेत्र से घिरे होने के कारण ये द्वीप सुरक्षा के दृष्टिकोण से काफी अधिक संवेदनशील है।

दूसरी तरफ लक्षद्वीप क्षेत्र अरब सागर में भारतीय राज्य केरल के तट से 300 किलोमीटर दूर स्थित है। इसमें कुल 36 कोरल द्वीप है। ये द्वीप 30000 वर्ग किलोमीटर क्षेत्र में फैले हुए है। इनका कुल क्षेत्रफल 32 वर्ग किलोमीटर है। इसमें केवल 10 द्वीपों पर ही आबादी है, बाकी सभी निर्जन द्वीप है। पहले इन द्विपों पर पुर्तगाली शासन था। 1908 ई. में अंग्रेजों ने इन द्वीपों पर अधिकार स्थापित कर लिया था। स्वतंत्रता के पश्चात यह भारत का एक प्रमुख पर्यटन क्षेत्र बन गया है।

संयुक्त राष्ट्र ने विश्व जलक्षेत्र को ''मानव जाति की साझा विरासत'' (कॉमन हेरिटेज ऑफ मैनकाइंड) घोषित किया है। तीसरे – यू एन सी एल ओ एस के अनुसार राज्यों का समुद्री अधिकार क्षेत्र इस प्रकार से है।

1. **टेरिटोरियल सी** – 12 नाटिकल मील (22.22 किलोमीटर)–– इसे ''राज्य क्षेत्रीय समुद्र'' तथा ''सामुद्रिक पेटी'' (मेरीटाइम बेल्ट) भी कहा जाता है। यह सीधे समुद्र तटीय राज्यों से मिला तटीय जलक्षेत्र होता है। इस पर राज्यों को क्षेत्रीय संप्रभुता प्राप्त होती है। इसकी सीमा ''आधार रेखा'' से 12 समुद्री मील तक की होती है। भारतीय टेरीटोरियल सी क्षेत्र 155889 वर्ग किलोमीटर का है।

2. **कांटीग्यूअस जोन** – 24 नाटिकल मील (44.45 किलोमीटर) –– टेरीटोरियल सी के आगे के जल भाग को ''संलग्न'' या पाश्ववर्ती क्षेत्र कहा जाता है। जिसकी सीमा 24 समुद्री मील तय की गई है। इसमें तटीय राज्यों को कुछ अधिकार प्राप्त होते हैं। तटीय राज्य इस जलक्षेत्र में सुरक्षा तथा सीमा शुल्क संबंधित कुछ नियम एवं नियंत्रण रख सकते हैं।

3. **एक्सक्लूसिव इॅकोनॉमिक जोन** – 200 नाटिकल मील (370.40 किलोमीटर)–– इसे अपवर्जित आर्थिक क्षेत्र कहा जाता है। इसकी सीमा 200 समुद्री मील है। इस क्षेत्र में जीवित संसाधनों तथा खनिज पदार्थों का राज्य दोहन कर सकते हैं। अंतर्राष्ट्रीय विधि के अनुसार भारत का कुल अपवर्जित आर्थिक क्षेत्र (ई ई जेड) 2.0 2 –2.2 मिलियन वर्ग किलोमीटर का है। यह कुल भारतीय थल क्षेत्र का लगभग दो तिहाई भाग है।

विश्व में लगभग 335 मिलियन वर्ग किलोमीटर जल क्षेत्र है। जिसमें से 112 मिलियन वर्ग किलोमीटर क्षेत्र तटीय देशों के अपवर्तित आर्थिक क्षेत्र का भाग है।

4. **कॉन्टिनेंटल सेल्फ** – 200–350 नाटिकल मील –– इसे महाद्वीपीय समुद्रतल या महाद्वीपीय मग्नतट भूमि भी कहा जाता है।

समुद्र जलक्षेत्र से लगे भारत के सात पड़ोसी देश है – पाकिस्तान, मालदीव, श्रीलंका, बांग्लादेश, म्यांमार, थाईलैंड एवं इंडोनेशिया। इसमें से पाकिस्तान को छोड़कर अन्य सभी के साथ भारत ने अपनी समुद्री जल सीमा का निर्धारण कार्य विभिन्न द्विपक्षीय एवं त्रिपक्षीय समझौता से पूरा कर लिया है।

यू एन सी एल ओ एस III से तटीय एवं द्वीप देशों के समुद्र जलक्षेत्र सीमा का काफी विस्तार हुआ था। इससे बहुत से देशों के बीच समुद्री सीमा निर्धारण को लेकर विवाद उत्पन्न हो गया था। पिछले समय में भारत ने अपने पांच पड़ोसी देशों के साथ 12 समुद्री जलक्षेत्र सीमा निर्धारण समझौते किए हैं। इसमे से नौ द्विपक्षीय तथा तीन त्रिपक्षीय समझौते है। द्विपक्षीय समझौते इस प्रकार है – श्रीलंका (1974,76), मालदीव (1976), इंडोनेशिया (1974, 77), थाईलैंड (1978, 1993) तथा म्यांमार (1986)। त्रिपक्षीय समझौते इस तरह है– भारत, श्रीलंका एवं मालदीव 1976, भारत, इंडोनेशिया एवं थाईलैंड 1978, भारत, म्यांमार एवं थाईलैंड 1993।[1]

भारत ने सभी पड़ोसी देशों के साथ सामुद्रिक सीमा निर्धारण (एम बी डी – मैरीटाइम बांउड्री डिलिएनेसन) का कार्य 'मध्य रेखा सिद्धांत' के आधार पर किया है।

भारत पाकिस्तान जल सीमा विवाद

भारत पाकिस्तान समुद्र जल सीमा निर्धारण का कार्य ''सरक्रीक विवाद'' के कारण अभी तक पूरा नहीं हो सका है। इसका प्रमुख कारण यह है कि दोनों देशों के बीच स्वतंत्रता के पश्चात से ही विभिन्न क्षेत्रों में भयंकर मतभेद रहा है। पाकिस्तान भारत को अपना पड़ोसी देश न मानकर प्रमुख प्रतिद्वंद्वी देश मानता है। पाकिस्तान एवं चीन की मित्रता

भी भारत के लिए विभिन्न प्रकार की सुरक्षा समस्याएं उत्पन्न करती रही है।

भारत पाकिस्तान समुद्री क्षेत्र सीमा विवाद प्रमुख रूप से दो क्षेत्रो में है –

1. सर क्रीक क्षेत्र से संबंधित
2. क्षेत्रीय समुद्र के सीमा के निर्धारण से संबंधित

सर क्रीक 38 किलोमीटर लंबा नदी समुद्री मुहाना है। यह भारत के गुजरात प्रांत (रन आफ कच्छ) तथा पाकिस्तान के सिंध प्रांत के बीच स्थित है। यह न तो भूमि है और न ही पानी का क्षेत्र है। इस दलदली क्षेत्र का निगरानी कार्य सीमा सुरक्षा बल के लिए अत्यंत ही कठिन एवं चुनौतीपूर्ण है। इस क्षेत्र का केवल हवाई निगरानी ही संभव है, क्योंकि सीमा सुरक्षा बल तथा तटरक्षक के पास दलदल क्षेत्र में जाने के साधन नहीं है। सीमा सुरक्षा बल हेलीकॉप्टरों से इस क्षेत्र का नियमित निगरानी कार्य करता है।

सर क्रीक क्षेत्र में विवादित क्षेत्र केवल 6–7 वर्ग मील दलदली भूमि तथा 250 वर्ग मील समुद्री क्षेत्र का ही है। ऐसा अनुमान है की इस क्षेत्र में भारी मात्रा में हाइड्रोकार्बन उपलब्ध है तथा इसके दोहन की पर्याप्त संभावना है। भारत एवं पाकिस्तान के मध्य जलक्षेत्र में सामुद्रिक सीमा निर्धारण न होने की वजह से सबसे अधिक परेशानी दोनों देशों के मछुआरों को होती है। समय–समय पर दोनों देश एक दूसरे के मछुआरों को अंतर्राष्ट्रीय सीमा उल्लंघन के कारण बंदी बना लेते है।

भारत में हमेशा इस बात का समर्थन किया है कि इस समस्या का समाधान 'मध्य दूरी' अर्थात समान दूरी सिद्धांत के आधार पर आपसी सहमति से किया जाना चाहिए। इस समस्या समाधान के लिए दोनों देशों के मध्य कई चक्र की वार्ताएं हो चुकी है, लेकिन अभी तक कोई स्थाई समाधान नहीं हो सका है।

भारतीय तटरक्षक तथा पाकिस्तान की पी एम एस ए (पाकिस्तान मैरीटाइम सिक्योरिटी एजेंसी) के सदस्यों के मध्य समुद्री सीमा निर्धारण हेतु जुलाई 2016 में इस्लामाबाद में वार्ता हुई थी, लेकिन किसी निर्णय पर दोनों पक्ष सहमत नहीं हो सके थे।

भारत बांग्लादेश जल सीमा विवाद

भारत बांग्लादेश के मध्य समुद्र जल सीमा विवाद का कारण ''न्यू मूर'' द्वीप क्षेत्र था।

जलक्षेत्र विवाद के समाधान के लिए बांग्लादेश अक्टूबर 2009 में संयुक्त राष्ट्र गया था। जुलाई 2014 में संयुक्त राष्ट्र मध्यस्थता न्यायाधिकरण (परमानेंट कोर्ट ऑफ आर्बिट्रेशन) ने अपना फैसला दिया। 25000 वर्ग किलोमीटर विवादित जल क्षेत्र में से 19467 वर्ग किलोमीटर क्षेत्र बांग्लादेश को मिला। ''न्यू मूर द्वीप'' क्षेत्र भारत के पक्ष में आया। भारत ने बिना प्रतिरोध के न्यायाधिकरण के इस फैसले को स्वीकार कर लिया था। इस प्रकार से दोनों देशों के मध्य 30 वर्षों से चल रहा विवाद खत्म हुआ था।

भारतीय सामुद्रिक हित

21वीं शताब्दी के आर्थिक एवं सुरक्षा परिदृश्य को देखते हुए भारतीय समुंद्र तटीय क्षेत्र, जलक्षेत्र तथा द्वीप क्षेत्रों का विशेष आर्थिक एवं रणनीतिक महत्व है। इन सब की सुरक्षा तथा युद्ध की स्थिति में देश की जलक्षेत्र से सुरक्षा प्रदान करने के लिए भारतीय नौसेना हमेशा सजग, तत्पर तथा तैयार है। अवैधानिक घुसपैठ तथा अपरम्परागत सुरक्षा चुनौतियों की दृष्टि से तटीय क्षेत्र स्थल क्षेत्रों की अपेक्षा कहीं अधिक उपयुक्त (पोरस) एवं संवेदनशील होते हैं। 26 नवंबर 2008 की मुम्बई आंतकवादी घटना के लिए पाकिस्तानी आतंकवादी समुद्र जलमार्ग से होकर मुम्बई आये थे। इस घटना के बाद भारत सरकार ने समुद्र तटीय

क्षेत्रों की सुरक्षा के लिए विभिन्न कार्यक्रमों को चलाया था।

इस शताब्दी में भारतीय अर्थव्यवस्था तथा सैनिक शक्ति का काफी विकास तथा विस्तार हुआ है। इसके साथ ही भारतीय सामुद्रिक शक्ति का भी काफी विकास हुआ है। भारत अब क्षेत्रीय आर्थिक एवं सामुद्रिक शक्ति बन चुका है। वर्तमान समय में तेजी से आगे बढ़ रही अर्थव्यवस्था के लिए यह आवश्यक है कि सामुद्रिक हितों की सुरक्षा, विस्तार एवं संवर्धन के लिए भी विशेष ध्यान दिया जाए। भारत के आगे के वर्षों में विकास के लिए यह आवश्यक है कि वह अपने सामुद्रिक हितों की सुरक्षा के लिए लगातार सजग एवं प्रत्यनशील रहे। हिंद– प्रशांत क्षेत्र के हिंद महासागर क्षेत्र की शांति एवं स्थिरता कायम करने में भारत की भूमिका को नजरंदाज नहीं किया जा सकता है। हिंद–प्रशांत क्षेत्र के लिए भी अमेरिका तथा उसके मित्र देश भारत को विशेष महत्व प्रदान कर रहे हैं।

हिंद महासागर क्षेत्र का भारत सबसे शक्तिशाली एवं जिम्मेदार देश है। हिंद महासागर का भारतीय राष्ट्रीय सुरक्षा के लिए विशेष महत्व है। हिंद महासागर जलक्षेत्र को भारत स्थिर एवं सुरक्षित रखना चाहता है। इसीलिए भारत ने लगातार हिंद महासागर क्षेत्र में चीन की बढ़ती उपस्थिति के प्रति चिंता व्यक्त किया है। भारत का कहना है कि भविष्य में इस जलक्षेत्र में अमेरिका–चीन के मध्य नौसैनिक प्रतिस्पर्धा प्रारंभ होने का खतरा है। इससे क्षेत्रीय देशों की शांति, स्थिरता एवं सुरक्षा प्रभावित होगी। भारत का स्पष्ट रुप से विचार है कि चीन को हिंद महासागर क्षेत्र से अपने को दूर रखना चाहिए।

हिंद महासागर क्षेत्र में भारत के प्रमुख सामुद्रिक हित इस प्रकार से है –

1. समुद्र तटीय क्षेत्ररक्षण एवं सुरक्षा चुनौतियाँ

इसका तात्पर्य लंबे खुले समुद्र तटीय क्षेत्र तथा उससे लगे वैधानिक

रूप से प्राप्त जलक्षेत्र की सुरक्षा से है। इसमें देश को प्रमुख रुप से तटीय क्षेत्रों, अपवर्जित आर्थिक क्षेत्र तथा द्वीप क्षेत्रों की सुरक्षा करनी पड़ती है। भारत के पास 7516.6 किलोमीटर लंबी तटीय सीमा है। भारत का अपवर्जित आर्थिक क्षेत्र 20,13,410 वर्ग किलोमीटर का है तथा भारत के पास लगभग 1200 छोटे बड़े द्वीप है।[2]

समुद्र तटीय क्षेत्रों में अपरंपरागत सुरक्षा चुनौती जैसे अवैधानिक घुसपैठ, आतंकवादियों का घुसपैठ, छोटे एवं हल्के हथियारों का व्यापार, मादक पदार्थों एवं अन्य दूसरे आवश्यक पदार्थों की तस्करी तथा मानव तस्करी की अधिकता होती है। इन गैरकानूनी कार्यो के लिए स्थल सीमा क्षेत्र से कहीं ज्यादा पोरस (घुसपैठ के लिए उपयुक्त) तथा सुविधाजनक समुद्र तटीय इलाके होते है। इसी कारण से 2008 के मुंबई घटना के पश्चात भारत सरकार ने तटीय सुरक्षा को मजबूत करने के लिए विभिन्न प्रकार के उपायों को किया है। गुजरात तथा तमिलनाडु के अपतटीय क्षेत्र के बेहतर निगरानी के लिए ''चालकरहित वायुयानों'' का भी उपयोग किया जा रहा है।[3]

मादक पदार्थों के अवैधानिक व्यापार से लगभग सभी देश परेशान हैं। मादक पदार्थों के व्यापार में अधिकतर समुद्री जलयानों का उपयोग किया जाता है। बड़े होने के कारण इस पर तस्कर आसानी से मादक पदार्थों को छिपा लेते है। जनवरी 2018 में आस्ट्रेलियाई नौसेना ने अरब सागर जलक्षेत्र में मादक पदार्थों का बहुत बड़ी खेप (लगभग 3.5 टन हशीश) पकडी थी। इसका मूल्य अंतरराष्ट्रीय बाजार में करीब 900 करोड़ रुपए था। आस्ट्रेलिया के रायल नेवी ने दिसंबर 2017 में भी एक जलयान से आठ टन ड्रग्स पकड़ा था।

विश्व जनसंख्या का लगभग 50 प्रतिशत भाग समुद्र तट से 200 किलोमीटर के थल क्षेत्र में निवास करता है। यह थल क्षेत्र संपूर्ण स्थल क्षेत्र का केवल 10 प्रतिशत ही है। भारत के भी अधिकतर बड़े शहर तथा

औद्योगिक केंद्र तटीय इलाकों में ही स्थित है। समुद्रों का मानव सभ्यता के विकास में महत्वपूर्ण योगदान रहा है। भारतीय नौसेना तथा तटरक्षक का प्रमुख कार्य समुद्र की तरफ से देश को सुरक्षा प्रदान करना है।

2. समुद्री सीमा निर्धारण

भारत की समुद्री सीमा सात पड़ोसी देशों से लगी हुई है। इसमें से चार दक्षिण एशिया (पाकिस्तान, मालद्वीव, श्रीलंका, बांग्लादेश) तथा तीन दक्षिण पूर्वी एशिया (म्यांमार, थाईलैंड एवं इंडोनेशिया) के देश है। इनमें से पाकिस्तान को छोड़कर बाकी सभी देशों के साथ भारत ने अपने समुद्री सीमा का निर्धारण विभिन्न द्विपक्षीय एवं त्रिपक्षीय समझौतों के द्वारा पूरा कर लिया है। भारत पाकिस्तान के मध्य ''सरक्रीक'' क्षेत्र को लेकर समुद्री सीमा विवाद है। इस विवाद को समाप्त करने हेतु दोनों देश प्रयत्नशील है तथा पिछले वर्षों में कई चक्र की वार्ता इस समस्या से संबंधित दोनों देश कर चुके हैं। भारत ने बांग्लादेश के साथ ''न्यु मूर'' द्वीप से संबंधित विवाद को अतंर्राष्ट्रीय न्यायालय के फैसले को सम्मान देते हुए सुलझा लिया है। हालांकि यह फैसला बांग्लादेश के पक्ष में था।

3. सी लाइन ऑफ कम्युनिकेशन (समुद्री व्यापारिक जलमार्गों) की सुरक्षा

शीतयुद्धोत्तर काल मे भूमंडलीकरण तथा उदारीकरण की नीतियों के प्रसार से व्यापारिक गतिविधियों के बढ़ने के कारण समुद्री व्यापारिक जलमार्गों की सुरक्षा एक बड़ी चुनौती के रूप में सामने आई है। आज विश्व का छोटे से छोटा देश भी अपने आर्थिक विकास के लिए सचेत तथा प्रयत्नशील है। विभिन्न प्रकार के सामानों, प्राकृतिक संसाधनों तथा ऊर्जा संसाधनों का बड़े पैमाने पर समुद्री जलमार्गो द्वारा आयात एवं निर्यात हो रहा है। देश की अर्थव्यवस्था प्रमुख रुप से व्यापारिक गतिविधियों तथा समुद्री जलमार्गों पर आधारित है। विश्व का लगभग 40 प्रतिशत

व्यापार हिंद महासागर क्षेत्र से होकर मलक्का जलडमरूमध्य के द्वारा निकलता है। विश्व का लगभग 60 प्रतिशत कच्चा तेल तथा भारी मात्रा में प्राकृतिक गैस फारस की खाड़ी देशों में उपलब्ध है। यहाँ से प्रतिवर्ष हजारों की संख्या में बड़े तेल टैंकर कच्चा तेल तथा एलएनजी लेकर अन्य दूसरे देशों के लिए जाते हैं। हिंद महासागर जलक्षेत्र के व्यापारिक रास्ते मलक्का, हार्मुज तथा लाल सागर स्वेज नहर जैसे पतले एवं संकरे जलमार्गों से भी होकर निकलते हैं। क्षेत्रीय देशों के मध्य व्यापारिक गतिविधियों के अतिरिक्त पश्चिमी प्रशांत महासागर के देशों तथा यूरोप के देशों के मध्य का व्यापार भी हिंद महासागर से होकर गुजरता है। व्यापारिक समुद्री जलमार्गों की दृष्टि से हिंद महासागर का महत्व बहुत अधिक है। भारत के कुल व्यापार का 40 प्रतिशत भाग हिंद महासागर तटीय देशों के साथ होता है।

इस शताब्दी के पहले दशक में पाइरेसी की घटनाओं से अदन की खाड़ी तथा सोमालिया जलक्षेत्र बुरी तरह से प्रभावित हो गया था। इससे अंतरराष्ट्रीय व्यापार के लिए एक बड़ी सुरक्षा चुनौती उत्पन्न हो गया था। 2008 तक यह समस्या गंभीर रुप ले चुकी थी। 'आई एन एस त्रिशूल' ने 6 अक्टूबर 2017 को अदन की खाड़ी जलक्षेत्र में भारतीय व्यापारिक पोत ''एमवी जग अमर'' को सोमालिया के लुटेरों से बचाने का काम सफलतापूर्वक किया था। इसमें भारतीय मैरीन कमांडो फोर्स (मार्कोस) ने महत्वपूर्ण भूमिका निभाई थी।

अदन की खाड़ी क्षेत्र में भारतीय नौसेना बेहद सक्रिय है, क्योंकि समुद्री लुटेरे अक्सर देखे जाते हैं। 12 समुद्री लुटेरों ने भारत के मालवाहक जहाज जग अमर को निशाना बनाया था। इस समय संजोग से भारतीय युद्धपोत त्रिशूल इस समुद्री क्षेत्र में गश्त पर था। सूचना मिलते ही उसने लुटेरों के गिरोह पर जवाबी कार्यवाही किंया था। फलस्वरुप हमलावर भाग खड़े हुए। उस समय इस मालवाहक पोत पर 85000 टन माल लदा

था।[4]

भारतीय नौसेना ने अक्टूबर 2008 से लेकर 2016 के मध्य अपने युद्धपोतों को लगातार अदन की खाड़ी क्षेत्र में एंटी पायरेसी एस्कॉर्ट कार्य हेतु लगाया था। इन युद्धपोतों ने इस समयावधि में 3325 व्यापारिक जलयानों के एस्कॉर्ट का काम किया, जिसमें से 328 जलयान भारतीय थे।

4. समुद्री खाद्य पदार्थों का उपयोग

प्रारंभ से समुद्री जलक्षेत्र खाद्य पदार्थों (मछली एवं अन्य सी फूड) का उपयोग विश्व समुदाय द्वारा किया जा रहा हैं। आज विभिन्न प्रकार के जलयानों तथा प्रौद्योगिकी के माध्यम से अंतर्राष्ट्रीय जलक्षेत्र से भारी मात्रा में मछली पकड़ने का कार्य विकसित देशों के द्वारा किया जा रहा है। अन्य सभी छोटे विकासशील तटीय देश प्रमुख रूप से अपने अपवर्जित आर्थिक क्षेत्र या उसे थोड़ा आगे के जलक्षेत्र में ही मछली पकड़ने का कार्य कर पाते है, क्योंकि उनके पास उस प्रकार के उन्नत फिश फैक्ट्री जलयान तथा प्रौद्योगिकी नहीं है। विकसित देशों को उपग्रहों के माध्यम से मछली उपलब्धता वाले क्षेत्रों का पता चल जाता है। इस कारण से वे कम समय, श्रम तथा लागत में अपेक्षाकृत अधिक मात्रा में मछली पकड़ने में सफल हो पाते है।

इस क्षेत्र में भारत का विश्व में छठा स्थान है। भारतीय तटीय क्षेत्रों की लगभग दो करोड़ जनसंख्या प्रत्यक्ष एवं अप्रत्यक्ष रूप से मछली पकड़ने के कार्य में लगी है। स्वतंत्रता के पश्चात से लेकर आज तक भारत में समुद्री मछली उत्पादन में लगातार वृद्धि हुआ है। इसके निर्यात से देश को बहुमूल्य विदेशी मुद्रा की भी प्राप्ति संभव हो सका है। देश की लगभग 10–15 प्रतिशत जनसंख्या तटीय क्षेत्रों में निवास करती है। इसमें बहुत से लोग प्रत्यक्ष अथवा अप्रत्यक्ष रूप से समुद्री मछली उत्पादक कार्य से जुड़े हुए हैं। भारतीय अपवर्जित आर्थिक क्षेत्र में मछलियों की काफी

उपलब्धता है। इस क्षेत्र में लगभग 3.9 मिलियन टन मछली उपलब्ध है, जिसमें से 0.25 मिलियन टन 'टूना' मछली है। इसका विदेशों में काफी मांग है। भारत से काफी मात्रा में समुद्री मछलियों का निर्यात यूरोपियन यूनियन के देशों के साथ होता है। भारत से 'टाइगर प्रान' का निर्यात अमेरिका को होता है। भारतीय राज्यों में तटीय क्षेत्र लम्बां होने के कारण मछली पकड़ने तथा निर्यात करने में गुजरात प्रथम स्थान पर है। इस सेक्टर के विकास में भारत के ''मरीन प्रोडक्ट एक्सपोर्ट डेवलपमेंट अथॉरिटी'' (एमपीईडीए) ने पिछले वर्षों में शानदार कार्य किया है।

बीसवीं शताब्दी में समुद्री मछली पकड़ने का कार्य एक उद्योग का रूप ले लिया था। विश्व में 2006 में लगभग 43.5 मिलियन लोग मछली पकड़ने तथा समुद्री खाद्य पदार्थों के उत्पादन कार्य में लगे थे। 2012 में विश्व का कुल मछली तथा सीफूड उत्पादन 174 मिलियन टन था, जो प्रतिवर्ष बढ़ रहा है। विश्व में कुल लगभग 3 मिलियन फिशिंग जलयान/वेसिल है। अधिकतर छोटे मझोले देश मछली पकड़ने का काम अपने अपवर्जित आर्थिक क्षेत्र (ईईजेड) में करते है।

2014–15 में भारत से 375505 मीट्रिक टन झींगा का निर्यात (3.5 बिलियन डालर) हुआ था। इसमें से 26 प्रतिशत भाग अमेरिका, 25.75 प्रतिशत दक्षिण पूर्व एशिया के देशों को तथा 20 प्रतिशत भाग यूरोपीय यूनियन के देशों को गया था। 2002 से लेकर आज तक चीन विश्व का सबसे बड़ा मछली तथा सी फूड प्रोडक्ट का निर्यातक देश बना हुआ है।[5]

2014 में चीन ने समुद्री क्षेत्र से 17106547 मीट्रिक टन मछली पकड़ा था, जबकि भारत ने केवल मात्र 4718821 मीट्रिक टन मछली पकड़ा था। विश्व में समुद्री मछली के खपत में लगातार वृद्धि देखा जा रहा है। इसका प्रमुख उपयोग खाद्य पदार्थ, तेल, दवा तथा फर्टिलाइजर के लिए भी हो रहा है।[6]

भारत ने भी गोवा में 10 स्थानों पर फिश एग्रीगेटिंग डिवाइसेज

(एफएडी) लगाया है, ताकि मछुआरों को मछली उपलब्धता वाले क्षेत्रों के बारे में जानकारी दिया जा सके। मत्स्य संसाधनों के बेहतर प्रबंधन के लिए भारत में 'आईलैंड रिसोर्स मैनेजमेंट सिस्टम' (आई आर एम एस) का विकास किया गया है।

5. समुद्री खनिज संसाधनों की उपलब्धता

स्थल की ही तरह से समुद्री तल तथा उसके नीचे विभिन्न प्रकार के खनिज संसाधन मौजूद है। अभी इनका व्यापारिक दोहन नहीं हो रहा है। विश्व के बड़े विकसित देशों में इस कार्य के लिए प्रौद्योगिकी विकास का कार्य किया जा रहा है। भारत भी इन देशों में शामिल हैं। अभी पूरे विश्व में केवल मात्र सोडियम, कच्चा तेल तथा प्राकृतिक गैस का ही बड़े पैमाने पर दोहन समुद्री जल तथा समुद्र तल के नीचे से किया जा रहा है। भारत में 'मुम्बई हाई' क्षेत्र अरब सागर में समुद्र तल के नीचे से कच्चे तेल का उत्पादन ''ओएनजीसी'' के द्वारा किया जा रहा है। यह मुम्बई तट से 176 किलोमीटर दूर स्थित है। यहाँ से प्रति वर्ष 10 मिलियन टन कच्चा तेल निकाला जा रहा है। इसके 10 किलोमीटर दूर पश्चिम में एक बड़े तेल क्षेत्र का पता चला है। ओएनजीसी ने 2017–18 के लिए 25 बी सी एम गैस उत्पादन तथा 25.3 एम बी तेल उत्पादन का लक्ष्य रखा है।[7] यहाँ से भारत के कुल तेल खपत का लगभग 14 प्रतिशत कच्चा तेल प्राप्त होता है।

कृष्णा–गोदावरी बेसिन, बंगाल की खाड़ी से प्राकृतिक गैस का उत्पादन किया जा रहा है। यह लगभग 50000 वर्ग किलोमीटर क्षेत्र में फैला हुआ है। इस क्षेत्र को 'केजी– डी 6' के नाम से जाना जाता है। यह आंध्रप्रदेश के काकीनाडा तट से 50 किलोमीटर दूर स्थित है। इस आफशोर क्षेत्र की गहराई लगभग 8000 फीट है। यहाँ पर प्राकृतिक गैस का उत्पादन कार्य रिलायंस इंडस्ट्रीज के द्वारा किया जा रहा है। समुद्र

तल के नीचे संसाधनों के खोज कर सकने वाले देशों में भारत भी शामिल है। हाइड्रोग्राफी के क्षेत्र में भारत विश्व में चौथा स्थान रखता है।

गहरे समुद्री तल में पाये जाने वाले अवयवों से निकलने वाली 'गैस हाईड्रेट' का बहुत बड़ा भंडार हिंद महासागर क्षेत्र में मिलने की पूरी उम्मीद है। भारतीय पेट्रोलियम एवं प्राकृतिक गैस मंत्रालय ने भी इसके वाणिज्यिक उत्पादन की योजना बनाया है। अभी इसके वाणिज्यिक उत्पादन की विधि विकास का कार्य चल रहा है। इस क्षेत्र में भारत के वैज्ञानिक जापान एवं अमेरिका के साथ कार्यरत है। भारत ने 2015 में जापान से "चिक्यू" नामक समुद्री खोजी जहाज लिया है, जिसे विशाखापट्टनग के तटीय जलक्षेत्र में गैस हाईड्रेट के खोजने के कार्य में लगाया गया था।[8]

6. देश की आफशोर एवं तटीय संपत्ति की सुरक्षा

देश के आफशोर संपत्तियों जैसे मुंबई हाई क्षेत्र के तेल प्लेटफॉर्म, कृष्णा गोदावरी बेसिन के गैस प्लेटफॉर्म, समुंद्र के अंदर की पाइप लाइन तथा केबल लाइन की सुरक्षा की आवश्यकता पड़ती है। भारत तेल एवं गैस के क्षेत्र में आत्मनिर्भर नहीं है। देश की आवश्यकता की पूर्ति के लिए भारी मात्रा में (लगभग 80 प्रतिशत) तेल एवं प्राकृतिक गैस का आयात विभिन्न दूसरे देशों द्वारा किया जाता है। भारी मात्रा में तेल का आयात पश्चिमी तट के पास स्थित फारस की खाड़ी क्षेत्रीय देशों से किया जाता है। यहाँ से गुजरात का तटीय क्षेत्र विशेष रुप से कच्छ की खाड़ी क्षेत्र सबसे नजदीक भारतीय क्षेत्र है। यहाँ पर (गुजरात) कच्चा तेल तथा प्राकृतिक गैस के उतारने के लिए बड़ी संख्या में ढांचागत विकास कार्य किया गया है। यह क्षेत्र पाकिस्तान के काफी नजदीक स्थित है। इस क्षेत्र की सुरक्षा में आतंकवादी घटनाओं को भी नजरंदाज नहीं किया जा सकता हैं।

इसी प्रकार देश के तटीय क्षेत्र पर विभिन्न प्रकार के व्यापारिक सामानों के आयात–निर्यात के लिए विभिन्न प्रकार के ढांचागत सुविधाओं

का विकास किया गया है। जिस पर भारतीय सरकार तथा प्राइवेट कंपनियों ने भारी धन का निवेश किया है। देश की लंबी तटीय सीमा पर स्थित इन सब की सुरक्षा का दायित्व विशेष रुप से समुद्र की तरफ से उत्पन्न होने वाले खतरों से सुरक्षा का दायित्व भारतीय नौसेना तथा तटरक्षक का है। भारतीय नीति है कि किसी भी परिस्थिति में भारतीय ढांचागत विकास सुविधाओं की सुरक्षा सुनिश्चित किया जाए।

7. सुदूर देशों में देश की निवेश की सुरक्षा

इसका तात्पर्य विदेशों में रह रहे भारतीय नागरिकों तथा निवेश की सुरक्षा करने से है। 1991 के बाद से विदेशों में भारतीयों की संख्या तथा निवेश काफी बढ़ा है। जैसे ओएनजीसी ने विदेशों में निवेश के लिए अपनी एक अलग सहायक कंपनी "ओएनजीसी विदेश लिमिटेड" (ओवीएल) बनाया है। जिसने पिछले दशक में रूस, सूडान, कोलंबिया, ब्राजील, सीरिया, वियतनाम तथा वेनेजुएला में तेल एवं प्राकृतिक गैस के लिए भारी मात्रा में धन निवेश किया है। वियतनाम के अपतटीय क्षेत्र में 'ई एंड पी' (एक्सप्लोरेशन एंड प्रोडक्शन) आधार पर तेल एवं प्राकृतिक गैस क्षेत्रों को खोजने का कार्य चल रहा है। दोनों देश इस क्षेत्र में और अधिक सहयोग बढ़ाने के लिए भी प्रयत्नशील है। ओवीएल ने पिछले वर्षों में 15 देशों के लगभग 30 तेल एवं गैस परियोजनाओं में 15 बिलियन डॉलर का निवेश किया है।[9]

'वीडियोकॉन इंटरनेशनल' तथा पब्लिक सेक्टर की कंपनी 'भारत पेट्रोलियम कॉरपोरेशन लिमिटेड' ने संयुक्त रुप से मोजांबिक के अपतटीय क्षेत्र के 6 तेल ब्लॉकों में क्रमशः 10 प्रतिशत भाग के लिए निवेश किया है। मोजांबिक अफ्रीका के दक्षिणी किनारे पर स्थित है। यहाँ पर 30 बिलियन क्यूबिक फीट गैस की उपलब्धता का अनुमान है। इसको एलएनजी में बदलकर भारत लाया जाएगा। कुछ ही वर्षों में (2018–19 तक) यहाँ पर

प्राकृतिक गैस का उत्पादन कार्य प्रारंभ होने की उम्मीद है।[10]

इसी प्रकार से 'टाटा पावर लिमिटेड' ने इंडोनेशिया के कोल माइंस क्षेत्र (PT Baramuli Sukses Sarana TBK) में 26 प्रतिशत की हिस्सेदारी के लिए भारी निवेश किया है। टाटा पावर ने इंडोनेशिया के दूसरे कोयला खान क्षेत्र (PT Kaltim Prima Coal and PT Arutmin) में भी 30 प्रतिशत हिस्सेदारी खरीद रखा है।[11]

पूरे हिंद महासागर तटीय क्षेत्रीय देशों में भारतीय कामगार तथा व्यापारी फैले हुए है। लगभग 7 मिलियन भारतीय हिंद महासागर क्षेत्रीय देशों में रह रहे हैं। ये प्रतिवर्ष भारी मात्रा में (70 बिलियन डॉलर) विदेशी मुद्रा देश को उपलब्ध कराते हैं।[12] ऑस्ट्रेलिया में भी भारी संख्या में भारतीय विभिन्न क्षेत्रों में कार्यरत है। आस्ट्रेलिया तथा अमेरिका में उच्च शिक्षा ग्रहण करने के लिए भी काफी संख्या में भारतीय छात्र–छात्राएं प्रतिवर्ष जाते है।

8. जलयान निर्माण, मरम्मत तथा तोड़ने की इकाइयाँ

किसी भी देश के अर्थव्यवस्था तथा रोजगार के क्षेत्र में इस सेक्टर की महत्त्वपूर्ण भूमिका होती है। इस सेक्टर की ग्रोथ रेट से देश के विकास की गति का पता चलता है। भारत में केंद्र सरकार के अधीन 4 बड़े तथा 3 मध्यम आकार के शिपयार्ड है। दिसंबर 2009 में भारत सरकार ने 'हिंदुस्तान शिपयार्ड लिमिटेड' विशाखापट्टनम को शिपिंग मंत्रालय से हटाकर रक्षा मंत्रालय को सौंप दिया था। वर्तमान में रक्षा मंत्रालय के पास चार बड़े शिपयार्ड है। इन सभी में भारतीय नौसेना के लिए विभिन्न प्रकार के युद्धपोतों तथा पनडुब्बियों का निर्माण कार्य तेजी से चल रहा है। वर्तमान मोदी सरकार ने इस क्षेत्र में प्राइवेट शिपयार्डों को भी प्रोत्साहित करने का काम किया है। प्रमुख रूप से नेवल ऑफशोर पेट्रोल वेसिल्स तथा नेवल प्रशिक्षण जलयानों के निर्माण के लिए। (देखिए परिशिष्ट संख्या 3) इसके

अतिरिक्त भारत में बड़ी संख्या में प्राइवेट शिपयार्ड भी है, जिसमें विभिन्न प्रकार के छोटे–बड़े जलयानों का निर्माण एवं मरम्मत कार्य किया जाता है।

भारतीय शिपयार्ड विभिन्न प्रकार के जलयानों के डिजाइन, निर्माण तथा मरम्मत कार्य करने में पूरी तरह से सक्षम है। कुछ प्रमुख प्राइवेट शिपयार्ड है –

* शालीमार वर्क्स लिमिटेड, कोलकाता
* हुगली डॉक एंड पोर्ट इंजीनियर्स लिमिटेड, कोलकाता
* पीपावाव शिपयार्ड लिमिटेड
* भारती शिपयार्ड लिमिटेड
* एबीजी शिपयार्ड लिमिटेड
* एल एंड टी शिपबिल्डिंग लिमिटेड
* टेबमा शिपयार्ड लिमिटेड
* वेस्टर्न इंडिया शिपयार्ड लिमिटेड, गोवा इत्यादि।

गुजरात के 'अलांग' (जिला भावनगर के खंभात की खाड़ी में) में बहुत बड़ी संख्या में जलयानों को तोड़ने की इकाईयाँ कार्यरत है। यहाँ पर 200 से अधिक यार्डो में सभी प्रकार के पुराने एवं बेकार हो चुके जलयानों तथा युद्धपोतों को तोड़ने का काम किया जाता है। 2006 में यहां फ्रांसीसी वायुयानवाहक युद्धपोत ''क्लेमेंशू'' तोड़ने के लिए लाया गया था, लेकिन कुछ विवादों के कारण इसे वापस इंग्लैंड जाना पड़ा था। 2009 में विश्व के सबसे लंबे जलयान ''सीवाइज जाएंट'' को तोड़ने का काम अलांग में ही किया गया था। यह विश्व का सबसे बड़ा ''जलयानों का निस्तारण'' केन्द्र है।

भारत के अतिरिक्त चीन, पाकिस्तान तथा बांग्लादेश के यार्डो में

जलयानों को बड़ी संख्या में तोड़ने का काम हो रहा है। इस प्रकार के जलयान तोड़ने के यार्ड पाकिस्तान के कराची से 50 किलोमीटर उत्तर पश्चिम में ''गवानी'' नामक स्थान पर स्थित हैं। बांग्लादेश में चिट्टागांव बंदरगाह के पास 'सीता कुंड' में इस प्रकार की इकाईयां स्थित है। चीन का चांगजिंग शिप रीसाइक्लिंग यार्ड जियांगइन शहर के न्यू पोर्ट क्षेत्र में स्थित है। जनवरी से अप्रैल 2015 के बीच विश्व में कुल 262 जलयानों को तोड़ने के लिए निकाला गया था, जिसमें से 65 चीन, 66 बांग्लादेश तथा 69 पाकिस्तान के यार्डों में गए थे। विश्व के 92 प्रतिशत जलयानों को इन्हीं चार देशों के यार्डों में तोड़ने का कार्य होता है।[13]

9. अंतर्राष्ट्रीय शांति स्थापन कार्यक्रमों में भागीदारी

भारतीय नीति तथा ध्येय सदा से अंतरराष्ट्रीय शांति एवं सहयोग की रही है। अंतरराष्ट्रीय शांति स्थापन कार्यक्रमों में भारतीय सशस्त्र सेनाओं की महत्त्वपूर्ण भूमिका रही है। इस प्रकार के अभियानों में भारतीय नौसेना ने प्रमुख भूमिका निभाई है। इसका प्रमुख कारण यह है कि नौसेना के पास ही यह क्षमता है कि वह प्रभावित देश तक जा सके तथा वहां रुक सके। सोमालिया के संयुक्त राष्ट्र अभियान में भारतीय नौसेना ने महत्वपूर्ण भूमिका निभाया था।

पहली बार भारतीय नौसेना को 'आपरेशन मफेट' (Operation Muffet) के अंतर्गत संयुक्त राष्ट्र मानवीय राहत अभियान के तहत सोमालिया (1992–94) में लगाया गया था। भारतीय नौसेना ने 06 से 11 दिसंबर 1994 के मध्य 'आपरेशन शील्ड' के तहत 'किसमायो' से सैनिकों को कार्य पूरा करने के उपरांत बाहर निकालने का काम (डी–इंडक्शन) किया था। इसी तरह से 12–23 दिसंबर 1994 के मध्य 'आपरेशन बोलस्टर' के तहत इसी प्रकार की कार्यवाही 'मोगादिशु' में भी किया गया था।

10. आपदा राहत अभियानों में भागीदारी

प्राकृतिक आपदाओं जैसे सुनामी, चक्रवात, आदि के समय नौसेना को आपदा बचाव एवं राहत कार्यों के लिए लगाया जाता है। हिंद महासागर क्षेत्र के बंगाल की खाड़ी क्षेत्र में 2004 में बड़ा सुनामी आया था। इसमें भारतीय नौसेना ने अपने देश के साथ ही साथ पड़ोसी देशों बांग्लादेश, म्यांमार, इंडोनेशिया, श्रीलंका तथा मालदीव को भी विभिन्न प्रकार की राहत एवं बचाव की सुविधा प्रदान की थी। इस समय भारतीय नौसेना ने अपने 32 युद्धपोतों, 30 वायुयानों तथा हेलीकॉप्टरों के साथ लगभग 5500 कार्यबल को इस आपदा राहत के लिए गतिशील किया था। भारतीय नौसेना ने अमेरिकी नौसेना से पहले ही खोजी, बचाव तथा सहायता कार्यक्रम प्रारंभ कर दिया था। सुनामी प्रभावित देशों के बंदरगाहों को पुनः प्रारंभ करने हेतु उनके जलक्षेत्र का हाइड्रोग्राफिक सर्वे कार्य भी जिम्मेदारीपूर्वक किया था। 2006 के इंडोनेशिया में आए भूकंप के समय भी भारतीय नौसेना ने सहायता एवं राहत कार्य किया था। 2008 के म्यांमार के चक्रवात 'नरगिस' के समय भारतीय नौसेना ने महत्वपूर्ण सहायता अभियान चलाया था।

विश्व के लगभग 70 प्रतिशत प्राकृतिक समुद्री आपदाओं का केंद्र हिंद महासागर जलक्षेत्र है। भारतीय सुनामी पूर्व सूचना पद्धति के अंतर्गत अंडमान निकोबार द्वीपसमूह के द्वीप रगांचंग पर सुनामी पूर्व सूचना केन्द्र स्थापित किया गया है, जो किसी भी समुद्री भूकंप की तुरंत सूचना देने का काम करता है।

11. पर्यटन विकास

वर्तमान समय में पर्यटन ने उद्योग का दर्जा हासिल कर लिया है। तेज गति से विकास कर रहे सेक्टरों में पर्यटन भी शामिल है। प्रारंभ से ही समुद्र तटीय क्षेत्र तथा द्वीप पर्यटन के सबसे पसंदीदा स्थान रहे है। विश्व के 80 प्रतिशत से अधिक पर्यटक समुद्र तटीय इलाकों में आराम

तथा प्राकृतिक आंनद के लिए जाते है। भारतीय तटीय क्षेत्रों तथा द्वीपों पर भारी संख्या में देशी तथा विदेशी पर्यटक प्रति वर्ष आते है।

भूमंडलीकरण के इस युग में पर्यटन से काफी विदेशी मुद्रा देश को मिलती है। यह एक धुआं रहित उद्योग है। भारत में समुद्र तटीय पर्यटन विकास की अपार संभावनाएं है। अंडमान निकोबार द्वीप समूह तथा लक्षदीप पर प्रतिवर्ष भारी संख्या में पर्यटक आते है। लेकिन अभी भारत में विश्वस्तरीय पर्यटन सुविधाओं का अभाव है। जैसी सुविधाएं सिंगापुर, थाईलैंड, मालदीव तथा मॉरीशस में उपलब्ध है। समुद्री पर्यटन विकास के क्षेत्र में भारत में अभी काफी कुछ करने की आवश्यकता है। इस क्षेत्र में विकास से काफी बड़ी संख्या में रोजगार की भी संभावनाएं हैं। भारत सरकार को अधिक धन इस सेक्टर के लिए खर्च करने की आवश्यकता है। इस क्षेत्र के लिए प्राइवेट सेक्टर को भी प्रोत्साहित करने की आवश्यकता है।

12. समुद्री प्रदूषण नियंत्रण

समुद्री जल प्रदूषण स्तर लगातार बढ़ रहा है। समुद्री प्रदूषण का प्रमुख कारण बेकार तथा हानिकारक पदार्थों को समुद्री जलक्षेत्र में गिराना, नदियों से विभिन्न पदार्थों का बहकर यहाँ पहुंचना तथा तेल टैंकरों से तेल रिसाव का होना है। हिंद महासागर जलक्षेत्र से हजारों की संख्या में तेल टैंकर प्रति माह गुजरते हैं। समुद्री जल प्रदूषण से इकोलॉजी (परिस्थिति विज्ञान) पर बहुत बुरा प्रभाव पड़ता है। मछलियों की संख्या में तेजी से कमी आ रही है। मछली उत्पादन पर विश्व की बहुत बड़ी जनसंख्या रोजगार, आय एवं भोजन के लिए निर्भर करती है। भारत में समुद्री प्रदूषण नियंत्रण की जिम्मेदारी तटरक्षक की है। पिछले वर्षों में भारतीय तटरक्षक ने समुद्री जलक्षेत्र में तेल रिसाव से संबंधित प्रदूषण को नियंत्रित करने में महत्वपूर्ण भूमिका निभाई है। जुलाई 2005

में मुंबई हाई तेल प्लेटफार्म में लगी आग के समय भारतीय तटरक्षक ने प्रदूषण नियंत्रण में महत्त्वपूर्ण भूमिका निभाई थी।

एजीबी शिपयार्ड द्वारा निर्मित प्रदूषण नियंत्रण वेसिल ''समुंद्र पावक'' को 14 जनवरी 2016 को तटरक्षक में शामिल किया गया था। 20 जुलाई 2012 को इसी शिपयार्ड से निर्मित ''समुद्र पहरेदार'' को भारतीय तटरक्षक में शामिल किया गया था। इन जलयानों की समुंद्र से 500 टन तेल एकत्र करने की क्षमता है। इन जलयानों पर समुंद्र जलक्षेत्र में फैले तेल का पता लगाने के लिए इंफ्रारेड आयल सर्विलांस सिस्टम लगा हुआ है।[14]

13. परमाणु भयादोहन

समुद्री माध्यम के बिना परमाणु भयादोहन (न्यूक्लियर ट्राएड) पूरा नहीं किया जा सकता है। इसका मतलब यह है कि देश के पास तीनों माध्यमों – थल, जल एवं वायु से परमाणु बमों को लक्ष्य तक पहुंचाने की क्षमता हो। 'मिनिमम क्रेडिबिल डिटरेंस' के लिए ''न्यूक्लियर ट्राएड'' की क्षमता का होना आवश्यक है। भारतीय सरकार ने 'नो फर्स्ट यूज' की परमाणु नीति घोषित कर रखा है, लेकिन भारत 'मिनिमम क्रेडिबिल डिटरेंस'' क्षमता विकसित करना तथा रखना चाहता है। इसके लिए देश के पास ऑपरेशनल परमाणु पनडुब्बियों विशेष रुप से ''सबमर्सिबल शिप बैलेस्टिक न्युक्लियर'' (एस एस बी एन) की आवश्यकता होती है। 'ए टी वी' प्रोजेक्ट के तहत भारत में निर्मित इस प्रकार के पहली पनडुब्बी ''अरिहंत'' के परीक्षण का कार्य चल रहा है। 2018 में इसके भारतीय नौसेना में शामिल किए जाने की उम्मीद है। इसी तरह की दूसरी पनडुब्बी 'अर्द्धमान' का भी निर्माण कार्य प्रगति पर है। इस तरह की कुल चार एस एस बी एन परमाणु पनडुब्बियों का निर्माण किया जाना है। 2030 तक यह चारों परमाणु पनडुब्बियां भारतीय नौसेना में ऑपरेशनल हो जाएंगी।

दिसंबर 2017 में भारत सरकार ने भारतीय नौसेना के लिए छः 'सबमर्सिबल शिप न्यूक्लियर' (एस एस एन) के निर्माण के प्रोजेक्ट को मंजूरी दे दिया है। परमाणु बमों को ले जाने में सक्षम 'के–4' (सागरिका) प्रक्षेपास्त्रों का विकास कार्य तेजी से पूरा किया जा रहा है।

परमाणु बमों के लिए सबसे सुरक्षित एवं विश्वसनीय प्लेटफार्म परमाणु पनडुब्बियों को माना जाता है। परमाणु पनडुब्बी किसी भी नौसेना की सबसे अधिक घातक प्लेटफार्म होती है। विश्व में केवल मात्र 5 देशों – अमेरिका, रूस, चीन, ब्रिटेन तथा फ्रांस की नौसेना में एसएसबीएन परमाणु पनडुब्बियाँ शामिल है। भारत इस प्रकार की पनडुब्बियों का विकास करने वाला विश्व का छठा देश है। भारत ने कार्य बल प्रशिक्षण कार्य हेतु रूस से 2012 में एक परमाणु पनडुब्बी पट्टे पर लिया है, जिसे 'आई एन एस चक्र' के नाम से नौसेना में शामिल किया गया है। पहले भी भारतीय नौसेना ने 1988 से 1991 तक सोवियत संघ से प्राप्त परमाणु पनडुब्बी का संचालन किया था। हिंद महासागर क्षेत्र का भारत ही एकमात्र ऐसा देश है जिसे परमाणु पनडुब्बी रखने तथा संचालन करने का अनुभव है। चीन के परमाणु शक्ति एवं विस्तार कार्यक्रम को देखते हुए यह रणनीतिक रुप से अत्यंत आवश्यक है कि जितनी जल्दी हो सके भारतीय नौसेना में 'एस एस बी एन पनडुब्बियों' को शामिल किया जाए। भारतीय नौसेना इस दिशा में तेजी से अग्रसर है।

विश्व में सबसे अधिक संख्या में परमाणु पनडुब्बियां अमेरिकी नौसेना में है। परमाणु पनडुब्बियों की निगरानी अत्यंत कठिन कार्य होता है, क्योंकि यह समुद्र जल सतह से 600 मीटर तक नीचे चलती है। अभी भारत के पास भी परमाणु पनडुब्बियों की निगरानी की पूरी क्षमता नहीं है।

14. सामुद्रिक राजनय

शीतयुद्धोतर काल में विश्व राजनीति के प्रमुख साधन – सहयोग,

साझेदारी, वार्ता तथा सामुद्रिक राजनय हो गया है। भारतीय नौसेना ने अपनी पुरानी अलग रहने की रणनीति को त्यागकर 1991 के पश्चात अपनी सामुद्रिक राजनयिक गतिविधियाँ को धीरे–धीरे विभिन्न क्षेत्रों में बढ़ाया है। क्षेत्रीय शांति और सुरक्षा को बढ़ाने तथा मजबूत करने में सामुद्रिक सहयोग की विशेष भूमिका होती है। वर्तमान समय में भारत की आर्थिक, रणनीतिक एवं अन्य सुरक्षा संबंधित हित और चिंताएं पास तथा दूर के देशों के साथ विभिन्न रूपों और क्षेत्रों में जुड़ी हुई है। व्यापार एवं व्यापारिक गतिविधियों ने विश्व के सभी देशों को एक दूसरे से जोड़ दिया है। राजनीतिक रूप से विरोधी देश भी इसके अपवाद नहीं है। भारतीय नौसेना ने दूसरे देशों के साथ नौसैनिक युद्धाभ्यासों, सद्भावना यात्राओं, नौसैनिक सहायता, आपदा राहत अभियानों, नौसैनिक साज– सामानों की आपूर्ति तथा प्रशिक्षण सहायता कार्यक्रमों के माध्यम से अपने सामुद्रिक राजनय प्रयासों को एक नया आयाम दिया है। इन सब से हिंद महासागर तटीय देशों में भारतीय सामुद्रिक शक्ति ने 'विश्वासोत्पादक उपाय' (सीबीएम) का कार्य किया है।

भारतीय राष्ट्रीय सुरक्षा और विकास के दृष्टिकोण से हिंद महासागर क्षेत्र तथा क्षेत्रीय देश विशिष्ट महत्व के है। भारत इस क्षेत्र को किसी भी परिस्थिति में दूसरी बाहरी शक्तियों के लिए छोड़ नहीं सकता है। भारत में पिछले दशकों में इंडोनेशिया, ओमान, मॉरिशस, मालदीव, सेशेल्स, मेडागास्कर तथा श्री लंका के अपतटीय क्षेत्र का हाइड्रोग्राफिक सर्वेक्षण कार्य भी किया है। अप्रैल 2003 में भारतीय नौसेना ने मॉरिशस की सरकार के अनुरोध पर उसके एक तटरक्षक वेसिल ''विजिलेंट'' को 2500 नॉटिकल मील टोइंग (खींचकर) करके मुंबई के नौसैनिक शिपयार्ड पर मरम्मत के लिए लाया था। फरवरी 2011 में भारतीय नौसेना ने सेशेल्स में अपना एक डोर्नियर वायुयान समुंद्री निगरानी कार्य हेतु लगाया था। हिंद महासागर तटीय देशों को भारतीय नौसेना की शक्ति तथा नीति में पूरा

विश्वास है।

15. सुदूर भारतीय शोध केन्द्रों की सुरक्षा

भारत ने वातावरण, मौसम, भूगर्भशास्त्र तथा वाइल्डलाइफ के मॉलिक्यूलर बायोडायवर्सिटी अध्ययन हेतु अंटार्टिका क्षेत्र तथा आर्टिक क्षेत्र में शोध केंद्र स्थापित कर रखा है। अंटार्कटिका में भारत का तीसरा शोध केंद्र 'मैत्री' ऑपरेशनल है। नार्वे के पास आर्टिक क्षेत्र में भारतीय शोध केंद्र 'हिमाद्रि' ऑपरेशनल है।

अंटार्टिका क्षेत्र का लगभग 98 प्रतिशत भाग बर्फ से ढका है तथा इस महाद्वीप पर किसी भी प्रकार का प्रदूषण नहीं है। 1959 के अंटार्टिका संधि के अनुसार इस क्षेत्र को ''शांति एवं सहयोग'' का क्षेत्र घोषित किया गया है। 1981 से लेकर 2016 तक भारत इस क्षेत्र के लिए 35 वैज्ञानिक अभियान दलों को भेज चुका है। यहाँ भारी मात्रा में हाइड्रोकार्बन तथा अन्य खनिज संसाधनों की उपलब्धता का अनुमान है। 2008 में 'नेशनल इंस्टिट्यूट ऑफ ओशन टेक्नोलॉजी' (एन आई ओ टी) को ''सागर निधि'' नामक आइस क्लास वेसिल मिला था। यह विशेष जलयान अंटार्टिका जल क्षेत्र के बर्फ क्षेत्र में चल सकने वाला है। यह डीप सी नाड्यूल माइनिंग सिस्टम तथा सुनामी अध्ययनों की विशेष दक्षता वाला अपनी तरह का एकमात्र जलयान है।[15]

'हिमाद्रि' शोध स्टेशन नार्वे (Spitsbergen, Svalbard) के पास अंतरराष्ट्रीय आर्टिक रिसर्च बेस के पास स्थित है। यह उत्तरी ध्रुव से 1200 किलोमीटर दूर है। इसे 1 जुलाई 2008 को प्रारंभ किया गया था। जून 2008 में भारत ने अपना दूसरा आर्टिक अभियान भेजा था।[16]

आर्टिक क्षेत्र में भारत के 'नेशनल सेंटर फॉर अंटार्कटिक एंड ओशन रिसर्च' (एनसीएओआर) तथा 'नेशनल इंस्टिट्यूट ऑफ ओशन टेक्नोलॉजी' (एन आई ओ टी) ने मिल कर अगस्त 2014 में ''IndARC''

नामक आब्जर्वेटरी स्थापित किया था। यह नार्वे तथा उत्तरी ध्रुव के बीच में स्थित है।

भारतीय सामुद्रिक नीति

21वीं शताब्दी में भारतीय सामुद्रिक रणनीति यह है कि भारतीय सामुद्रिक शक्ति का क्रमिक विकास किया जाए तथा हिंद–प्रशांत क्षेत्र में भारतीय सामुद्रिक हितों की सुरक्षा एवं विस्तार का कार्य किया जाए।

एनडीए सरकार सामुद्रिक सेक्टर में भारी निवेश की योजना पर कार्यरत है। पोर्ट विकास एवं विस्तार तथा शिपिंग क्षेत्र में भारी विदेशी निवेश को आकर्षित करने में सरकार लगी हुई है। सरकार द्वारा फरवरी 2016 में मुंबई में "मैरीटाइम इंडिया समिट 2016" आयोजित करने का प्रमुख उद्देश्य था कि इस महत्वपूर्ण सेक्टर को मजबूत तथा विश्वस्तरीय बनाने के लिए अन्य सहयोगियों को आमंत्रित करना। 12वीं पंचवर्षीय योजना में सरकार ने अनुमानित कुल 180626 करोड़ (डालर 30.05 बिलियन) पोर्ट सेक्टर के लिए खर्च निर्धारित किया है। इस समय देश में कुल 12 बड़े तथा 187 मझोले एवं छोटे पोर्ट है।

भारत सरकार आर्थिक विकास के साथ ही सामुद्रिक क्षेत्र विकास को अधिक महत्व दे रही हैं।

शीतयुद्धोत्तर काल के निम्नलिखित निर्णयो एवं कार्यों का सामुद्रिक शक्ति विकास के क्षेत्र में विशेष महत्व एवं उपयोगिता है ––

1. भारत ईरान के चाबहार पोर्ट के निर्माण एवं विकास में सहयोगरत है। जिसका काफी कार्य पूरा भी हो चुका है।
2. भारत ने पड़ोसी देश बांग्लादेश के साथ एक तटीय शिपिंग समझौता किया है।
3. भारत ने म्यांमार के साथ कंटेनर सर्विस शिपिंग का समझौता

किया है।

भारत – ईरान चाबहार पोर्ट सहयोग

यह ईरान के दक्षिण पूर्वी भाग का एक महत्वपूर्ण बंदरगाह है। यह दक्षिण पूर्वी ईरान के सिस्तान– बलूचिस्तान प्रांत में स्थित है। यहाँ से पाकिस्तान में चीन द्वारा विकसित किए जा रहे ग्वादर बंदरगाह की दूरी मात्र 100 किलोमीटर है। भारत इस पोर्ट के विकास में ईरान के साथ तकनीकी एवं आर्थिक रूप से संलग्न है, क्योंकि इसके द्वारा ही भारत बिना किसी अवरोध के अफगानिस्तान, मध्य एशिया, काकेशस देशों तथा पूर्वी यूरोप के देशों तक पोर्ट– ट्रेन – सड़क मार्ग से जुड़ सकेगा। ईरान भी इस बंदरगाह के लिए उत्सुक है। ईरान ने भारतीय निवेशकर्ताओं को स्पष्ट रूप से इस पोर्ट विकास के लिए आमंत्रित किया था। इस पोर्ट से भारत कच्चा तेल एवं यूरिया काफी कम परिवहन खर्च लागत पर ला सकेगा। भारत ने ईरान के साथ इस बंदरगाह के 2 ब्रेथ पट्टे पर लेने की सहमति पत्र पर हस्ताक्षर किया है, ताकि वह उसे कंटेनर एवं बहुउद्देशीय कार्गो टर्मिनल के रूप में उपयोग कर सके। उत्तर – दक्षिण– ट्रांसपोर्ट कारीडोर के लिए यह मुख्य बंदरगाह होगा।[17] 3 दिसंबर 2017 को ईरान के राष्ट्रपति ने इस बंदरगाह का विधिवत उद्घाटन किया था। अक्टूबर 2017 में भारत ने अफगानिस्तान को गेहूं निर्यात का पहला खेप इस बंदरगाह के माध्यम से भेजा था।

इंडो–बांग्लादेश कोस्टल शिपिंग एग्रीमेंट

यह दोनों देशों के मध्य तटीय व्यापार से संबंधित समझौता है। इसमें शुल्क दरों में कमी करना प्रमुख है। दोनों देशों के मध्य सड़क के व्यापार की अपेक्षा तटीय व्यापार अधिक उपयुक्त एवं कम खर्चीला है। अब बांग्लादेश भारतीय बंदरगाहों के द्वारा अपने सामानों का ट्रांसशिपमेंट दूसरे देशों के लिए आसानी से कर सकेगा। भारत– बांग्लादेश व्यापार

पिछले वर्षों में काफी बढ़ा है। बांग्लादेश इस समय दक्षिण एशिया में भारत का सबसे बड़ा द्विपक्षीय व्यापारिक सहयोगी देश है। दोनों देशों के मध्य दूरी कम होने के कारण बाहरी देशों के व्यापारिक जलयान सामानों को ले जाने के लिए तैयार नहीं होते है। शिपिंग कारपोरेशन का खर्च कम करने के लिए छोटे व्यवहारिक रिवर –सी– वेसिल (आर एस वी) कोस्टल शिपिंग के लिए उपयोग में लाने की योजना है। इन जलयानों का निर्माण तथा आपरेशनल खर्च कम होता है। 15 नवंबर 2015 को तटीय शिपिंग से संबंधित ''स्टैंडर्ड ऑपरेटिंग प्रोसीजर'' पर दोनों देशों के शिपिंग मंत्रियों तथा सचिवों ने नई दिल्ली में हस्ताक्षर किया था। फलस्वरूप पहली बार भारत अपने राज्य त्रिपुरा के लिए अनाज ''अंशुगंज'' से होकर नदी के रास्ते बांग्लादेश से होकर भेज सकेगा।

भारत– म्यांमार कंटेनर सर्विस

भारत सरकार म्यांमार की तरफ से अपने उत्तर पूर्वी राज्यों मुख्य रूप से मिजोरम को सामानों की आपूर्ति भेजने के लिए प्रयत्नशील है। इसके लिए म्यांमार के ''कलादन'' नदी के मुहाने पर ही स्थित स्तिवे (Sittwe port) बंदरगाह का उपयोग करने हेतु भारत ने म्यांमार से बातचीत की है।

आंध्र प्रदेश के कृष्णापटनम पोर्ट से प्रत्येक पखवाड़े कंटेनर शिपिंग सर्विस–शिपिंग कारपोरेशन ऑफ इंडिया द्वारा म्यांमार के यांगून बंदरगाह के लिए प्रारंभ किया गया है। यांगून पोर्ट म्यांमार का प्रमुख बंदरगाह है। यहाँ से 90 प्रतिशत म्यांमार का आयात निर्यात व्यापार होता है। भारत के पूर्वी समुद्र तट पर स्थित कृष्णापटनम बंदरगाह आंध्र प्रदेश के नेल्लोर जिले में स्थित है। कृष्णापटनम पोर्ट कंपनी लिमिटेड का 1200 टी ई यू जलयान ''एस सी आई कमल'' 1100 नाटिकल मील दूर यांगून पोर्ट – चेन्नई, कृष्णापटनम, यागूंन तथा कोलंबो के मध्य कंटेनर सर्विस 3

अक्टूबर 2014 को प्रारंभ हुआ था। इस सर्विस के प्रारंभ हो जाने से भारत के दक्षिण तथा पूर्वी तटीय क्षेत्र से म्यांमार के साथ व्यापार आसान हो सका है।[18]

भारत–दक्षिण कोरिया समुद्री ट्रांसपोर्ट प्रयास

भारतीय "शिपिंग मंत्रालय" ने दक्षिण कोरिया के "ओशन एवं फिशरीज मंत्रालय" के साथ समुद्री ट्रांसपोर्ट एवं लॉजिस्टिक्स के विकास हेतु एक सहमति पत्र पर हस्ताक्षर किया है।

भारत ने हिंद महासागर क्षेत्रीय देशों में "तटीय निगरानी सिस्टम" (कोस्टल सर्विलांस सिस्टम) लगाया है। हिंद महासागर क्षेत्र में बढ़ते अपरंपरागत सुरक्षा चुनौतियाँ तथा चीन की बढ़ती गतिविधियों एवं प्रभाव को ध्यान में रखकर भारत ने अपने तथा क्षेत्रीय देशों के समुद्री हितों की सुरक्षा हेतु (सी एस आर) कोस्टल सर्विलेंस रडार लगाने का पहल किया है। हिंद महासागर के तटीय अफ्रीकी एवं एशियाई देशों में चीन कम से कम 18 गहरे जल क्षेत्र वाले बंदरगाह तथा मेंटेनेंस यार्ड विकसित कर रहा है।[19]

"मेरीटाइम डोमेन अवेयरनेस" (एम डी ए) के लिए 'कोस्टल सर्विलेंस रडार' (सीएसआर) आवश्यक है। सामुद्रिक सुरक्षा के महत्व को देखते हुए प्रधानमंत्री श्री मोदी ने मार्च 2015 में चार द्वीप देशों श्रीलंका, सेशेल्स, मारीशस तथा मालदीव की यात्रा किया था। समुद्री आतंकवाद तथा लूट/अपहरण की घटनाओं को रोकने के लिए मैरीटाइम डोमेन अवेयरनेस क्षमता का होना अत्यंत आवश्यक है।[20]

भारत इन चार द्वीप देशों में सैनिक दिकचालन रडार निगरानी सिस्टम के तहत 32 निगरानी केंद्र (सेशेल्स में आठ, मारिशस में आठ, मालदीव में दस तथा श्रीलंका में छः) स्थापित करने की योजना पर कार्यरत हैं। प्रधानमंत्री मोदी ने पांच दिवसीय यात्रा के दौरान सेशेल्स की

राजधानी माहे में पहले तटीय निगरानी रडार केंद्र की शुरुआत किया था। 2013 में पूर्व रक्षामंत्री ए के एंटनी ने यहाँ दो स्नूपिंग (जासूसी) स्टेशनो की शुरुआत किया था। इन निगरानी रडार केंद्र से संबंधित द्वीप देश अपने ई ई जेड क्षेत्र की उचित देखभाल भी कर सकेंगे।[21]

शीतयुद्धोत्तर काल में भारत ने विश्व के सबसे बड़े सामुद्रिक शक्ति एवं नौसैनिक शक्ति वाले देश अमेरिका से विभिन्न क्षेत्रों में नौसैनिक एवं सामुद्रिक संबंधों को बढ़ाने का गंभीर प्रयत्न किया है। अमेरिका भी हिंद–प्रशांत क्षेत्र के सुरक्षा परिदृश्य में भारत की भूमिका को समझता है। डोनाल्ड ट्रंफ प्रशासन भी इस क्षेत्र की शांति, सुरक्षा एवं स्त्रातजिक स्थिरता के लिए जापान, आस्टेलिया तथा भारत का सहयोग चाहता है। हिंद महासागर क्षेत्र में चीन अपनी आर्थिक एवं ढांचागत विकास सहायता देने की नीति से कमजोर तथा विकासशील क्षेत्रीय देशों में प्रभाव विस्तार का कार्य कर रहा है। अमेरिकी प्रशासन का कहना है कि हिंद–प्रशांत क्षेत्र के देशों के लिए अमेरिका, जापान, आस्ट्रेलिया एवं भारत मिल कर चीन से बेहतर आर्थिक विकास विकल्प प्रस्तुत कर सकते है। यू एस सेक्रेटरी आफ स्टेट जेम्स मैटिस ने भारत द्वारा चीन के ''वन बेल्ट वन रोड़'' परियोजना में भारत–पाक विवादित भूक्षेत्र का उपयोग के विरोध का समर्थन किया था। उन्होंने यह कहा था कि इन चार देशों के पास कई व्यापारिक एवं संचार के बेल्ट तथा रोड़ है। इनको विकसित करने की आवश्यकता है।[22]

भारत–अमेरिका नौसैनिक संबंध

वर्तमान विश्व परिदृश्य में, भारत ने हिंद –प्रशांत क्षेत्र के रणनीतिक स्थिति को देखते हुए पिछले दशकों में अमेरिका से अपने संबंधों को मजबूत करने का गंभीर प्रयास किया है। इस क्षेत्र में भारत और चीन अपनी नौसैनिक शक्ति और प्रभाव को बढ़ाने और मजबूत करने के लिए कड़ी मेहनत कर रहे हैं। इस क्षेत्र की वर्तमान सुरक्षा संरचना अमेरिकी

हाथों में है। इस जलक्षेत्र में मुख्य अमेरिकी सहयोगी देश जापान, दक्षिण कोरिया, ऑस्ट्रेलिया, सिंगापुर, फिलीपींस और भारत हैं। अमेरिका चीनी आक्रामकता और अन्य गैर–पारंपरिक सुरक्षा चुनौतियों के बढ़ने से चिंतित तथा सतर्क है। वह इस क्षेत्र में अंतरराष्ट्रीय व्यवस्था, शांति और स्थिरता स्थापित करने के लिए प्रतिबद्ध है। हिन्द महासागर क्षेत्र (आईओआर) में बढ़ते चीन की नौसैनिक उपस्थिति और प्रभाव को ध्यान में रखते हुए, भारत अमेरिकी सहायता और सहयोग से सामरिक पहुंच क्षमता तथा ''ट्रू ब्लू वॉटर नेवी'' का विकास करने में लगा है। अमेरिका अपने क्षेत्रीय सहयोगियों को इस क्षेत्र में चीन के विरुद्ध संयुक्त रुख अपनाने के लिए एकजुट करने के लिए प्रत्यनशील है।

इस शताब्दी के दौरान भारत–अमेरिकी नौसैनिक सहयोग ने अच्छी तरक्की किया है। भारत–अमेरिका संबंधों को मजबूत करने में प्रधानमंत्री मोदी की विदेश नीति का महत्वपूर्ण योगदान रहा है। अमेरिका आज भारत का एक प्रमुख रक्षा साझेदार बन गया है। इस शताब्दी के दौरान भारत–अमेरिकी नौसैनिक सहयोग का विवरण इस प्रकार से है–

नब्बे के दशक के शुरुआत में (1992) मालाबार श्रृंखला की नौसैनिक युद्धाभ्यास अमेरिका और भारतीय नौसेना (आईएन) के बीच सहयोग बढ़ाने के लिए शुरू किया गया था। यह 1998 में भारत द्वारा परमाणु परीक्षणों के बाद निलंबित कर दिया गया था। 2002 में इसे फिर से शुरू किया गया था। इस युद्धाभ्यास में जापान की नौसेना को भी 2015 और 2017 में शामिल किया गया था।

ऑपरेशन सागीटेरियस (SAGITTARIUS) के तहत भारतीय नौसेना के युद्धपोतों 'आईएनएस शारदा' और 'आईएनएस सुकन्या' ने 2 अप्रैल और 16 सितंबर, 2002 के बीच मलक्का स्ट्रेट्स से निकलते समय अमेरिकी हाई वैल्यू जलयानों को सुरक्षा प्रदान करने का कार्य किया था।

अमेरिकी प्रशांत कमांड के चीफ एडमिरल विलियम जे. फॉलन ने भारत–अमेरिका के नौसैनिक संबंधों को मजबूत करने के लिए मई 2005 में भारत का दौरा किया था। इस समय उन्होंने पश्चिमी नौसेना कमान, मुंबई का दौरा भी किया था।[23]

राष्ट्रपति जॉर्ज डब्लू बुश मार्च 2006 में भारत आए थे। इस यात्रा के दौरान तत्कालीन प्रधानमंत्री मनमोहन सिंह और राष्ट्रपति बुश ने समुद्री सहयोग फ्रेमवर्क (एमसीएफ) पर विचार किया था। अमेरिकी प्रशांत बेड़े के कमांडर एडमिरल गैरी रूघहे ने भारतीय नौसेना के साथ इसके अंतिम रूपरेखा पर चर्चा के लिए मई 2006 में भारत का दौरा किया था। एमसीएफ के तहत दोनों देशों ने संयुक्त भारत–अमेरिका समुद्री संचालन के लिए सहमति जताई थी। जिसमें ऊर्जा व्यापार मार्गों की संयुक्त गश्ती कार्य, मलक्का जलसंयोगी क्षेत्र की सुरक्षा, एंटी पाइरेसी एवं समुद्र में अन्य अंतर्राष्ट्रीय अपराधों की रोकथाम, खोजी और बचाव कार्य, समुद्र में प्रदूषण नियंत्रण, प्राकृतिक आपदा के दौरान राहत सहायता प्रमुख थे। एमसीएफ के हिस्से के रूप में, दोनों पक्ष निकट भविष्य में एक पारस्परिक लाजिस्टिक सपोर्ट समझौते (एलएसए) करने के लिए सहमत हुए थे।

अमेरिकी नौसेना को बचाव और डाइविंग ऑपरेशन के क्षेत्र में व्यापक अनुभव है। पहला सालवेक्स अभ्यास 12 – 15 सितंबर, 2005 को कोच्चि में आयोजित किया गया था। इस समय अमेरिकी नौसेना के गोताखोरों ने कोच्चि में भारतीय नौसेना के डाइविंग स्कूल का भी दौरा किया था।

3 नवंबर 2017 को भारत और अमेरिका के शीर्ष अधिकारियों ने विमानवाहक पोत की प्रौद्योगिकी ट्रांसफर के विभिन्न पहलुओं पर व्यापक विचार विमर्श किया था। इस काम के लिए भारतीय रक्षा मंत्रालय ने ''ज्वाइंट वर्किंग ग्रुप आन एयरक्राफ्ट कैरियर टेक्नोलॉजी कोआपरेशन'' का गठन किया है।[24]

अंडमान सागर में पोर्ट ब्लेयर के पास हुए 'सालवेक्स अभ्यास' में (5 से 12 जनवरी 2011 तक) 'आईएनएस निरीक्षक' और 'यूएसएस डिफेंस गार्ड' ने विभिन्न प्रकार के पानी के भीतर अभ्यास किये थे। दोनों नौसेना नियमित रूप से द्विपक्षीय अभ्यासों की मालाबार और सालवेक्स श्रृंखला का आयोजन कर रही हैं।

भारत ने अमेरिका से 'यू एस एस ट्रेन्टन'–लैंडिंग शिप डॉक को खरीदा, ताकि भारतीय नौसेना की जमीन पर हमले की क्षमता बढ़ाई जा सके। इसे मार्च 2007 को भारतीय नौसेना में 'आईएनएस जलाश्व' के नाम से शामिल किया गया था।

भारतीय नौसेना के निगरानी क्षमता को बढ़ाने के लिए जनवरी 2009 में अमेरिका के बोइंग कंपनी से 2.1 अरब डॉलर (11524 करोड़ रुपये) में आठ 'पी 8आई'–लम्बी दूरी के समुद्री टोही और पनडुब्बी निरोधी वारफेयर विमान खरीदे गये थे। ये विमान तमिलनाडु में नौसेना के हवाई अड्डे 'आईएनएस राजाली' पर रखे गए हैं।

2010 में, यूएस प्रशांत कमांड (यूएसपीएसीओएम) और भारतीय एकीकृत रक्षा कमान (आईडीएस) ने अलास्का में उद्घाटन संयुक्त व्यायाम भारत (जेएटी) टेबुल–टॉप अभ्यास का आयोजन किया था।[25]

जून 2010 में वाशिंगटन में पहली भारत–अमेरिका रणनीतिक वार्ता आयोजित हुई थी। इसमें दोनों पक्षों ने आगे के वर्षों में समुद्री क्षेत्र में सहयोग बढ़ाने पर अपनी आम सहमति व्यक्त की थी।

23 जुलाई, 2010 को अमेरिका और भारत ने 'काउंटर–आतंकवाद सहयोग पहल' (सीसीआई) पर हस्ताक्षर किए थे। समुद्री डाकों और आतंकवाद जैसे समुद्री खतरे को संबोधित करने में सुरक्षा और सहयोग पर एक्सचेंजों को बढ़ाने का निर्णय लिया गया था।

जून 2012 में तीसरे भारत–अमेरिका रणनीतिक वार्ता के दौरान,

दोनों देशों ने हिंद महासागर क्षेत्र में अपने परामर्श और सहयोग को और बढ़ाने के लिए सहमति व्यक्त किया था।

पिछले दो दशकों के दौरान, दोनों देशों की नौसेनाओं ने निम्नलिखित क्षेत्रों में सक्रिय रूप से सहयोग किया है–

* 9/11 के आतंकवादी हमले के बाद मलक्का के रास्ते से निकलने वाले हाई वैल्यू अमेरिकी जलपोतों को समुद्री सुरक्षा प्रदान करना।
* 2004 में हिंद महासागर सुनामी के बाद आपदा सहायता।
* 2006 में लेबनान में फंसे नागरिकों को बाहर निकालने में।
* 2008 के बाद से अदन की खाड़ी जलक्षेत्र में काउंटर–पायरेसी ऑपरेशन में।
* आईओएआर के लिए 2005 में अमेरिका–भारत आपदा प्रतिक्रिया पहल शुरू हुई थी।

अमेरिका ने कई वर्षों से पायलट ट्रेनिंग और डेक मैनेजमेंट के क्षेत्र में भारतीय नौसेना की सहायता किया है।[26]

एशिया–प्रशांत सेंटर फॉर सिक्योरिटी स्टडीज (एपीसीएसएस) ने 200 से अधिक सैनिक और नागरिक भारतीय प्रतिभागियों की मेजबानी की है।

फरवरी 2011 में अमेरिकी नौसैनिक स्नातकोत्तर स्कूल और डीआरडीओ एक शैक्षिक विनिमय कार्यक्रम और संयुक्त अनुसंधान परियोजना कार्यक्रम की स्थापना के लिए सहमत हुए।[27]

सितंबर 2014 में, एक संयुक्त बयान में प्रधानमंत्री मोदी और राष्ट्रपति ओबामा ने जोर दिया कि समुद्र जलमार्गों में नेविगेशन की स्वतंत्रता सुनिश्चित करने के लिए भारत–अमेरिका समुद्री सहयोग को और अधिक गहरा होना चाहिए।

राष्ट्रपति ओबामा और पीएम मोदी द्वारा हस्ताक्षरित एक रक्षा प्रौद्योगिकी और व्यापार पहल (डीटीटीआई) के भाग के रूप में 25 जनवरी 2015 को अमेरिका ने विमानवाहक प्रौद्योगिकी साझाकरण और डिजाइन का पता लगाने के लिए एक कार्य दल बनाने के लिए सहमति व्यक्त किया था।

9/11 की घटना के बाद अमेरिकी प्रशासन ने डब्ल्यूएमडी के प्रसार की समस्या की गंभीरता का एहसास किया और कंटेनर सुरक्षा पहल (सीएसआई– जनवरी 2003) तथा प्रसार सुरक्षा पहल (पीएसआई–मई 2003) को एकतरफा रूप से प्रस्तावित किया था। इन दोनों पहलों का उद्देश्य जल क्षेत्र में आतंकवादियों और समुद्री डाकुओं के खिलाफ कार्य सहयोग बढ़ाने का था। भारत अभी तक सीएसआई और पीएसआई का सदस्य नहीं बना है। भारत ने 29 अगस्त 2016 को 'लॉजिस्टिक्स एक्सचेंज मेमोरेन्डम ऑफ एग्रीमेंट' (एलईएमओए) पर हस्ताक्षर किया है। इस सहमति पत्र पर हस्ताक्षर से दोनों देशों के मध्य सामुद्रिक सहक्रिया तथा सहयोग के एक नये युग का प्रारंभ हुआ है।

भारत और अमेरिका एयरक्राफ्ट कैरियर प्रौद्योगिकी के लिए 'एक सूचना एक्सचेंज समझौते' (आईईए) को अंतिम रूप दे रहे हैं।

मार्च 2016 में, अमेरिकी प्रशांत कमांड के चीफ एडमिरल हैरी हैरिस ने भारत, जापान, ऑस्ट्रेलिया और अमेरिका के बीच एक चतुर्भुज सुरक्षा वार्ता के विचार को बढ़ावा देने और विकसित करने के लिए नई दिल्ली आये थे। उन्होंने चीन के आक्रामक व्यवहार का सामना करने के लिए प्रशांत क्षेत्र के संयुक्त गश्ती कार्य का प्रस्ताव भी किया था। इस समय, भारत ने तटस्थ खिलाड़ी बनने का निर्णय लिया और दक्षिण चीन सागर क्षेत्र के संयुक्त नौसैनिक गश्ती मिशन का हिस्सा न होने का निर्णय लिया था।

अमेरिका के रक्षा मंत्री एश कार्टर तीन दिन की यात्रा पर 10 अप्रैल, 2016 को भारत आए थे। यूएस प्रतिनिधिमंडल ने भारत के एकमात्र ऑपरेशनल विमानवाहक पोत आईएनएस विक्रमादित्य का दौरा भी किया था। यूएस नेवी के 7वें बेड़े के फ्लैगशिप युद्धपोत 'यूएसएस ब्लूरिज' ने मुंबई के साथ ही गोवा की भी यात्रा की थी।

अमेरिकी प्रशासन ने भारतीय नौसेना के लिए दो दर्जन से अधिक गार्जियन ड्रोन की आपूर्ति करने का भी फैसला किया है।

भारतीय नौसेना के जहाज 'आईएनएस सतपुडा' ने 30 जून से 4 अगस्त 2016 तक रिमपैक (प्रशांत क्षेत्र का रिम) नामित दुनिया के सबसे बड़े अंतर्राष्ट्रीय समुद्री युद्धाभ्यास में भाग लिया था।

पहले 'अमेरिका–भारत समुद्री सुरक्षा वार्ता' का आयोजन मई 2016 में एशिया–प्रशांत समुद्री चुनौतियों, सैनिक सहयोग और बहुपक्षीय भागीदारी के बारे में चर्चा करने के लिए किया गया था। दूसरा 'अमेरिकी–भारत समुद्री सुरक्षा वार्ता' मई, 2017 में रोड आइलैंड में आयोजित किया गया था।

बदले विश्व परिदृश्य में, भारत–अमेरिकी नौसैनिक संबंध और सहयोग मजबूती से सही दिशा में बढ़ रहा है, लेकिन इसकी गति बहुत संतोशजनक नहीं है। भारत एक "सुरक्षित और शांतिपूर्ण" हिंद महासागर चाहता है। इसलिए, भारत की रणनीतिक मजबूरी बन गयी है कि भारतीय नौसेना के पास परमाणु प्रक्षेपण क्षमता के साथ ही स्त्रातजिक पहुंच क्षमता होनी चाहिए।

अमेरिका दुनिया की सबसे बड़ी और सबसे शक्तिशाली नौसेना वाला देश हैं। यह सच है कि पिछले 15 वर्षों में भारत की सैनिक क्षमता में काफी सुधार हुआ है। नौसेना से संबंधित सुधार, तैयारियों और रणनीतियों को अमेरिकी नौसेना की सहायता एवं सहयोग से पूरा किया जा सकता है। 2025–30 तक विश्व के इस हिस्से की प्रमुख समुद्री शक्ति बनने

के लिए भारत–अमेरिकी नौसैनिक सहयोग को गति देने की आवश्यकता है। मोदी सरकार आर्थिक एवं सामुद्रिक विकास के लिए प्रतिबद्ध है और अमेरिका के साथ नौसैनिक सहयोग बढ़ाने के लिए गंभीरता से प्रयासरत भी है। भारत अमेरिका से 'इलेक्ट्रो मैग्नेटिक एयरक्राफ्ट लांच सिस्टम (ई एम ए एल एस) लेना चाहता है, लेकिन इसके लिए पहले दोनों देशों के मध्य 'इंफारमेशन एक्सचेंज एग्रीमेंट' (आई ई ए) का सम्पन्न होना आवश्यक है।

दोनों देशों के संबंधों पर भारत में अमेरिकी राजदूत केनेथ जस्टर ने अपने नई दिल्ली संबोधन में कहा था कि कम से कम पांच ऐसे आधारभूत स्तंभ है जो दोनों देशों के दीर्घकालिक और सतत मजबूत होते संबंधों के लिहाज से बेहद अहम है –

1. रक्षा एवं आतंक निरोधी अभियानों के क्षेत्र में
2. आर्थिक एवं वाणिज्यिक साझेदारी के क्षेत्र में
3. ऊर्जा एवं पर्यावरण के सामरिक सहयोग के क्षेत्र में
4. विज्ञान, तकनीक तथा स्वास्थ्य के क्षेत्र में
5. सामरिक साझेदारी के क्षेत्र में – जैसे अफगानिस्तान में, जापान एवं आस्ट्रेलिया के क्षेत्रीय चतुष्कोणीय सुरक्षा प्रस्ताव में तथा मानवीय सहायता एवं आपदा राहत अभियानों में।[28]

अमेरिकी प्रशासन भारत को वह सारी मदद देने को तैयार है जिससे वह हिंद महासागर और इसके आसपास के इलाके में क्षेत्रीय सुरक्षा एवं शांति को नुकसान पहुंचाने वाले किसी भी शक्ति का सफलतापूर्वक सामना करने में सक्षम हो सके।

राष्ट्रीय सामुद्रिक विकास प्रोग्राम (एन. एम. डी. पी.)

इसके अंतर्गत भारत सरकार ने 2005 से 2012 के लिए 276 विकास परियोजनाओं को चिन्हित किया था। इसके लिए बजट ₹ 1,00,339

करोड़ निर्धारित था। इसमें से 79 परियोजनायें पी.पी.पी. के अन्तर्गत थी। इसी के अंर्तगत 12 बड़े बंदरगाहों में 13वें स्थानों पर पोर्ट ब्लेयर पोर्ट को शामिल किया गया था।

सागर प्रहरी बल

इस बल का गठन मार्च 2009 में किया गया था। 26/11, 2008 के मुंबई आतंकवादी घटना के पश्चात भारत सरकार ने तटीय सुरक्षा को मजबूत करने के उद्देश्य कई कदम उठाए थे जिसमें से एक पहल सागर प्रहरी बल का गठन भी था। उस समय यह तय किया गया था कि भारतीय नौसेना के मैरीन सैनिकों में से 1000 सैनिकों को छांटकर सागर प्रहरी बल के रूप में प्रशिक्षित किया जाएगा। इन सब का प्रशिक्षण "आईएनएस शिवाजी" लोनावाला में हुआ था। इस विशेष सुरक्षा बल को तटीय निगरानी एवं पेट्रोलिंग कार्य के लिए 80 फास्ट इंटरसेप्टर क्राफ्ट भी देने की योजना बनाई गई थी। सितंबर 2011 में श्रीलंका के एक शिपिंग कंपनी से इस प्रकार के इंटरसेप्टर क्राफ्ट के लिए कॉन्ट्रैक्ट भी किया गया था।[29]

प्रोजेक्ट मौसम

इसमें हिंद महासागर क्षेत्रीय देशों के साथ पुराने समाप्त हो चुके सामुद्रिक संबंधों को पुनः प्रारंभ करना है। इस प्रोजेक्ट की कोआर्डिनेटिग एजेंसी "इंदिरा गांधी नेशनल सेंटर फॉर आर्ट्स", नई दिल्ली तथा "आरक्योलॉजिकल सोसाइटी ऑफ इंडिया" है। 15 करोड़ के इस प्रोजेक्ट के माध्यम से हिंद महासागर क्षेत्रीय देशों के मध्य संबंधों को पुर्नस्थापित करना है। इसके लिए 39 देशों को चुना गया है। अप्रैल 2015 में प्रारंभ इस प्रोजेक्ट को मार्च 2017 तक पूरा होना था। एनडीए सरकार इस महत्वपूर्ण विदेश नीति पहल के द्वारा हिंद महासागर क्षेत्र में चीन के बढ़ते प्रभाव को नियंत्रित करना चाहती है। भारत सरकार ने इस ट्रांसनेशनल पहल के द्वारा प्राचीन सामुद्रिक जलमार्गों तथा सामुद्रिक–

सांस्कृतिक संबंधों को पुनः हिंद महासागर क्षेत्रीय देशों के मध्य स्थापित तथा विकसित किया जा सकेगा।[30]

प्रोजेक्ट सागरमाला

यह एन डी ए सरकार की महत्वाकांक्षी समुंद्र तटीय क्षेत्र विकास परियोजना है। सागरमाला मेगा परियोजना प्रमुख रुप से बंदरगाहों के विकास तथा पर्यटन को बढ़ावा देने हेतु प्रारंभ किया गया है। जिससे देश के समुद्री सेक्टर का तेजी से विकास हो सके। जुलाई 2016 में भारतीय शिपिंग रोड ट्रांसपोर्ट एंड हाईवेज मंत्री गडकरी अमेरिका के "लॉन्ग बीच" पोर्ट गए तथा उन्होंने वहाँ सागरमाला परियोजना में अमेरिकी प्रौद्योगिकी एवं निवेश के लिए संभावनाओं का विस्तार से आकलन किया था। पोर्ट ऑफ "लॉन्ग बीच" 1911 में बनाया गया था। सागरमाला परियोजना के 150 योजनाओं में ढांचागत विकास कार्यों के लिए 50–60 बिलियन डॉलर तथा औद्योगिक विकास कार्यों के लिए लगभग 100 बिलियन डॉलर निवेश की संभावना है।[31]

ब्लू इकॉनॉमी

भारत में ब्लू इकॉनमी के विकास के लिए मोदी सरकार ने बड़ी योजना बनाई है। भारत ने इस क्षेत्र में हिंद महासागर तटीय देशों तथा द्वीप देशों को समुद्री मछली पकड़ने, समुद्र तटीय क्षेत्र में तेल एवं गैस खोजने तथा हाइड्रोग्राफिक सर्वे कार्यों में सहायता एवं प्रशिक्षण देने का प्रयास किया है।[32]

प्रधानमंत्री मोदी ने जुलाई 2014 में 'ब्लू क्रांति' की घोषणा की थी।[33]

भारतीय राष्ट्रीय महासागर सूचना सेवा केंद्र (इंडियन नेशनल सेंटर फॉर ओशन इनफार्मेशन सर्विसेज–आईएनसीआईएस)

यह भारत सरकार के 'पृथ्वी विज्ञान मंत्रालय' के अधीन एक

स्वायत्तशासी निकाय है। जिसका प्रमुख उद्देश्य सतत सागरीय प्रेक्षण एवं केंद्रीय अनुसंधान के माध्यम से समाज, उद्योग, सरकार एवं सामाजिक समुदाय को आंकड़े, सूचना तथा सलाहकारी सेवाएं प्रदान करना है। यह हैदराबाद में स्थित है इसकी प्रमुख सेवाएं हैं –

1. समुद्री मत्स्य सूचना विशेष रूप से संभावित मत्स्य क्षेत्र तथा टूना मत्स्य सूचनाएं।
2. महासागर पूर्वानुमान
3. सुनामी की पूर्व चेतावनी
4. तूफानी लहरों की सूचना
5. भारतीय भूकंपीय सूचना
6. प्रवाल विरंजन सतर्कता
7. तटीय भू –स्थानिक अनुप्रयोग
8. जलवायु मौसम संबंधी आंकड़े

सेशेल्स एवं श्रीलंका के लिए महासागर सूचना एवं पूर्वानुमान पद्धति का उद्घाटन नई दिल्ली में 10 जुलाई 2015 को किया गया था।

भारतीय क्षेत्रीय दिकचालन उपग्रह प्रणाली–नाविक (आई आर एन एस एस)

इस उपग्रह दिकचालन प्रणाली के तहत सात उपग्रहों को अंतरिक्ष में स्थापित किया गया है। इसमें से तीन उपग्रह जियोस्टेशनरी कक्षा में और चार उपग्रह को पोलर आरबिटिंग कक्षा में स्थापित किया गया है। 10 मार्च 2016 को इसरो ने पी एस एल वी – सी 32 के द्वारा इसका छठा उपग्रह 'आई आर एन एस एस – 1 एफ' का सफल प्रक्षेपण किया था। यह प्रणाली स्थलीय एवं समुद्री नेविगेशन, आपदा प्रबंधन, वाहन ट्रैकिंग तथा जहाजी बेड़े के प्रबंधन में मददगार होगी। यह तटीय क्षेत्र से

1500 किलोमीटर दूर तक के क्षेत्र की जानकारी उपलब्ध कराने में सक्षम होगा। यह किसी भी स्थान के 20 मीटर के अंदर की पूरी सटीक जानकारी प्रदान करेगा।[34]

यह उपग्रह नैविगेशन प्रणाली दो प्रकार की सेवाएं उपलब्ध करायेगा –

1. स्टैंडर्ड पोजिशनिंग सर्विस (एस पी एस) – यह सभी उपयोगकर्ताओं को उपलब्ध होगी।
2. प्रतिबंधित सेवाएं (आर एस) – यह केवल अधिकृत उपयोगकर्ताओं को ही उपलब्ध होगी ।

भारतीय नौसेना के लिए यह उपग्रह नेविगेशन प्रणाली अत्यंत उपयोगी साबित होगी। इसका नाम 'नाविक' (नेविगेशन विद इंडियन कॉन्स्टेलेशन) है। इसका पहला उपग्रह 'आईआरएनएसएस – 1ए' 1 जुलाई 2013 को अंतरिक्ष में प्रक्षेपित किया गया था। जिसमें कुछ समस्या आ गई है। इसके जगह पर आठवां उपग्रह 'आईआरएनएसएस – 1एच' अगस्त 2017 में प्रक्षेपित किया गया है, लेकिन यह भी असफल हो गया था। 2018 के अन्त तक इस नैविगेशन प्रणाली के आपरेशन हो जाने की उम्मीद है।[35]

भारतीय अंतरिक्ष अनुसंधान संगठन इसरो द्वारा विकसित इस प्रणाली से देश के चप्पे–चप्पे पर पैनी नजर रखी जा सकेंगी। इसरो के असिस्टेंट जनरल मैनेजर विश्वजीत सिंह के अनुसार इंडियन रीजनल नेविगेशन सैटेलाइट सिस्टम के जून 2018 तक पूरा हो जाने की उम्मीद है। इस उपग्रह प्रणाली का विकास एवं नौवहन कार्यों के अतिरिक्त व्यापक उपयोग भारतीय नौसेना तथा तटरक्षक के द्वारा भी किया जा सकेगा। विशाल जलक्षेत्र तथा लंबी तटीय सीमा के साथ ही द्वीप क्षेत्रों की भी व्यापक निगरानी कार्य आसानी से हो सकेगा। नेट सेंट्रिक नौसैनिक

कार्यवाही तथा सटीक टारगेटिगं के लिए यह बहुत सहायक सिद्ध होगा। इसकी मदद से युद्धपोतों, पनडुब्बियों, लंबी दूरी के निगरानी टोही वायुयानों तथा ड्रोन का बेहतर संचालन एवं नियंत्रण संभव हो सकेगा।

सामुद्रिक राजनय –(मैरीटाइम डिप्लोमेसी)

पिछले दशकों में भारतीय नौसेना ने सामुद्रिक राजनय के माध्यम से हिंद महासागर तटीय एवं द्वीप देशों तक अपनी पहुंच बनाने का महत्वपूर्ण प्रयास किया है। भारतीय नौसेना के इन सामुद्रिक राजनय प्रयासों का प्रमुख उद्देश्य यह है कि संबंधित देश को सामुद्रिक क्षेत्र से संबंधित विभिन्न सुविधाओं एवं सम्भावित सहायताओ को पहुंचाया जाए ताकि उन देशों की सामुद्रिक क्षमता का विस्तार हो तथा उन्हें भारतीय नौसेना की नीतियों एवं कार्य करने की क्षमता को देखने का अवसर मिल सके। इस प्रकार की कार्यवाहियों को भारतीय विदेश नीति का पूरा समर्थन एवं सहयोग भी मिला है। राजनय प्रयासों के लिए केवल एकमात्र सक्षम माध्यम नौसेना ही होती है क्यों कि इसी के पास दूर देशों तक भारी मात्रा में सामानों को लेकर जाने तथा रुककर कार्य करने की क्षमता होती है। भारतीय नौसेना ने इस शताब्दी में अपनी पहचान तथा जगह बनाने में अपनी महत्वपूर्ण भूमिका निभाई है। इस शताब्दी में किये गये भारतीय सामुद्रिक राजनय प्रयासों में से कुछ प्रमुख प्रयास इस प्रकार से है ––––

1. नौसैनिक युद्धाभ्यास तथा सद्‌भावना बंदरगाह यात्राएं
2. नौसैनिक सहयोग एवं हैड्रोग्राफिक सहायता
3. नौसैनिक संसाधन एवं प्रशिक्षण सहायता
4. आपदा राहत एवं मानवाधिकार सहायता

1. नौसैनिक युद्धाभ्यास तथा सद्‌भावना बंदरगाह यात्राएँ

1991 के बाद से भारतीय नौसेना ने अपनी नौसैनिक युद्धाभ्यास

तथा सद्भावना बंदरगाह यात्रा संबंधी गतिविधियाँ लगातार बढ़ाई है। नौसैनिक क्षमता विस्तार तथा प्रशिक्षण के लिए नौसैनिक अभ्यास कार्यक्रमों का विशेष महत्व है। यह अंर्तकार्यकारी (इंटरआपरेबिलीटी) क्षमता विकसित करने के लिए अत्यंत आवश्यक है। इससे दूसरे देशों के नौसैनिक प्लेटफार्मो को देखने व समझने का अवसर मिल पाता है। अपने युद्धपोतों को दूसरे देशों के सद्भावना यात्राओं पर भेजने से अपने नौसैनिकों को दूसरे देशों के साथ संबंधों को बढ़ाने का अवसर मिल पाता है। यह विश्वासोत्पादक उपायों की तरह से उपयोग में लाया जा रहा है। यह नौसेना के युद्धपोतों को गतिशील बनाये रखने का एक उपक्रम भी है। भारतीय नौसेना ने विश्व के लगभग सभी प्रमुख नौसेनाओं के साथ नौसैनिक युद्धाभ्यासों को प्रमुखता से किया है। इन युद्धाभ्यासों में विभिन्न प्रकार के आपरेशन अभ्यास मुख्य रूप से अंर्तकार्यकारी प्रशिक्षण कार्यविधि के माध्यम से किया गया है। जैसे–

1. एंटी सबमरीन वारफेयर आपरेशन
2. एयर डिफेंस आपरेशन
3. इलेक्ट्रानिक वारफेयर
4. माइंस काउंटर मेजर्स
5. सर्फेस फाइरिंग आपरेशन
6. साल्वेज एण्ड डाइविंग
7. सी कंट्रोल मिशन
8. सर्च एण्ड रेस्क्यू ऑपरेशन
9. फाइटर समरतंत्र अभ्यास
10. एंटी पाइरेसी अभ्यास इत्यादि ।

कुछ प्रमुख युद्धाभ्यासों का विवरण इस प्रकार से है–

देशों का नाम	युद्धाभ्यास का नाम	प्रारंभ होने का वर्ष
भारत एवं जापान	सहयोग कैजिन	2004
भारत, अमेरिका एवं जापान	मालाबार	1992
भारत एवं फ्रांस	वरूण	2004
भारत एवं इंग्लैंड	कोंकण	2006
भारत एवं श्रीलंका	आपरेशन 'एक साथ'	2005
भारत एवं इण्डोनेशिया	ओ आर पी ए टी	
भारत एवं आस्ट्रेलिया	यू एस आई एन डी ई एक्स	2003
भारत – सिंगापुर	एस आई एम बी ई एक्स	2007
भारत एवं ओमान	नसीम एल बदर	2013
भारत एवं मालदीव	'दोस्ती'	
भारत एवं रूस	इंद्र	2003
भारत एवं चीन	पहला युद्धाभ्यास	2003

भारतीय नौसेना ने चीन की नौसेना (प्लान) के भी साथ युद्धाभ्यास किया है। पहला भारत–चीन नौसैनिक अभ्यास 14 नवंबर 2003 को पूर्वी चीन सागर के शंघाई जलक्षेत्र में आयोजित किया गया था। इसमें तीन भारतीय नौसेना के युद्धपोतों – आईएनएस रंजीत, कुलिश तथा तेल टैंकर ज्योति के साथ चीन के दो युद्धपोतों ने भाग लिया था।[36]

सदभावना यात्राओं के अंतर्गत भारतीय नौसेना ने विश्व के लगभग सभी देशों की यात्रा किया है। समय–समय पर भारतीय नौसेना ने नौसैनिक यात्रा अभियानों को भी भेजा है। इस तरह से बहुत से जलक्षेत्रो एवं देशों को देखने का मौका भारतीय नौसैनिकों को मिल सका। जैसे 'आई एन एस तरंगिनी' (प्रशिक्षण जलयान) ने 2003–04 में पूरे ग्लोब का चक्कर लगाने का कार्य सफलतापूर्वक किया था। अपने 15 महीने के समुद्री यात्रा

के दौरान इसने लगभग 33000 नाटिकल मील (61000 किलोमीटर) की दूरी तय किया था तथा 18 देशों के 36 बंदरगाहों पर रुका था। भारत लौटने पर इस जलयान का स्वागत पूर्व राष्ट्रपति अब्दुल कलाम ने किया था। 2005 में इसे योरप के 13 देशों की यात्रा पर भेजा गया था। "लोकायन 07" समुद्री यात्रा के दौरान इसने 16 देशों के 23 बंदरगाहों की यात्रा किया था। "लोकायन 15" के दौरान इसने 14 देशों के 17 बंदरगाहों की यात्रा किया था। इसी तरह से 'आईएनएस सुदर्शिनी' ने 2012–13 में नौ आसियान देशों के 13 बंदरगाहों की यात्रा किया था।

भारतीय नौसेना ने अंतरराष्ट्रीय फ्लीट रिव्यू कार्यक्रमों में भी भाग लिया है तथा इसका आयोजन भी किया है।

अन्तरराष्ट्रीय फ्लीट रिब्यू 2016 विशाखापट्टनम में आयोजित किया गया था। इसमें चीन सहित 52 देशों ने भाग लिया था। इसका थीम ' यूनाईटेड थ्रू ओशनस्' था। जिसका तात्पर्य जलक्षेत्र में नौवहन की स्वतंत्रता से था।

2017 में भारतीय नौसेना ने दूसरे मित्र देशों के साथ लगभग 20 युद्धाभ्यास कार्यक्रमों को किया था।

अक्टूबर 2017 में भारतीय नौसेना ने पहल करते हुए 'आपरेशन संबंध' का आयोजन किया था। इसमें 10 हिंद महासागर तटीय देशों के 19 नौसैनिक अधिकारियों ने भारतीय युद्धपोत आईएनएस विक्रमादित्य पर से 'फुल रेंज आफ ब्लू वाटर आपरेशन' को देखा था।[37]

यह पश्चिमी नेवल कमांड के द्वारा आयोजित किया गया था तथा इसमें मालदीव, म्यांमार, इंडोनेशिया, श्रीलंका, बांग्लादेश, ओमान, कतर, संयुक्त अरब अमीरात, मलेशिया तथा मारीशस के अधिकारियों ने भाग लिया था। इस समय इनको आईएनएस मैसूर तथा आईएनएस सिंधुरत्न के साथ ही कारवार नौसैनिक बेस एवं गोवा नेवल क्षेत्र को भी दिखाया गया था।[38]

2. नौसैनिक सहयोग एवं हाइड्रोग्राफी सहायता

हिंद महासागर तटीय देशों में आस्ट्रेलिया के बाद भारत ही राजनीतिक, आर्थिक एवं सैनिक दृष्टिकोण से सबसे बड़ा देश है। हिंद महासागर क्षेत्रीय देशों में भारतीय नौसेना का पहला स्थान है। हाइड्रोग्राफी के क्षेत्र में भारत का विश्व में छठा स्थान है। भारतीय सामुद्रिक एवं नौसैनिक प्रशिक्षण संस्थानों का विश्व में स्थान है। भारतीय संस्थान 'डीआरडीओ' तथा 'बीएचईएल' ने विभिन्न प्रकार के सामुद्रिक उपयोग के उपकरणों का विकास किया है। भारत अपटतीय जलक्षेत्र में किसी भी प्रकार का ढांचागत विकास कार्य करने में आत्मनिर्भर हो गया है।

हिंद महासागर क्षेत्रीय देशों में अधिकतर देश छोटे तथा अपेक्षाकृत कम विकसित है। इनमें काफी देशों में राजनीतिक स्थिरता का भी संकट है। तेल एवं प्राकृतिक गैस उत्पादनकर्ता मुस्लिम देशों में बाहरी बड़ी शक्तियों का हस्तक्षेप अधिक है। अधिकतर देशों की निर्भरता बहुत से क्षेत्रों में बाहरी शक्तियों के ऊपर अधिक है। पिछले दशकों में चीन ने तेजी से विभिन्न क्षेत्रों में अपने संबंधों को हिंद महासागर क्षेत्रीय देशों के साथ बढ़ाया है।

नौसैनिक सहयोग में प्रमुख रूप से भारतीय नौसेना ने अप्रैल 1971 में श्रीलंका के नौसेना की सहायता किया था। इस समय भारतीय नौसेना ने श्रीलंका के 'जनता विमुक्ति पेरामुना' माओवादी इंसरजेंट संगठन के विरुद्ध श्रीलंका की नौसेना को सक्रिय किया था।

1986 में दक्षिणी यमन में कुछ गंभीर आंतरिक समस्या उत्पन्न हो गयी थी। यहाँ कार्यरत भारतीय नागरिकों को निकालना जरूरी हो गया था। भारत सरकार ने नौसेना का एक फ्रिगेट इस कार्य हेतु यहाँ भेजा था।

अगस्त 1987 में भारतीय नौसेना के युद्धपोतों को श्रीलंका से भारतीय हाई कमीशन के लोगों को सुरक्षित वापस लाने हेतु लगाया गया था।

भारत–श्रीलंका समझौते के अनुसार 29 जुलाई 1987 को भारत ने

श्रीलंका में ''भारतीय पीस कीपिंग फोर्स'' (आई पी के एफ) भेजा था। जुलाई 1989 में भारतीय वायुयानवाहक पोत 'आईएनएस विराट' कोलंबो के पास के जलक्षेत्र में स्थित था। भारतीय नौसेना ने 'आईपीकेएफ' को विभिन्न प्रकार की सुविधाएं जैसे निगरानी, मालवाहन एवं लॉजिस्टिकल सहायता उपलब्ध कराने का कार्य किया था। पूरे ऑपरेशन के दौरान भारतीय नौसेना ने श्रीलंका की नौसेना को पाक जलडमरूमध्य क्षेत्र की पेट्रोलिंग कार्य में सहायता पहुंचाने का काम किया था।

नवंबर 1988 में कुछ बाहरी मिशनरी के लोगों ने मालदीव के राश्ट्रपति डॉ अब्दुल गयूम को हटाकर सत्ता पर नियंत्रण कर लिया था। मालदीव सरकार के अनुरोध पर भारतीय नौसैनिक युद्धपोत 'गोदावरी' को मैरीन कमांडो सहित सहायतार्थ भेजा गया था। 'ऑपरेशन कैक्टस' में भारतीय युद्धपोत ने भागते हुए मिशनरियों के जलयान को डुबो दिया था।

श्रीलंका के लिए शुरू किया गया 'ऑपरेशन पवन' लंबे समय तक लगभग 32 महीने चला था।

जुलाई 2000 'सीरा लियोन' में चल रहे संयुक्त राष्ट्र ऑपरेशन की सहायता के लिए भारतीय नौसेना ने 'ऑपरेशन खुखरी' प्रारंभ किया था।

दिसंबर 1992 से लेकर 1994 तक भारतीय नौसेना के दो युद्धपोत सोमालिया में संयुक्त राष्ट्र टास्क फोर्स के साथ पीस कीपिंग ऑपरेशन कार्य में लगे थे। इस समय इन्होंने विभिन्न प्रकार के मानवीय सहायता कार्य पहुंचाने का कार्य किया था। 1995 में सोमालिया से भारतीय सैनिकों को सुरक्षित वापस लाने के लिए भारतीय नौसेना के युद्धपोत 'आईएनएस गंगा', 'गोदावरी' तथा तेल टैंकर 'शक्ति' को भेजा गया था।

2 अप्रैल से 16 सितंबर 2002 में 'ऑपरेशन सागीटैरियस' के अंतर्गत भारतीय युद्धपोतों 'आईएनएस शारदा' तथा 'आई एन एस सुकन्या' को मलक्का जल क्षेत्र से निकलने वाले उच्च वॉल्यू अमेरिकी जलयानों की

एस्कॉर्टिगं कार्य के लिए लगाया गया था।

जून 2003 में भारतीय युद्धपोत 'आईएनएस रंजीत' तथा 'आई एन एस सुवर्णा' को मोजांबिक के पास के जलक्षेत्र में सुरक्षा कार्यों के लिए लगाया गया था।

भारतीय युद्धपोतों को जुलाई 2003 में अफ्रीकी यूनियन शिखर सम्मेलन के समय समुद्र की तरफ से सुरक्षा प्रदान करने हेतु लगाया गया था।

21 जुलाई 2006 को लेबनान से भारतीय नागरिकों को सुरक्षित वापस लाने के लिए 'ऑपरेशन सुकून' प्रारंभ किया गया था। भारतीय नौसेना के चार युद्धपोतों आईएनएस मुंबई, बेतवा, ब्रह्मपुत्र तथा तेल टैंकर शक्ति को इस कार्य हेतु लगाया गया था।

2008 में 'हॉर्न ऑफ अफ्रीका' जलक्षेत्र में पाइरेसी (जलदस्युता) की घटनाएं काफी बढ़ गई थी। इस समय भारतीय नौसेना ने अपना युद्धपोत 'आईएनएस तबार' को अंतर्राष्ट्रीय एंटी पायरेसी अभियान में शामिल होने हेतु भेजा था।

24 फरवरी 2011 को भारतीय नौसेना ने सेशेल्स के जलक्षेत्र के निगरानी तथा एंटी पायरेसी पेट्रोलिंग कार्य हेतु अपना एक डोर्नियर वायुयान लगाया था।

इस प्रकार भारतीय नौसेना ने समय–समय पर हिंद महासागर क्षेत्रीय देशों को नौसैनिक एवं हाइड्रोग्राफिक सहायता पंहुचाने का कार्य सफलतापूर्वक किया है।

3. नौसैनिक संसाधन एवं प्रशिक्षण सहायता

भारत सरकार ने नौसैनिक संसाधनों में प्रमुख रूप से हिंद महासागर के विभिन्न देशों को छोटे जलयान, रडार, पेट्रोल क्राफ्ट तथा

हेलीकॉप्टर आदि की सहायता प्रदान करने का कार्य किया है।

* 2005 में मॉरीशस को ध्रुव हेलीकॉप्टर तथा सेशल्स को एक छोटा पेट्रोल क्राफ्ट 'आई एन एस तारमोगली' दिया गया था। मॉरीशस को 1993 में एक छोटा तटीय सुरक्षा वोट दिया गया था।[39]

* भारत का गहरे समुद्री जलक्षेत्र में कार्य कर सकने वाला ओशनोग्राफिक रिसर्च जलयान "सागर कन्या" 18–22 जनवरी 2004 को मॉरीशस भेजा गया था। इस यात्रा के दौरान सागर कन्या ने मॉरीशस के बंदरगाह जलक्षेत्र, आर्थिक अपवर्जित जलक्षेत्र तथा कॉन्टिनेंटल सेल्फ का हाइड्रोग्राफिक सर्वेक्षण कार्य किया था।

* जून 2005 में भारतीय नौसेना ने वियतनाम की नौसेना के लिए भारी मात्रा में स्पेयर पार्ट्स की आपूर्ति किया था। वियतनाम के नौसेना के जलयान भी रूस से खरीदे गए थे। इन स्पेयर पार्ट्स का वजन लगभग 150 टन था।[40]

* अप्रैल 2006 में भारत ने पड़ोसी देश मालदीव को एक फास्ट अटैक क्राफ्ट तिलनचांग दिया था। इस समय भारतीय नौसेना के सर्वेक्षण जलयान 'आई एन एस दर्शक' ने मालदीप के जलक्षेत्र का हाइड्रोग्राफिक सर्वेक्षण कार्य भी किया था।[41] भारत ने इस फास्ट अटैक क्राफ्ट तिलनचांग के रखरखाव की भी जिम्मेदारी लिया था। गोवा शिपयार्ड द्वारा निर्मित इस जलयान पर निगरानी तथा शत्रु के जलयानों को खोजने के लिए विशेष उपकरण लगाए गए थे।

* 2009 में तत्कालीन भारतीय रक्षा मंत्री ए के एंटोनी मॉरीशस गए थे तथा उन्होंने वहाँ एक सामुद्रिक निगरानी सिस्टम लगाने में मदद करने का आश्वासन दिया था। भारत ने वहाँ तटीय क्षेत्रों पर रडार लगाया था, जो सीधे भारतीय नौसेना तथा तटरक्षक के मुख्यालय से जुड़े थे। भारत के तट से मालदीव केवल मात्र 400 समुद्री मील दूर स्थित है। इस समय भारत ने मालदीव को एक ध्रुव हेलीकॉप्टर

तथा 25 बिस्तरों का एक सैनिक हॉस्पिटल बनाने का आश्वासन दिया था।[42]

* 11 से 18 सितंबर 2010 के मध्य भारतीय नौसेना ने मालदीव के तटरक्षक बल के साथ मिलकर मालदीव के तटीय क्षेत्र में सामान्य पेट्रोलिंग कार्य किया था।[43]

* 14 दिसंबर 2013 को भारतीय नौसेना ने भारत में बने एडवांस हल्के हेलीकॉप्टर को सामुद्रिक निगरानी और पेट्रोलिंग कार्यों के लिए मालदीव को दिया था।[44]

* भारत ने फरवरी 2013 में डोर्नियर निगरानी वायुयान सेशेल्स की सामुद्रिक निगरानी क्षमता बढ़ाने हेतु भेजा था। सेशेल्स के चार नौसैनिकों को भारतीय प्रशिक्षण संस्थानों में डोर्नियर वायुयान उड़ाने का प्रशिक्षण भी दिया गया था।

* सितंबर 2014 'गार्डन रीच शिपबिल्डर्स इन इंजीनियर्स लिमिटेड' कोलकाता द्वारा निर्मित एक 'ऑफशोर पेट्रोल वेसिल' ''बाराकुडा'' को मारीशस को दिया गया था। सितंबर 2013 से ही भारत मॉरीशस में तटीय निगरानी रडार सिस्टम लगाने का कार्य कर रहा था। इस जलयान को 12 मार्च 2015 को मॉरीशस तटीय सुरक्षा बल में शामिल किया गया था। 74 मीटर लंबा 1300 टन वजन का यह ऑफशोर पेट्रोल वेसिल 22 समुद्री मील गति से चलने वाला है।[45]

भारतीय नौसैनिक प्रशिक्षण संस्थान विश्वस्तरीय है। भारतीय हाइड्रोग्राफिक क्षमता का विश्व में चौथा स्थान है। 'इंडियन नेवल हाइड्रोग्राफिक सेंटर' देहरादून लगातार हिंद महासागर तटीय देशों के नौसैनिक अधिकारियों के प्रशिक्षण हेतु विभिन्न प्रकार के कोर्सेज का आयोजन करता रहता है। भारतीय नौसैनिक प्रशिक्षण संस्थानों में प्रतिवर्ष सैकड़ों की संख्या में हिंद महासागर क्षेत्रीय देशों के नौसैनिक अधिकारी प्रशिक्षण हेतु आते हैं। इसके लिए नौसेना मुख्यालय में एक अलग से 'डायरेक्टरेट ऑफ फॉरेन

कोऑपरेशन एंड ट्रांसफॉर्मेशन'' सेल स्थापित किया गया है। जिसका प्रमुख कार्य है कि वह मित्र देशों के साथ नौसैनिक मुद्दों का समाधान उचित एवं त्वरित ढंग से करें। 2005 में दक्षिण अफ्रीका से 20 नौसैनिकों का दल यहाँ पर पनडुब्बी प्रशिक्षण प्राप्त करने हेतु आया था।[46] श्रीलंका, मलेशिया, सिंगापुर, मोजांबिक, मालदीव, सेशेल्स तथा मॉरीशस के नौसैनिक अधिकारी भारतीय प्रशिक्षण संस्थानों में प्रशिक्षण प्राप्त कर चुके हैं। 9 नवंबर 2013 में भारत ने वियतनाम को चार नेवल आफशोर पेट्रोल वेसिल देने का समझौता किया है। इसके लिए वियतनामी कम्युनिस्ट पार्टी के जनरल सेक्रेटरी नवंबर 2013 में भारत आए थे। भारत ने वियतनाम के लगभग 500 नौसैनिकों को अभी तक प्रशिक्षण प्रदान करने का कार्य किया है।

4. आपदा राहत एवं मानवाधिकार सहायता

विभिन्न प्राकृतिक आपदाओं के समय भारतीय नौसेना ने हिंद महासागर क्षेत्रीय देशों को मानवीय राहत तथा बचाव सहायता पहुंचाने का कार्य सफलतापूर्वक संपन्न किया है। नये इंडियन रीजनल नेविगेशन सैटेलाइट सिस्टम 'नाविक' के 2018 में प्रारंभ हो जाने के पश्चात आपदा राहत कार्यों को नौसेना और भी बेहतर ढंग से कर सकने में सफल होगी। समय–समय पर आपदा प्रभावित देशों ने मदद के लिए भारतीय सरकार से अनुरोध किया था। किसी भी देश में समुंद्री कारणों से आई आपदा के समय सहायता कार्य पहुंचाने के कार्य में 'नौसेना' सेना के अन्य अंगों की अपेक्षा अधिक उपयोगी एवं कारगर सिद्ध होती है। इसका कुछ संक्षिप्त विवरण इस प्रकार है :–

* 1991 में मालदीव भयंकर समुद्री तूफान से प्रभावित हुआ था। उस समय भारतीय नौसेना ने मालदीव की मदद के लिए 'ऑपरेशन मदद' प्रारंभ किया था।

* 26 दिसंबर 2004, बंगाल की खाड़ी जलक्षेत्र में भयंकर सुनामी आया था। इस बड़ी प्राकृतिक आपदा में भारत सहित 11 देशों के करीब ढाई लाख लोगों को अपनी जान गंवानी पड़ी थी। सुनामी की तीव्रता 9.3 थी तथा इसका केन्द्र सुमात्रा था। इस आपदा से समुद्र से सटे भारत के तटीय इलाकों के पारिस्थितिकी तंत्र को भारी क्षति पहुंचा था। इस समय प्रभावित देशों को राहत एवं बचाव के लिए भारतीय नौसेना ने अब तक का सबसे बड़ा राहत एवं बचाव अभियान "आपरेशन सी–वेव" चलाया था। इस समय भारतीय नौसेना ने बचाव एवं राहत कार्यों के लिए 16 युद्धपोतों, 9 हेलीकॉप्टरों तथा दो वायुयानों को अंडमान निकोबार दीप समूह क्षेत्र में गतिशील किया था। भारतीय नौसेना ने भारत के पूर्वी तथा पश्चिमी समुद्री तट पर प्रभावित जनसंख्या को सहायता पहुंचाने के लिए 'ऑपरेशन मदद' प्रारंभ किया था। भारतीय नौसेना ने मृतकों को निकालने के लिए गोताखोरों को लगाया था। श्रीलंका की मदद के लिए भारतीय नौसेना ने पांच युद्धपोतों तथा तीन हेलीकॉप्टरों को "ऑपरेशन रेनबो" के अंतर्गत लगाया था। भारतीय नौसेना के युद्धपोत आपदा के पश्चात सबसे पहले श्रीलंका के 'गाले बंदरगाह' पर सहायतार्थ पहुंचे थे। मालदीव की मदद के लिए भारतीय नौसेना ने "ऑपरेशन कैस्टर" के अंतर्गत एक डोर्नियर निगरानी वायुयान, चार युद्धपोतों तथा हेलीकॉप्टरों को भेजा था। इंडोनेशिया की सहायता के लिए भारतीय नौसेना ने "ऑपरेशन गंभीर" के अंतर्गत एक युद्धपोत तथा हॉस्पिटल जलयान 'निरूपक' को काफी सहायता सामानों के साथ भेजा था।[47]

इस समय भारतीय नौसेना में आपदा बचाव राहत अभियानों में कुल 32 युद्धपोतों, 30 वायुयानों एवं हेलीकॉप्टरों तथा 5500 नौसेना कर्मियों को गतिशील किया था। इन सब ने आवश्यक सामग्रियों को पहुंचाने, बचे हुए लोगों को खोजने तथा सुरक्षित निकालने, बंदरगाहों के हाइड्रोग्राफिक सर्वे तथा पुनः शुरू करने, पीने का पानी उपलब्ध

कराने तथा बिजली व्यवस्था को पुनः संचालित करने के कार्यों में अपना महत्वपूर्ण योगदान दिया था।

* 2006 इंडोनेशिया में भयंकर भूकंप (Yogyakarta Earthquake) आया था। इसमें हजारों लोगों के जान गई थी। भारतीय नौसेना ने इस भूकंप के समय जाकर राहत एवं बचाव सहायता पहुंचायी थी।
* 2 मई 2008 म्यांमार में आये भयंकर समुद्री चक्रवात ''नरगिस'' के समय भारतीय सरकार ने 'आई एन एस राणा' तथा 'आई एन एस कृपाल' को भारी मात्रा में दवाइयों तथा अन्य सहायता सामानों के साथ म्यांमार भेजा था।
* 2013 में सेशेल्स भारी वर्षा तथा बाढ़ से बुरी तरह प्रभावित हो गया था। भारतीय नौसेना ने सेशेल्स को सहायता पहुंचाने का कार्य किया था।
* 2013 आसियान द्वारा आयोजित 'एचएडीआर' सामुद्रिक सुरक्षा अभ्यास में भारतीय युद्धपोतों ने भी भाग लिया था। यह आपदा सहयोग एवं राहत युद्धाभ्यास (17–20 जून, 2013) ब्रूनेई की राजधानी दारेसलम में आयोजित हुआ था।
* 8 मार्च 2014 को मलेशियन एयरलाइंस का एक वायुयान अपने बीजिंग यात्रा के समय 239 यात्रियों सहित लापता हो गया था। इस वायुयान को खोजने के लिए बहुत से देशों ने खोजी कार्य प्रारंभ किया था। भारतीय नौसेना ने भी अपने युद्धपोतों को इस कार्य में लगाया था। भारतीय नौसेना ने अपने उपग्रह ''रुक्मणी'' के माध्यम से भी इस लापता वायुयान को खोजने का प्रयास किया था। भारतीय नौसेना के डोर्नियर वायुयान तथा पी–8आई वायुयान को भी इस कार्य में लगाया था। मलेशियन सरकार के अनुरोध पर भारतीय नौसेना ने 'ईस्टर्न कमांड' के माध्यम से पूरे बंगाल की खाड़ी जलक्षेत्र का निरीक्षण कार्य किया था।[48]

* 4 दिसंबर 2014 को मालदीव में पीने के पानी का भयंकर संकट उत्पन्न हो गया था। भारत सरकार ने सहायता के लिए 'ऑपरेशन नीर' प्रारंभ किया था। सेना के अन्य अंगों के साथ ही भारतीय नौसेना ने भी इस ऑपरेशन नीर में अपना महत्वपूर्ण योगदान दिया था।

* जुलाई 2015 में मुंबई स्थित 'समुद्री बचाव संयोजन केंद्र' को यह सूचना मिली थी कि चीन के मछली पकड़ने वाले दस जलयान मुंबई से 95 नाटिकल मील दूर खराब मौसम के कारण फंस गए है। तुरंत ही भारतीय तटरक्षक की सहायता से इन जलयानों को सुरक्षित निकालने का प्रयास किया गया था। फलस्वरूप ये जलयान दीव से 20 नाटिकल मील दूर लंगर डाल सके थे।

  आसियान क्षेत्रीय मंच आपदा राहत अभ्यास मई 2015 में भाग लेने के लिए अंडमान निकोबार कमाण्ड से 'आईएनएस सरयू' को पेनांग, मलेशिया भेजा गया था। यहां पर गये भारतीय नौसैनिकों को किसी भी आपदा के पश्चात् पूरे परिस्थिति के बेहतर आकलन तथा बचाव अभियानों में बेहतर ढ़ंग से कार्य करने का प्रशिक्षिण मिला था। इससे पहले यह अभ्यास फिलीपींस (2009) तथा इण्डोनेशिया (2011) में आयोजित किया गया था।

* मई 2016 श्रीलंका के चक्रवाती तूफान आपदा के समय भारतीय नौसेना ने सहायता बचाव कार्यों के लिए दक्षिणी कमांड से 'आई एन एस सतलज' तथा 'आई एन एस सुनैना' को तुरंत राहत सामग्रियों के साथ भेजा था।[49]

समुंद्र क्षेत्र से संबंधित आपदाओं की संख्या हिंद महासागर क्षेत्र में काफी अधिक है। भारत सरकार आपदा एवं आपदा राहत के प्रति हमेशा संवेदनशील रही है। भारतीय नौसेना पूरे प्रोफेशनल ढंग से किसी भी प्रकार के प्राकृतिक आपदाओं में बचाव एवं राहत अभियानों के लिए तैयार तथा तत्पर है। भारतीय नौसेना को इस प्रकार के कार्यों का काफी अनुभव

भी है। क्षेत्रीय देशों ने समय–समय पर भारतीय सहयोग की सराहना भी किया है। आपदा राहत क्षेत्रीय सहयोग एवं विश्वास बढ़ाने का एक महत्वपूर्ण उपक्रम है।

संदर्भ सूची

1. *http://www.idsa-india.org/an-jan9-5.html "Trends in the delimitation of India's Maritime Boundaries" Rahul Roy Chaudhary*
2. Times of India, Lucknow, January 1,2004
3. Times of India, Lucknow, April 11, 2012
4. द टाइम्स ऑफ इंडिया वाराणसी 8 अक्टूबर 2017
5. *http://www.worldatlas.com/articles/top-fish-and-seafood-exporting-countries.html*
6. *https://www.statista.com/statistics/240225/leading-fishing-nations-worldwide-2008/*
7. "ONGC makes massive new discovery at Mumbai High; find may pep up production for years" Saurabh Kumar, Financial Express, September 21,2017
8. दैनिक जागरण, गोरखपुर, जून 27, 2015
9. ONGC annual report 2011-12, Chairman's Message
10. Minhaz Merchant,' Beating India's Oil Crisis', The Economic Times, Lucknow, April 7, 2012
11. The Economic Times, November 9,2012
12. The Economic Times, New Delhi, 13 April 2014
13. Could China's Ship Breaking Subsidies Clean Up South Asia's polluted scrap yard, 14 August 2015, Juliette Alpin. *www. thefuturesantre.org*
14. "ABG Shipyard delivers pollution control vessel to Coast Guard" The Economic Times, Dec 09, 2015
15. "Breaking the Ice : The story of how India's Antractica Mission

Turned Ambition into Action", Sanchari Pal *www.thebetterindia.com/58743/india-antarctica-mission-dakshin-gangotri-maitri-bhariti/*

16. Hindustan Times, New Delhi, 29 April 2014

17. India-Iran sign pact on developing Chabahar port, will give sea - land access route to Afghanistan , PTI May 6, 2015

18. India-Myanmar Service Launched by Shipping Corporation of India, Peter Tirchwell, September 15, 2014 www.ioc.com/container-lines/India

19. India Developing Network of Coastal Radars, Oscar Nkala, Match 20, 2015, *www.defencenews.com*

20. *www.thediplomat. com.* "India Unveils New Coastal Surveillance Radar Network", Ankit Panda, March 26,2015

21. *http://www.indian defensenews.in/2015/03/india-will-set-up-32-military-radars-in.html?m=1*

22. *https://m.timesofindia.com/world/us/us-quad-plan-with-india-japan-and-australia-to-offer-options-for-asian-countries-beyond-china/amp_articleshow/61310986.cms*

23. फोर्स, नई दिल्ली, मई 2005, पीपी.5

24. *www.jagran.com.* 4 November be 2017

25. अमेरिका–भारत की सुरक्षा पर कांग्रेस को रिपोर्ट, अमेरिकी रक्षा विभाग, नवंबर 2011

26. नौसेना विमानन में खेल–भारत सहयोगः खेल परिवर्तर्स, रॉबर्ट फरले, द डिप्लोमेट, 31 जनवरी, 2015

27. अमेरिका–भारत सुरक्षा सहयोग पर कांग्रेस को रिपोर्ट, *http://www.defence.gov/pubs/pdfs/2011101_NDAA*

28. 'भारत– अमेरिका दोस्ती के आधार' दैनिक जागरण, 12 जनवरी 2018

29. *http://www.defencenow.com*

30. द टाइम्स ऑफ इंडिया, सितंबर 16, 2014, नरेंद्र मोदी मौसम मैनुअल टू

चेक चाइना मेरीटाइम माइट, सचिन पराशर

31. इंडियन एक्सप्रेस नई दिल्ली 19 जुलाई 2016
32. *http://www.iora.net/en/priorities-focus-areas/blue-economy*
33. The Hindu, Puducherry, January 24, 2015
34. The Hindu, New Delhi, 11 March 2016
35. The Hindu, New Delhi, 31 August 2017
36. The Hindu, New Delhi, November 15, 2003
37. नौसेना प्रमुख एडमिरल सुनील लांबा, प्रेस कॉन्फ्रेंस, दिसंबर 2, 2017
38. *https://www.indiannavy.nic.in/content/western-naval-command-hosts-exercise-sambandh*
39. R R Chaudhary, "Trends in major naval arms transfer in the IOR", Strategic Analysis, March 1996,Vol-18, No 12,pp.1701
40. Force, November 2005, pp.51
41. द हिंदू, नई दिल्ली, अप्रैल 15, 2006
42. Strategic Analysis, September 2009, pp. 1015
43. Strategic Studies Digest, October 2010,pp. 1024
44. The Times of India, December 15, 2013
45. India Today, May 4, 2015
46. Force, December 2005, pp.11
47. Frontline, January 2005, pp.37
48. The Indian Express, New Delhi, March 15, 2014
49. The Times of India, New Delhi, May 22, 2016

5

भारतीय नौसेना एवं सामुद्रिक रणनीति

भारतीय नौसेना का विश्व में सातवां (अमेरिका, रूस, चीन, फ्रांस, ब्रिटेन एवं जापान), एशिया में तीसरा (चीन, जापान) तथा हिंद महासागर क्षेत्र में पहला स्थान है। इसका मुख्य कार्य शांति तथा युद्ध के समय भारतीय समुद्री जलक्षेत्र की सुरक्षा करना, क्षेत्रीय देशों को आवश्यकतानुसार सुरक्षा एवं आपदा में मदद करना तथा संयुक्त राष्ट्र शांति स्थापन कार्यक्रगों में आमंत्रित होने पर यथा संभव सहायता पहुंचाना है।

शीत युद्धोत्तर काल की बदली विश्व व्यवस्था में भारतीय सामुद्रिक हितों के लिए विभिन्न प्रकार की परंपरागत एवं गैरपरंपरागत सुरक्षा चुनौतियाँ उत्पन्न हुई हैं। इन चुनौतियों का सामना करने हेतु यह आवश्यक है कि देश के पास 'ब्लू वाटर नेवी' हो। ऐसी आशा है कि 2025–30 तक भारतीय नौसेना सही अर्थों में ब्लू वॉटर नेवी में बदल जाएगी। उस समय भारतीय नौसेना में 150–160 अत्याधुनिक शक्तिशाली युद्धपोत होंगे। जिसमें चार विमानवाहक पोत, 20–24 डीजल / इलेक्ट्रिक पनडुब्बियाँ, 5–6 एस एस एन एवं एस एस बी एन परमाणु पनडुब्बियाँ,

500–600 विभिन्न प्रकार के वायुयान, हेलीकॉप्टर तथा सी–प्लेन होंगे। सभी प्रमुख युद्धपोत कम तथा मध्यम दूरी के प्रक्षेपास्त्रों तथा एंटी बैलेस्टिक प्रक्षेपास्त्रों से युक्त होंगे। भयादोहन के लिए परमाणु पनडुब्बियाँ सबसे मजबूत तथा सुरक्षित प्लेटफार्म हैं। वायुयानवाहक पोत एवं परमाणु पनडुब्बियां किसी भी ब्लू वाटर नेवी के मुख्य युद्धपोत होते हैं।

हिंद महासागर क्षेत्र की भारतीय नौसेना एक बहुआयामी क्षमता वाली नौसेना है। हिंद महासागर क्षेत्र तथा हिंद प्रशांत क्षेत्र की विभिन्न परंपरागत एवं गैर परंपरागत समुद्री सुरक्षा चुनौतियों को देखते हुए यह आवश्यक है कि भारतीय नौसेना के पास विभिन्न परिस्थितियों एवं आयामों में कार्य करने की पूरी क्षमता हो। वर्तमान समय में भारतीय नौसेना के पास नौसैनिक, राजनयिक, निगरानी/चौकसी, पुलिस (कांस्टेबलरी) सहायता/ हितकारी (बिनाइन) कार्यों या सक्रियाओ को पूरा करने की क्षमता होनी चाहिए। नौसैनिक कार्यों में किसी भी युद्ध के समय राष्ट्रीय हितों की सुरक्षा हेतु शत्रु नौसेना को पराजित करना, किसी भी प्रकार की घुसपैठ की घटना को रोकना, नाकेबंदी तथा भयादोहन उत्पन्न करना नौसेना का प्रमुख कार्य होता है।

राजनयिक कार्यों में नौसेना का मुख्य कार्य पड़ोसी तथा क्षेत्रीय देशो को विभिन्न प्रकार की नौसैनिक सहायता जैसे नौसैनिक युद्धाभ्यास, पोर्ट सद्भावना यात्रा, प्रशिक्षण सहायता, नौसैनिक सामानों एवं मरम्मत–उच्चीकरण सुविधाएं, पेट्रोलिंग, हाइड्रोग्राफिक सहयोग तथा आपदा राहत एवं बचाव कार्य आते है।

निगरानी–चौकसी कार्यों में नौसेना तथा तटरक्षक तटीय एवं ऑफशोर जलक्षेत्र की सुरक्षा सुनिश्चित करने का कार्य करते हैं। एंटी पाईरेसी अभियान भी इसी के अंतर्गत आते हैं। इसी से भारतीय नौसेना का एक युद्धपोत 2008 से लगातार अदन की खाड़ी क्षेत्र में समुद्री लूट/ अपहरण निरोधी संक्रिया हेतु लगा हुआ है।

भारतीय नौसेना शक्ति एवं जिम्मेदारियाँ

21 वीं शताब्दी में नौसेना एक आक्रामक बल के रूप में स्थापित हो चुकी है। भारतीय सशस्त्र सेना में भारतीय नौसेना का एक महत्वपूर्ण भूमिका एवं स्थान है। नौसेना ही भारतीय सशस्त्र सेनाओं की एकमात्र ऐसी इकाई है जिसके पास अन्य सभी दूसरी इकाइयों के साधन एवं सैनिक कार्यरत हैं। भारतीय नौसेना के पास भी वायु शाखा तथा स्थल आक्रमण हेतु उपयुक्त प्लेटफॉर्म एवं मैरीन सैनिक है। भारतीय नौसेना के वायु शाखा का प्रारंभ 1953 में हुआ था। आज इसके 9 नेवल एयर स्क्वॉड्रन है, जिसमें विभिन्न उपयोगिता एवं कार्य क्षमता वाले वायुयान एवं हेलीकॉप्टर है। 'मेरीटाइम वारफेयर सेंटर' (एम. डब्लू सी) तीनों नौसेना कमाण्ड– कोच्चि, मुम्बई एवं विशाखापट्टनम पर स्थित है।

बीसवीं शताब्दी अब तक के मानव इतिहास में युद्ध एवं विकास के दृष्टिकोण से सबसे अधिक महत्वपूर्ण शताब्दी रही है। लगभग 80 प्रतिशत विज्ञान का विकास इसी शताब्दी में हुआ। इसमें दो विश्व युद्धों के साथ ही अनेकों दूसरे महत्वपूर्ण युद्ध लड़े गए। इन युद्धों में कोरिया का युद्ध, वियतनाम युद्ध, अरब इजरायल युद्ध तथा 1971 का भारत पाक युद्ध अत्यंत महत्वपूर्ण है। भारत–पाक युद्ध में भारतीय सशस्त्र सेनाओं ने बड़ी तेजी से मात्र 13 दिनों में निर्णायक सफलता प्राप्त कर विश्व जनमानस को आश्चर्यचकित कर दिया था। स्वतंत्रता के पश्चात पहली बार भारतीय सशस्त्र सेनाओं तथा जनमानस का आत्मविश्वास एवं उत्साह चरमोत्कर्ष पर था। विश्व के बड़े प्रमुख देशों ने यह महसूस किया कि भारतीयों में भी कुछ कर गुजरने की योग्यता एवं साहस है। इस युद्ध में विजय के उपरांत भारतीय नीति–निर्धारकों ने यह निर्णय लिया कि आगे के वर्षों में भारतीय सशस्त्र सेनाओं का तेजी से विस्तार एवं आधुनिकीकरण किया जाए ताकि वह भारतीय राष्ट्रीय सुरक्षा चुनौतियों का सफलतापूर्वक सामना करने में सक्षम हो सके तथा भारत क्षेत्रीय शांति, सुरक्षा एवं स्थिरता कायम करने

में अपनी निर्णायक भूमिका निभा सकने में सफल हो सके।

समाज के विकास में युद्धो का महत्वपूर्ण योगदान रहा है और युद्धों के विकास में समाज का महत्वपूर्ण योगदान रहा है। दोनों एक दूसरे के पूरक है। यह दोनों एक ही सिक्के के दो पहलू है। युद्धो के विकास क्रम में सबसे पहले स्थल सेना का विकास हुआ। इसके पश्चात जल सेना अथवा नौसेना का विकास हुआ था। बीसवीं शताब्दी के प्रारंभ में वायुसेना का विकास प्रारंभ हुआ। द्वितीय विश्व युद्ध के दौरान परमाणु बमों तथा उसके पश्चात प्रक्षेपास्त्रों का विकास हुआ। प्रक्षेपास्त्रों के विकास से अंतरिक्ष युग का प्रारंभ हुआ। कृत्रिम उपग्रहों, कंप्यूटर एवं इंटरनेट ने पूरे विश्व के विकास को एक नई दिशा तथा आयाम दिया। इन सभी महान उपलब्धियों का उपयोग सेना के तीनों अंगों को विकसित एवं शक्तिशाली बनाने में किया गया। आज साइबर सुरक्षा एक महत्वपूर्ण समस्या बन चुकी है। वर्तमान समय में शक्ति, क्षमता तथा उपयोगिता के दृष्टिकोण से नौसेना सबसे अधिक उपयोगी सेना बन चुकी है। तीनों सेनाओं में केवल मात्र नौसेना के पास यह क्षमता है कि वह विश्व में कहीं भी सुगमतापूर्वक पहुंच सकती है तथा वहां रुक कर अंतर्राष्ट्रीय जलक्षेत्र से किसी भी प्रकार की युद्ध संक्रिया लंबे समय तक कर सकने का कार्य कर सकती है। विश्व के जल क्षेत्र से लगभग 167 देशों तक सुगमतापूर्वक पहुंचा जा सकता है। विश्व के शक्तिशाली नौसेनाओं के पास सभी आयामों जैसे स्थल, वायु, जल, जल के अंदर तथा अंतरिक्ष के युद्ध संक्रिया को करने की क्षमता एवं शक्ति है। अमेरिकी नौसेना विश्व की सबसे अधिक शक्तिशाली नौसेना है। यह अमेरिकी प्रतिष्ठा एवं शक्ति का प्रतीक बन चुकी है। अमेरिका के पश्चात चीन, ब्रिटेन, फ्रांस, दक्षिण कोरिया, जापान तथा भारतीय नौसेना का स्थान है। हिंद महासागर क्षेत्र में भारतीय नौसेना संख्या और शक्ति के दृष्टिकोण से प्रथम स्थान पर है।

स्वतंत्रता के पश्चात भारतीय नौसेना के विकास में ब्रिटेन का

महत्वपूर्ण योगदान था। 1947 से 1961 के मध्य ब्रिटेन से प्राप्त 25 युद्धपोतों को भारतीय नौसेना में शामिल किया गया था। सबसे पहले सोवियत संघ से प्राप्त चार पनडुब्बियों को 1967 से 1969 के मध्य भारतीय नौसेना में शामिल किया गया था।[1]

धीरे–धीरे भारत ने सोवियत संघ की मदद से भारतीय नौसेना को विकसित करने का कार्य किया था। शीतयुद्धोत्तर काल में भारत ने अमेरिका से लेंडिंग शिप टैंक, लंबी दूरी के टोही एवं निगरानी वायुयानों तथा ट्रांसपोर्ट वायुयानों को नौसेना के लिए खरीदा है। 21वीं शताब्दी में भारत अपनी नौसेना के लिए सभी प्रमुख युद्धपोतों, पनडुब्बियों, वायुयानवाहक पोतों तथा अन्य सहायक जलयानों का निर्माण देश के ही शिपयार्डों में कर रहा है।

आज भारतीय नौसेना में 58,000 अधिकारी एवं नौसैनिक, 7000 वायु शाखा के वायु सैनिक, 2000 मार्कोस –मैरीन कमांडो सैनिक तथा 1000 से अधिक सागर प्रहरी बल के सैनिक सेवारत हैं। भारतीय नौसेना में छोटे– बड़े सभी प्रकार के लगभग 295 प्लेटफार्म है। इसके साथ वायु शाखा के 220 विभिन्न प्रकार के वायुयान है। भारतीय नौसेना में एक वायुयानवाहक पोत आईएनएस विक्रमादित्य, 14 परंपरागत डीजल–इलेक्ट्रिक पनडुब्बियाँ तथा एक परमाणु शक्ति चालित पनडुब्बी ''आई एन एस चक्र'' आपरेशनल है। आई एन एस चक्र को रूस से 10 वर्षों के पट्टे पर लिया गया है। लंबी दूरी के निगरानी एवं टोही अभियानों के लिए अमेरिकी कंपनी बोइंग से ''पी8आई'' निगरानी एवं एंटी सबमरीन कार्य कर सकने की क्षमता वाले वायुयानो को शामिल किया गया है। भारतीय नौसेना इस्राइली चालकरहित निगरानी वायुयानो ''हीरोन'' तथा ''सर्चर II'' का उपयोग विभिन्न कार्यों में सफलतापूर्वक कर रही है। 2013 में भारतीय नौसेना को अलग से एक उपग्रह ''रुकमणी'' उपलब्ध कराया गया है। आज भारतीय नौसेना के पास तीन कमांड –पश्चिमी, पूर्वी एवं

दक्षिणी के साथ ही अंडमान निकोबार कमांड कार्यरत है। अंडमान निकोबार कमांड भारत का पहला ट्राई सर्विस कमांड है। इसमें सेना के तीनों अंगों की इकाईयाँ, अधिकारी एवं सैनिक शामिल है। इसका मुख्यालय पोर्ट ब्लेयर में है। देश की 7516.5 किलोमीटर लंबे समुद्र तट क्षेत्र की सुरक्षा के लिए भारतीय नौसेना के अधीन भारतीय तटरक्षक भी कार्यरत है।

भारतीय तटरक्षक

भारतीय तटरक्षक का गठन 18 अगस्त 1978 को हुआ था। इसका मुख्य उद्देश्य भारतीय जलक्षेत्र – टेरीटोरियल वाटर, कॉटीग्यूअस जोन तथा एक्सक्लूसिव इकोनॉमिक जोन में भारतीय हितों की सुरक्षा तथा सामुद्रिक विधि का प्रवर्तन करना है। इसका प्रमुख डायरेक्टर जनरल (पी जी आई सी जी) होता है। इसमें लगभग 16000 कर्मी, 166 विभिन्न प्रकार के वेसिल्स, (पोलूशन कंट्रोल वेसिल्स, आफशोर पेट्रोल वेसिल्स, पेट्रोल क्राफ्ट तथा हूवरक्राफ्ट) तथा 60 वायुयान/हेलीकॉप्टर (38 डानियर 228, 18 चेतक तथा 4 ध्रुव हेलीकॉप्टर) कार्यरत है।

भारतीय तटरक्षक 2022 तक अपने जलयानों की संख्या बल 175 तथा वायुयानों की संख्या बल 110 करने की योजना पर कार्यरत हैं। जिससे वह अपनी कार्य क्षमता निम्नलिखित क्षेत्रों में बढ़ा सकें – तटीय सुरक्षा, द्वीप क्षेत्रों की सुरक्षा, आफशोर ढांचागत विकास की सुरक्षा, मैरीन वातावरण की सुरक्षा, एंटी पायरेसी, एंटी स्मगलिंग, तेल रिसाव एवं प्रदूषण नियंत्रण इत्यादि।[2]

भारतीय तटरक्षक के क्षेत्रीय मुख्यालय इस प्रकार से हैं –

1. पश्चिम क्षेत्र, मुंबई
2. पूर्वी क्षेत्र, चेन्नई
3. उत्तर– पूर्वी क्षेत्र, कोलकाता

4. अंडमान और निकोबार क्षेत्र, पोर्ट ब्लेयर

5. उत्तर– पश्चिम क्षेत्र, गांधीनगर

(मैरीटाइम जोन एक्ट 1976 के अनुसार)

तटीय क्षेत्र पुनः तटरक्षक जिलों में विभाजित है। जिसमें से प्रत्येक तटीय राज्य में एक जिला, अंडमान निकोबार में दो जिले तथा लक्षद्वीप में एक जिला है। भारतीय तटरक्षक के 42 स्टेशन, पांच वायु स्टेशन तथा 10 वायु अंतर क्षेत्र (इंक्लेवस) है। वर्तमान में तटरक्षक अधिकारियों का प्रशिक्षण कार्य ''भारतीय नेवल एकेडमी'' इझिमाला में होता है। ''भारतीय तटरक्षक एकेडमी'' (इंडियन कोस्ट गार्ड एकेडमी) एझिकल, केरल के कन्नूर जिले में अभी निर्माणाधीन है।[3]

भारतीय समुद्री क्षेत्र एवं हितों की सुरक्षा की जिम्मेदारी भारतीय नौसेना की है। भारतीय सामुद्रिक हित केवल मात्र हिंद महासागर क्षेत्र तक ही सीमित नहीं है, बल्कि ये पूरी दुनिया में फैले हुए हैं। भारतीय कंपनियों ने दूर देशों में भारी पूंजी निवेश कर रखा है। इसके साथ ही लगभग दो करोड़ भारतीय विभिन्न दूसरे देशों में कार्यरत है। इनसे भारी मात्रा में देश को विदेशी मुद्रा मिलती है। साथ ही पड़ोसी एवं दूर के मित्र देशों को आवश्यकता पड़ने पर भारतीय नौसेना ने सहायता एवं सुरक्षा प्रदान करने का कार्य सफलतापूर्वक किया है।

भारतीय तटरक्षक पूर्ण रुप से भारतीय नौसेना तथा रक्षा मंत्रालय के अधीन है। यह डिपार्टमेंट ऑफ फिशरीज, डिपार्टमेंट ऑफ रेवेन्यू (कस्टम) तथा केंद्रीय एवं राज्य पुलिस फोर्स के साथ मिलकर कार्य करती है। अक्टूबर 1999 में भारतीय तटरक्षक पोत ''आई सी जी एस ताराबाई'' तथा भारतीय नौसेना के युद्धपोत ''आईएनएस प्रहार'' ने मिलकर इंडोनेशिया जलक्षेत्र से जापानी कार्गो जलयान ''एम वी एलोद्रा रेनबो'' को अरब सागर क्षेत्र में अपहरणकर्ताओं से मुक्त कराया था। तटरक्षक ने पिछले

वर्षों में दूसरे देशों के तटरक्षक बल के साथ मिलकर विभिन्न प्रकार के सुरक्षा अभ्यासों को भी किया है।

2008 के मुंबई आतंकवादी घटना के पश्चात भारत सरकार ने तटरक्षक के विस्तार तथा ढांचागत विकास के लिए एक बड़ा कार्यक्रम प्रारंभ किया था। लक्ष्य यह है, कि 2020 तटरक्षक के पास 150 विभिन्न प्रकार के पोत/वेसिल्स तथा 100 दो इंजन वाले वायुयान हो।

भारतीय सामुद्रिक डॉक्ट्रिन

1947 में ही प्रसिद्ध भारतीय राजनयिक और इतिहासकार कावालम माधव पणिक्कर ने अमेरिका के समुद्री शक्ति (सी पावर) के प्रबल समर्थक "माहन" के विचारों तथा सिद्धांतों से प्रभावित होकर यह कहा कि भारत को समुद्री क्षेत्र पर अधिक ध्यान देने की आवश्यकता है। इनकी प्रसिद्ध पुस्तक "इंडिया एण्ड इंडियन ओशनः एन एसे आन द इंफ्लुएंस आफ सी पावर अपान हिस्ट्री" थी।

शीतयुद्धोत्तर काल की रणनीतिक आवश्यकताओं को देखते हुए यह अत्यंत आवश्यक है कि भारत के पास योग्य नौसैनिक नेतृत्व और स्ट्रैटेजिक कल्चर हो तथा भारतीय नौसेना के पास निश्चित रूप से परमाणु पनडुब्बियाँ हो। भारतीय नौसेना को इस प्रकार की आलोचना का भी सामना करना पड़ा है कि भारतीय नौसेना में पहले विभिन्न प्रकार के युद्धपोतों को दूसरे देशों से खरीदा जाता है और उसके पश्चात यह तय किया जाता है कि उसका किस प्रकार से उपयोग किया जाए। 1960 के दशक में दो मुख्य निर्णय नौसेना के संदर्भ में लिए गए थे। पहला भारत में ही नौसेना के युद्धपोतों का निर्माण कार्य किया जाए। दूसरा इसके लिए एक "डायरेक्टरेट ऑफ नेवल डिजाइन" संस्था की स्थापना किया जाए। इसके फलस्वरुप 2008 तक भारतीय शिपयार्ड ने भारतीय नौसेना के लिए 90 से अधिक विभिन्न प्रकार के पेट्रोल वोट, एम्फीबियस युद्धपोत,

डिस्ट्रॉयर, फ्रीगेट तथा पनडुब्बियों का निर्माण कार्य पूरा किया है। इस शताब्दी में भारतीय शिपयार्डों में परमाणु पनडुब्बी तथा वायुयानवाहक पोत का भी निर्माण कार्य शुरु किया गया है। तय समय सीमा के कुछ विलंब से 2020 तक इन दोनों के भारतीय नौसेना में शामिल करने की योजना है। चीन ने अपनी राजनीतिक एवं नौसैनिक आवश्यकताओ को ध्यान में रखते हुए 1974 में ही परमाणु पनडुब्बियों का निर्माण कार्य प्रारंभ कर दिया था। फलस्वरुप आज चीन की नौसेना में 'एस एस एन' तथा 'एस एस बी एन' दोनों तरह की परमाणु पनडुब्बियाँ लंबी दूरी के प्रक्षेपास्त्रों सहित आपरेशनल है।

भारतीय नौसेना मुख्यालय ने 1988 में एक नीति दस्तावेज जारी किया जिसका शीर्षक ''ए मिलिट्री मेरीटाइम स्ट्रेटेजी 1989 –2014'' था। इसके पश्चात आगे के वर्षों में भारतीय नौसेना ने लगातार कई मेरीटाइम डॉक्ट्रिन, मेरिटाइम स्ट्रेटेजी तथा मेरीटाइम कैपेबिलिटी डेवलपमेंट प्लान जारी किया था। इनसे नौसेना के भूमिका, लक्ष्य, आपरेशनल रुख तथा नयी प्रणाली अर्जन नीति का पता लगने लगा था। भारत के राष्ट्रीय हितों तथा कद को ध्यान में रखते हुए यह आवश्यक समझा गया कि भारतीय नौसेना के पास प्रत्यक्ष ट्रांस नेशनल क्षमता हो तथा तीनों सेनाओं के कार्य नियोजन के लिए एक इंटीग्रेटेड कमान स्टाफ प्रमुख हो।[4]

1998 में भारतीय जनता पार्टी की सरकार के विदेश मंत्री जसवंत सिंह, राष्ट्रीय सुरक्षा सलाहकार ब्रिजेश मिश्रा तथा रक्षा मंत्री जार्ज फर्नांडिस तीनों का विचार था कि भारतीय सामुद्रिक शक्ति बढ़ाने के लिए नौसेना के आधुनिकीकरण तथा विस्तार की आवश्यकता है।[5]

1998 से लगातार भारत अपने नौसैनिक डॉक्ट्रिन को बदलते समय के अनुसार परिवर्तित कर रहा है। 1998 में ''मेरीटाइम डायमेंशन एण्ड नेवल विजन'' जारी किया गया था। इसमें यह लक्ष्य रखा गया था कि भारतीय नौसेना का विकास इस प्रकार से किया जाए ताकि वह खुले

गहरे समुंद्र में कार्य करने में सक्षम हो सके। फलस्वरुप आगे के वर्षों में वर्तमान नौसेना का बजट बढ़ाया गया था। पूर्व नौसेनाध्यक्ष एडमिरल जयंत नाडकर्णी ने कहा था कि "ब्लू वाटर नेवी" का तर्कसंगत उपयोग शक्ति प्रक्षेपण (पावर प्रोजेक्शन) करना है। यह भारत जैसे शक्ति के लिए आवश्यक है।[6]

सुरक्षा से संबंधित दस्तावेज अधिकतर क्लासीफाइड दस्तावेज होते हैं। अप्रैल 2004 में पहली बार "इंडियन मेरीटाइम डॉक्ट्रिन" (148 पेज का) आधिकारिक रुप से भारतीय नौसेना द्वारा जारी किया गया था। यह वर्गीकृत नहीं था अर्थात इस डॉक्ट्रिन को जनता के लोग भी देख सकते थे। इसे तत्कालीन नौसेनाध्यक्ष एडमिरल माधवेंद्र सिंह ने 'पूर्वी नेवल कमांड' विशाखापट्टनम में नौसैनिक कमांडरों के सम्मेलन में जारी किया था। इसमें स्पष्ट रूप से कहा गया था कि भारत "ब्लू वाटर नेवी" का विकास अपने बृहद आर्थिक एवं सुरक्षा हितों के लिए करना चाहता है। ये भारतीय हित हिंद महासागर में ही नहीं अपितु अन्य दूसरे सुदूर जलक्षेत्रों में भी फैले हुए है। भारतीय नौसेना के पास "पावर प्रोजेक्शन" की पूरी क्षमता होनी चाहिए, ताकि वह दूर समुद्रों में जाकर रुक सके तथा स्वतंत्र रूप से नौसैनिक संक्रियाएं कर सके। इसीलिए भारतीय नौसेना में परमाणु पनडुब्बियों का होना आवश्यक है। इस डॉक्ट्रिन में स्पष्ट रूप से उल्लेख किया गया था कि भारत परमाणु पनडुब्बियों के द्वारा "निम्नतम विश्वासनीय परमाणु भयादोहन" क्षमता का विकास करना चाहता है। पहली बार भारतीय नौसेना ने यह घोषित किया की अब "भारत एक क्षेत्रीय सामुद्रिक शक्ति संपन्न देश बन चुका है।" फारस की खाड़ी से लेकर मलक्का जल मार्ग तक का क्षेत्र भारत का वैधानिक राजनीतिक, आर्थिक एवं सैनिक हित का क्षेत्र है।

मई 2006 में भारतीय नौसेना ने अपना विजन दस्तावेज जारी किया था तथा अक्टूबर 2006 में नौसेना ने "रोडमैप टू ट्रांसफॉर्मेशन" दस्तावेज

जारी किया था।

सितंबर 2007 में भारतीय नौसेना ने ''फ्रीडम टू यूज द सीजः इंडियाज मेरीटाइम मिलिट्री स्ट्रेटेजी'' नामक दस्तावेज जारी किया था। इस डॉक्ट्रिन को तत्कालीन नौसेनाध्यक्ष एडमिरल सुरीश मेहता ने जारी किया था।

2009 में पूर्व में जारी ''मेरीटाइम डॉक्ट्रिन'' को संशोधित किया गया था। इसमें सामुद्रिक आतंकवाद,पायरेसी (समुद्री लूट तथा अपहरण) एवं तटीय सुरक्षा के ऊपर ज्यादा ध्यान दिया गया।

भारतीय नौसेना के द्वारा ''सुरक्षित सागर सुनिश्चितः भारतीय सामुद्रिक सुरक्षा रणनीति'' (मैरीटाइम सिक्योरिटी स्टैटिजीः इनश्योरिंग सिक्योर सीज'') दस्तावेज अक्टूबर 2015 में जारी किया गया था। जिसमें पहली बार विस्तार से हिंद– प्रशांत क्षेत्र की सुरक्षा चुनौतियों तथा भारतीय हितों का उल्लेख किया गया था। इसमें यह कहा गया था कि इस पूरे जलक्षेत्र के समुद्री व्यापारिक जलमार्गों की सुरक्षा भारतीय नौसेना का एक महत्वपूर्ण कार्य बन गया है। चीन तथा भारत की नौसेना का विकास एवं विस्तार इसी आवश्यकता को ध्यान में रखकर किया जा रहा है।[7]

भारत की आर्थिक उन्नति तथा राष्ट्रीय सुरक्षा में हिंद–प्रशांत क्षेत्र का विशेष महत्व एवं योगदान है। इस दस्तावेज में इस बात पर जोर दिया गया था कि भारतीय नौसेना का प्रमुख कार्य प्रशांत क्षेत्र (पश्चिमी प्रशांत क्षेत्र) में भारतीय आर्थिक हितों की सुरक्षा करना है तथा हिंद महासागर क्षेत्र में चीन की नौसेना के बढ़ते गतिविधियों तथा प्रभाव को यथासंभव सीमित करना है। भारत के सभी पड़ोसी देशों में चीनी नौसेना की गतिविधियाँ लगातार बढ़ रही है। पाकिस्तान की नौसेना के वायु शाखा तथा पनडुब्बियों से भारतीय सुरक्षा को विभिन्न प्रकार की

चुनौतियां उत्पन्न हो सकती हैं। इन्हीं कारणों से भारत के उन्नति तथा सुरक्षा के लिए जलक्षेत्र के महत्व पर गंभीरतापूर्वक ध्यान देने की आवश्यकता है। देश की आर्थिक हितों की सुरक्षा के लिए सामुद्रिक सुरक्षा एक आवश्यक एवं महत्वपूर्ण तत्व बन गया है।[8]

सेना से संबंधित विजन अथवा स्ट्रैटजी डाक्यूमेंट्स को समय–समय पर संशोधित तथा रिवाइज करना पड़ता है, ताकि उसके उद्देश्य, भूमिका एवं क्षमता का मूल्यांकन हो सके।

पहली बार भारतीय रक्षा मंत्री मनोहर परिंकर ने 26 अक्टूबर 2015 को नयी दिल्ली में आयोजित नौसैनिक कमांडर कांफ्रेंस में आधिकारिक रूप से नौसेना के स्ट्रेटेजी डाक्यूमेंट को जारी किया था। इससे कुछ दिनों पूर्व प्रधानमंत्री मोदी ने आई एन एस विक्रमादित्य वायुयानवाहक पोत पर कोच्चि से 40 नॉटिकल मील दूर अरब सागर में नौसेना के पहले संयुक्त कमांडरो के सम्मेलन को संबोधित किया था। इस स्ट्रेटेजी में केवल एक बार हिंद–प्रशांत क्षेत्र का उल्लेख था तथा पूरा ध्यान हिंद महासागर पर ही केंद्रित किया गया था। इस स्ट्रेटेजी के कुछ प्रमुख बातें इस प्रकार से है–

1. इसमें भारतीय मैरीटाइम हितों के क्षेत्र को अर्थपूर्ण ढंग से बढ़ाया गया। इसमें प्रवासी भारतीयों, समुद्र पार निवेश तथा राजनीतिक हितों को ध्यान में रखा गया था।
2. इसमें पूर्ववर्ती डा मनमोहन सिंह की सरकार की हिंद महासागर द्वीप देशों के लिए "नेट सिक्योरिटी प्रोवाइडर" की नीति को आगे के वर्षों में लागू रखने का निर्णय लिया गया।
3. इसमें स्पष्ट रूप से कहा गया कि भारतीय नौसेना में तीन कैरियर बैटिल ग्रुप होंगे। जिसमें प्रत्येक कैरियर बैटिल ग्रुप में एक वायुयानवाहक युद्धपोत होगा।

4. भारत के परमाणु नीति "पहले आक्रमण न करने" तथा "गैर परमाणु सम्पन्न देश के विरुद्ध परमाणु शस्त्र न उपयोग करने" को महत्व देते हुए यह कहा गया कि जितना जल्द हो सके उतना जल्दी परमाणु पनडुब्बी को (एस एस बी एन) को नौसेना में शामिल किया जाए।
5. स्ट्रैटिजी में नौवहन की स्वतंत्रता को बनाए रखने के महत्व तथा यूएनसीएलओएस के अंतरराष्ट्रीय नियमों को बल प्रदान करने के महत्व एवं आवश्यकता पर बल दिया गया था।[9]

भारतीय नौसेना : आधुनिकीकरण एवं विस्तार कार्यक्रम

भारतीय नौसेना विश्व के दस प्रतिष्ठित नौसेनाओं में सातवें स्थान पर है। पिछले वर्षो में इसने काफी प्रतिष्ठा भी अर्जित किया है। बढ़ती जिम्मेदारियों एवं सुरक्षा चुनौतियों को देखते हुए भारतीय नौसेना के आधुनिकीकरण तथा क्षमता विस्तार एवं विकास के विभिन्न कार्यक्रमों को प्राथमिकता के आधार पर चलाया जा रहा है। मुख्य ध्येय यह है कि 2030 तक इसे परमाणु शक्ति संपन्न ब्लू वाटर नेवल फोर्स में बदल दिया जाए।

इस शताब्दी में भारतीय नौसेना की कुछ महत्वपूर्ण उपलब्धियाँ इस प्रकार से है–

* भारत ने अपना पहला संयुक्त कमांड "अंडमान निकोबार कमांड" (ए एन सी) अक्टूबर 2001 में स्थापित किया था। इसका मुख्यालय पोर्ट ब्लेयर में है। यह भारत का पहला स्ट्रेटेजिक कमांड फोर्स है। इसमें तीनों सेनाओं की इकाईयाँ शामिल हैं। जुलाई 2012 में ए एन सी के नेवल एयरबेस "आई एन एस बाज" कमीशन हुआ। यह पोर्ट ब्लेयर से 300 किलोमीटर दूर "कैंप वेल वे" में स्थित है। यहाँ पर सुखोई 30 एमकेआई वायुयानो को रखने की योजना है। हिंद महासागर क्षेत्र में चीन के बढते नौसैनिक गतिविधियों को देखते हुए तथा दक्षिण चीन सागर की तनाव की स्थिति को देखते हुए इस

कमांड का विशेष रणनीतिक महत्व है। ए एन सी को एक शक्तिशाली एम्फीबियस बेस के रूप में विकसित किया जा रहा है। इस कमांड के अंतर्गत थल सेना, वायु सेना, नौसेना, तटरक्षक के साथ ही रडार नेटवर्क को भी मजबूत करने का कार्य चल रहा है। यह भारत का पहला इंटीग्रेटेड थियेटर कमान है।

अप्रैल 2016 में एक एम्फीबियस अभ्यास ''जल प्रहार'' अंडमान निकोबार द्वीप समूह जलक्षेत्र में किया गया था। इस अभ्यास में सेना के तीनों अंगों– नौसेना, थल सेना तथा वायु सेना के सैनिकों तथा प्लेटफार्म ने भाग लिया था।[10]

इस क्षेत्र की सुरक्षा वातावरण तथा तैयारियाँ की समीक्षा के लिए वर्तमान रक्षामंत्री निर्मला सीतारमण अक्टूबर 2017 में दो दिवसीय यात्रा पर अंडमान निकोबार कमांड गई थी।[11]

* 2002 में तटीय जलक्षेत्र की निगरानी एवं टोही कार्य के लिए इजराइल से ''हीरोन'' तथा ''सर्चर 2'' चालकरहित वायुयान नौसेना के लिए खरीदे गए। इन्हें कोच्चि, पोरबंदर तथा उचीपुली (तमिलनाडु) में रखा गया है। वर्तमान समय में निगरानी एवं टोही कार्य के लिए चालकरहित वायुयानों का महत्व काफी बढ़ गया है।

हीरोन चालकरहित वायुयान की ऑपरेशनल गति 130 मील प्रति घंटा, उड़ान ऊंचाई 32800 फीट तथा रेंज 217 मील है। सर्चर II की ऑपरेशनल गति 125 मील प्रति घंटा, उड़ान ऊंचाई 20000 फीट तथा उड़ान समय (इंड्योरेंस) 18 घंटा है।[12]

* भारतीय युद्धपोतों को शत्रु के प्रक्षेपास्त्रों से सुरक्षा दिलाने हेतु एंटी शिप प्रक्षेपास्त्र बराक। इजराइल से 2003 में खरीदा गया। यह कम दूरी का जमीन से हवा (एस ए एम) में मारक क्षमता वाला प्रक्षेपास्त्र है। इसकी गति 2.1 मैक तथा उड़ान ऊंचाई 5.5 किमी. है। विमानवाहक पोत

सहित यह सभी महत्वपूर्ण युद्धपोतों पर लगाया गया है। इन प्रक्षेपास्त्रो से भारतीय युद्धपोतों को 360 डिग्री की सुरक्षा मिल सका है। इनका प्रभावी कार्य रेंज 500 मीटर से लेकर 10 किलोमीटर तक का है।[13]

24 मार्च 2017 को विमानवाहक पोत ''आईएनएस विक्रमादित्य'' से अरब सागर में इसका आपरेशनल रेडिनेस परीक्षण कार्य किया गया है।[14]

* 2004 में रुस से विमानवाहक पोत गोर्शकोव (कीव क्लास) को खरीदा गया था। नये निर्माण के पश्चात इसे 16 नवंबर 2013 को ''आई एन एस विक्रमादित्य'' के नाम से भारतीय नौसेना में शामिल किया गया। इस युद्धपोत की लंबाई 284 मीटर तथा डिस्प्लेसमेंट 44500 टन का है। इसकी अधिकतम गति 32 नाट् तथा कार्य रेंज 13500 समुद्री मील है। इसके संचालन के लिए 1600 नौसैनिकों का कार्यबल लगा रहता है। इसके लिए रूस से ही अत्याधुनिक 'मिग 29–के' वायुयानो को भी खरीदा गया है। फरवरी 2010 में रूस से चार वायुयान भारत पहुंचे । इस युद्धपोत पर 'कामोव –31', 'कामोव– 28' (रुस से खरीदे गए), सी–किंग तथा चेतक पनडुब्बी निरोधी युद्धकर्म तथा सामुद्रिक निगरानी हेलीकॉप्टर भी रखे गए हैं।[15]

* मार्च 2007 में अमेरिकी नौसेना का एक लैंडिंग शिप डाक् (एल सी डी) ''यू एस एस ट्रेंटेन'' खरीदा गया। इसे ''आई एन एस जलाश्व'' के नाम से भारतीय नौसेना में शामिल किया गया है। इससे भारतीय नौसेना की स्थल आक्रमण क्षमता सुदृढ़ हुई तथा सेनाओं को एक स्थान से दूसरे स्थान तक ले जाना संभव हो सका। उस समय भारतीय नौसेनाध्यक्ष एडमिरल सुरीश मेहता थे। उन्होंने कहा था कि इसके नौसेना में शामिल हो जाने से नौसेना की स्थल आक्रमण संक्रिया क्षमता को एक नया आयाम मिला है। इस प्रकार के युद्धपोतों का महत्व शांति स्थापन कार्यक्रमों तथा आपदा राहत कार्यों में भी काफी होता है।

* 23 मई 2009 को टेक्नोलॉजी ट्रांसफर के अंतर्गत फ्रांस के सहयोग से ''प्रोजेक्ट 75'' के अंतर्गत 6 स्कॉर्पियन पनडुब्बियों का निर्माण कार्य 'मझगांव डॉक लिमिटेड', मुंबई में प्रारंभ हुआ था। 2017 में पहली पनडुब्बी (कलवरी Kalvari class) का समुद्री परीक्षण कार्य प्रारंभ हो गया है। 66 मीटर लंबी यह पनडुब्बी पानी के अन्दर 300 मीटर नीचे चलने की क्षमता वाली है। यह 18 टारपिडो सहित पानी के अंदर 1020 किलोमीटर तक जाने की क्षमता वाली है। 2025 तक सभी पनडुब्बियों के बन जाने की उम्मीद है। पहले यह योजना थी कि सभी पनडुब्बियों का निर्माण कार्य 2018 तक पूरा कर लिया जाएगा। लेकिन विभिन्न कारणों से ऐसा नहीं किया जा सका है। तीसरी पनडुब्बी 'करंज' का भी परीक्षण कार्य प्रारंभ हो गया है।

* भारत सरकार ने वायुयानवाहक पोत के डिजाइन तथा निर्माण के प्रस्ताव को जनवरी 2003 में स्वीकार किया था। 2007 में कोचीन शिपयार्ड लिमिटेड पर स्वदेशी विमानवाहक पोत के निर्माण हेतु स्टील चादरों के काटने का कार्य प्रारंभ हुआ। 28 फरवरी 2009 में तत्कालीन रक्षा मंत्री ए के एंटोनी के द्वारा इसके विधिवत निर्माण का कार्य प्रारंभ किया गया था। यह अब तक का सबसे बड़ा स्वदेशी पोत निर्माण कार्य है। इसकी लंबाई 260 मीटर तथा चौड़ाई 60 मीटर है।[16]

37500 टन वजन वाले इस विमानवाहक पोत पर ''मिग–29के'' वायुयान रखे जाएंगे। इसे ''आई एन एस विक्रांत'' नाम से भारतीय नौसेना में शामिल करने की योजना है। भारत ने अपना पहला तथा दूसरा वायुयानवाहक युद्धपोत (आईएनएस विक्रांत तथा आईएनएस विराट) ब्रिटेन से खरीदा था। 'आईएनएस विक्रांत' को 4 मार्च 1961 को भारतीय नौसेना में कमीशन दिया गया था और इसे 31 जनवरी 1997 को सम्मानपूर्वक नौसेना से सेवा मुक्त किया गया था।

' आईएनएस विराट' को 12 मई 1987 को भारतीय नौसेना में

शामिल किया गया था। इसे भी सम्मानपूर्वक 6 मार्च 2017 को कार्य मुक्त किया गया था। भारत के पहले वायुयानवाहक युद्धपोत विक्रांत के नाम पर कोचीन शिपयार्ड लिमिटेड, कोच्चि में नया अत्याधुनिक वायुयानवाहक बनाया जा रहा है। इस युद्धपोत का समुद्री परीक्षण कार्य तथा इलेक्ट्रॉनिक उपकरणों को लगाने का कार्य चल रहा है। 2018 में इसके भारतीय नौसेना में शामिल करने की योजना है । इसी श्रेणी के दूसरे वायुयानवाहक पोत के बॉडी निर्माण का कार्य प्रारंभ हो चुका है। भारत सरकार ने बराक ओबामा प्रशासन से वायुयानवाहक पोत के लिए ''जनरल एटामिक्स'' के द्वारा तैयार की गई ''इलेक्ट्रोमैग्नेटिक लॉन्च सिस्टम'' तकनीक देने की मांग की थी। अक्टूबर 2017 में डोनाल्ड ट्रंप प्रशासन ने इस बात के लिए संकेत दिया कि अमेरिका भारत को इलेक्ट्रोमैग्नेटिक एयरक्राफ्ट लॉन्च सिस्टम उपलब्ध कराएगा। इससे भारतीय नौसेना को काफी मजबूती मिलेगी।[17]

* 27 फरवरी 2008 को ''सागरिका'' क्रूज प्रक्षेपास्त्र (के–15 , रेंज 750 किमी. 1000 किलोग्राम के पेलोड् के साथ तथा 1900 किलोमीटर 180 किलोग्राम पेलोड् के साथ) का सफल परीक्षण विशाखापट्टनम तट से किया गया था। पानी के भीतर से छोड़े जा सकने वाले इन प्रक्षेपास्त्रों से परंपरागत एवं आणविक युद्धशीर्ष ले जाया जा सकेगा। भारतीय नौसेना के पास पानी के अंदर से पनडुब्बियों के द्वारा छोड़े जा सकने वाले क्रूज प्रक्षेपास्त्र नहीं है। सागरिका क्रूज प्रक्षेपास्त्रों का विकास कार्य डीआरडीओ के द्वारा किया जा रहा है। इस प्रक्षेपास्त्र को भारतीय परमाणु पनडुब्बी ''अरिहंत'' पर लगाने की योजना है।[18] यह भारतीय परमाणु ट्राएड क्षमता के लिए अत्यंत आवश्यक है। परमाणु ट्राएड क्षमता वाले देश के पास थल, वायु तथा जल (जल सतह एवं जल के अंदर से) तीनों माध्यमों से परमाणु बमों को छोड़ने की क्षमता होती है। इस प्रक्षेपास्त्र का परीक्षण कार्य 25 नवंबर 2015 को अरिहंत परमाणु पनडुब्बी से भी किया गया है।[19]

ऐसी भी सूचना है कि 'निर्भय' नामक 1000 किलोमीटर रेंज वाली प्रक्षेपास्त्र का विकास हो रहा है जिसे पनडुब्बियों पर भी लगाया जा सकेगा।[20]

* जनवरी 2009 में अमेरिकी कंपनी बोइंग से आठ अत्याधुनिक टोही एवं एंटी सबमरीन वायुयान ''पी8आई'' खरीदा गया। दिसंबर 2012 में पहला वायुयान भारत आया था। इसे चेन्नई के ''अराकोनम'' के ''आईएनएस रजाली'' नौसैनिक बेस पर रखा गया था। यहाँ से यह आसानी से अरब सागर, बंगाल की खाड़ी तथा हिंद महासागर क्षेत्र का निगरानी कार्य कर सकता है। इस वायुयान में उड़ान के दौरान हवा में तेल भरने की सुविधा है। फरवरी 2017 में मुंबई के छत्रपति शिवाजी महाराज इंटरनेशनल एयरपोर्ट पर भारतीय नौसेना के एक (एन ए ई) ''नेवल एयर इनक्लेव'' का उद्घाटन हुआ। यहाँ से भी ''पी8आई'' वायुयानों का उपयोग अरब सागर क्षेत्र तथा पाकिस्तान के लिए किया जा सकेगा। यह वायुयान हारपून ब्लाक II प्रक्षेपास्त्रों, एम के–54 टारपिडो तथा विभिन्न प्रकार के राकेटो से लैस है। इसकी गति 907 किलोमीटर प्रति घंटा तथा आपरेशनल रेंज 1200 नॉटिकल मील है।[21] जुलाई 2016 में भारत ने इस प्रकार के चार और वायुयानों को खरीदने का आर्डर बोइंग को दिया है। यह चारों वायुयानों के 2020 तक मिलने की संभावना है। सामुद्रिक सुरक्षा चुनौतियों तथा चीन के नौसेना की बढ़ती हुई शक्ति को देखते हुए यह भारतीय नौसेना का उचित कदम था।[22]

यह अत्याधुनिक वायुयान निम्नलिखित कार्य के लिए उपयुक्त है –

* पनडुब्बी निरोधी तथा पानी के सतह के लक्ष्यों को नष्ट करने के लिए

* आसूचना, निगरानी एवं टोही कार्यों के लिए

* कमांड, कंट्रोल एवं कम्युनिकेशन (सी 3) नियंत्रण के लिए

* आपदा के समय मानवीय राहत कार्यों के लिए

इस अमेरिकी वायुयान को ऑस्ट्रेलिया तथा ब्रिटेन ने भी खरीदा है।

* 19 मई, 2009 को शार्दूल श्रेणी का बड़ा लेंडिंग शिप टैंक "आई एन एस एरावत" भारतीय नौसेना के पूर्वी कमांड, विशाखापट्टनम में शामिल हुआ था। यह 10 मुख्य लड़ाकू टैंक, 11 बख्तरबंद ट्रक तथा 500 सैनिक ले जाने की क्षमता वाला है। पिछले वर्षों में भारतीय नौसेना का यह प्रयास रहा है कि हिंद–प्रशांत क्षेत्र के सामुद्रिक सुरक्षा वातावरण को मजबूत किया जाए। भारतीय 'एक्ट ईस्ट पॉलिसी' के अंतर्गत "आई एन एस एरावत" दक्षिण पूर्व एशिया के देश ब्रूनेई, आसियान डिफेंस मिनिस्टर मीटिंग प्लस (1–9 मई 2016) नौसैनिक युद्धाभ्यास में भाग लेने हेतु गया था।[23]

* 26 मई 2009 को इसरो ने सफलतापूर्वक पहला साइंटिफिक ओशन सेटेलाइट – ओशनसैट I को पोलर आरबिट में प्रक्षेपित किया था। इसमें ओशनोग्राफी तथा मेट्रोलाजी के लिए विभिन्न प्रकार के पेलोडस लगे थे।

* दिसंबर 2009 में "हिंदुस्तान शिपयार्ड लिमिटेड" विशाखापट्टनम को रक्षा मंत्रालय के अधीन कर दिया गया था। यह भारत के पूर्वी तट पर विशाखापट्टनम में स्थित है। स्वतंत्रता से पूर्व इसका नाम "सिंधिया शिपयार्ड" था। 1948 में प्रधानमंत्री स्वर्गीय जवाहरलाल नेहरू ने यहाँ निर्मित पहला स्वदेशी जलयान "जल उषा" का जलावतरण किया था। इसका भारत सरकार ने 1961 में राष्ट्रीयकरण कर दिया था तथा इसका नाम बदल का हिंदुस्तान शिपयार्ड कर दिया गया था। इसी शिपयार्ड में भारतीय परमाणु पनडुब्बी अरिहंत का विकास एवं निर्माण कार्य चल रहा है। यहाँ 80 हजार डी डब्ल्यू टी तक के जलयानों के निर्माण के आच्छादित शेड की व्यवस्था है। वर्ष 2009 तक यहाँ पर 170 जलयानों का निर्माण तथा लगभग 2000 जलयानो का मरम्मत कार्य पूरा किया जा

चुका था। यहाँ पर नौसेना के पनडुब्बियों के सर्विसिंग एवं मरम्मत की पूरी व्यवस्था है।

* 25 जुलाई 2009 को तत्कालीन प्रधानमंत्री डॉक्टर मनमोहन सिंह ने विशाखापट्टनम में देश के पहले परमाणु पनडुब्बी अरिहंत का जलावतरण किया था। इसका निर्माण 'पोत निर्माण केंद्र' विशाखापट्टनम में हुआ है। ''एडवांस्ड टेक्नोलॉजी वेसिल'' प्रोजेक्ट के अंतर्गत बनी 6000 टन की इस परमाणु पनडुब्बी का बंदरगाह तथा समुद्री परीक्षण कार्य पूरा हो गया है। 2018 में इसे ''आई एन एस अरिहंत'' के नाम से नौसेना में शामिल करने की योजना है। इस परमाणु पनडुब्बी में 12 परमाणु युद्धशीर्ष वाले प्रक्षेपास्त्र लगे होंगे। इस प्रकार के दो अन्य (अर्द्धमान) पनडुब्बियों का निर्माण कार्य प्रारंभ हो चुका है। जलमग्न स्थिति में यह 24 नाट की गति से चल सकने की क्षमता वाली है। इसके 100 सदस्यीय चालक दल को रूसी विशेषज्ञों द्वारा प्रशिक्षित किया गया है।[24]

* फरवरी 2010 में रूस से खरीदे गए चार ''मिग 29 के'' तथा ''मिग 29 के यू वी'' भारत आए। भारतीय नौसेना ने 'मिग–29 के' वायुयानों के स्क्वॉड्रन का नाम ब्लैक पैंथर (आई एन ए एस 303) रखा है। इसकी गति 2000 किलोमीटर प्रति घंटा और उड़ान ऊंचाई 62000 फीट है। यह वायुयान हवा, समुद्र सतह तथा स्थल के लक्ष्यों को निशाना बनाने में पूर्ण रुप से सक्षम है। इसमें उड़ान स्थिति में ईंधन भरने की सुविधा है। इससे इसकी ऑपरेशनल रेंज 1900 नॉटिकल मील तक की हो जाती है। यह विभिन्न प्रकार के प्रक्षेपास्त्रों, रॉकेटों तथा निर्देशित बमों से युक्त है।[25]

* 20 अगस्त 2011 को तत्कालीन नौसेनाध्यक्ष एडमिरल निर्मल वर्मा ने देश में मझगांव डॉक लिमिटेड, मुंबई द्वारा निर्मित 6200 टन के शिवालिक क्लास स्टील्थ फ्रिगेट ''आई एन एस सतपुड़ा'' को भारतीय नौसेना में शामिल किया था। पूर्वी कमांड फ्लीट एवार्ड फंक्शन 2017 में

इस युद्धपोत को ''बेस्ट युद्धपोत'' होने का सम्मान मिला था। इसको 'रिमपैक युद्धाभ्यास 2016' में भाग लेने के लिए हवाई (अमेरिका) भेजा गया था।[26]

* 21 जनवरी 2011 में ''आई एन एस दीपक'' तथा 1 अक्टूबर 2011 में ''आई एन एस शक्ति'' नामक तेल टैंकरो को (इटली निर्मित) भारतीय नौसेना में शामिल किए गया था। यह भारतीय नौसेना के बड़े तेल टैंकर है। इनकी गति 37 किलोमीटर (20 नॉट) प्रति घंटे तथा कार्य रेंज 10000 किलोमीटर है।

* अप्रैल 2012 को नौसेना में रूस से 900 मिलियन डॉलर के करार से 10 वर्षों के लिए पट्टे पर ली गई परमाणु पनडुब्बी (अकूला II) को ''आई एन एस चक्र'' नाम से शामिल किया गया था। 8230 टन की यह पनडुब्बी 30 नाट् की गति से चलती है। 2030 तक भारतीय नौसेना में चार या पाँच परमाणु पनडुब्बियाँ होंगी। यह जक्षलेत्र की सबसे घातक एवं सुरक्षित प्लेटफॉर्म होती है। रुस से दूसरे परमाणु पनडुब्बी को पट्टे पर लेने की कार्यवाही चल रही है।[27]

* 2012 में भारतीय नौसेना के युद्धपोतो को ब्रह्मोस प्रक्षेपास्त्रों से लैस किया गया। ''आई एन एस रंजीत'' पहला युद्धपोत था, जिस पर ब्रह्मोस क्रूज प्रक्षेपास्त्र लगाया गया था। सभी स्कॉर्पीन पनडुब्बियों में इसे लगाने की योजना है। 21 अप्रैल 2017 को 'आई एन एस तेग' से लंबी दूरी के ब्रह्मोस प्रक्षेपास्त्र का परीक्षण कार्य किया गया था। यह प्रक्षेपास्त्र स्थल के लक्ष्यों को सफलतापूर्वक नष्ट कर सकेगा। अभी इन प्रक्षेपास्त्रों का प्रभावकारी मारक रेंज 290 किलोमीटर है, जिसे बढ़ाकर 450 किलोमीटर किया जा रहा है।

* 26 अप्रैल 2012 को इसरो ने अपना पहला ''रडार इमेजिंग सेटेलाइट (रिसेट–I) अंतरिक्ष में प्रक्षेपित किया था। भारतीय नौसेना भी विभिन्न कार्यों में उपग्रह छायाचित्रों का उपयोग करती है। रिसेट I से

भारतीय नौसेना के ऑपरेशनल तथा रणनीतिक क्षमता में काफी वृद्धि हुई है।

* डीआरडीओ ने 27 जनवरी 2013 को पानी के अंदर से फायर की जा सकने वाली प्रक्षेपास्त्र ''के –15'' का बारहवां सफल परीक्षण किया। भारत विश्व का पांचवा देश है, जिसने इस प्रकार के प्रक्षेपास्त्र के विकास में सफलता प्राप्त प्राप्त किया है। इस प्रक्षेपास्त्र को भारतीय परमाणु पनडुब्बी अरिहंत पर लगाया जाएगा। डीआरडीओ 3000 किलोमीटर रेंज के ''के –4'' प्रक्षेपास्त्र का विकास कार्य भी कर रहा है।

* 21 जून 2013 को समुंद्र के अंदर से छोड़ी जा सकने वाली ''ब्रह्मोस प्रक्षेपास्त्र'' का सफल परीक्षण विशाखापट्टनम तट पर पानी के अंदर से किया गया था।

* 3 जून 2013 को देश में निर्मित सहायक पोत ''प्रदायक'' भारतीय नौसेना में शामिल हुआ। यह पोत 400 टन ईंधन, 100 टन वायुयान ईधन तथा 50 टन साफ पीने योग्य पानी लेकर चल सकता है। इसे नौसेना के दक्षिणी कमान कोच्चि पर रखा गया है।[28]

* सितंबर 2013 में 'जीसेट – 7' उपग्रह को 'रुक्मिणी' नाम से भारतीय नौसेना को सौंपा गया था। यह भूस्थैतिक उपग्रह है। इसका हिंद महासागर क्षेत्रीय फूटप्रिंट लगभग 2000 नॉटिकल मील का है। इसके द्वारा एक साथ 60 युद्धपोतों तथा 75 वायुयानों की नेटवर्किंग का कार्य सफलतापूर्वक किया जा सकता है। इस नेवल संचार एवं निगरानी उपग्रह से मलक्का जलडमरूमध्य से लेकर हार्मुज जलडमरूमध्य तक के जलक्षेत्र पर नजर रखी जा रही है।

यह भारत का पहला सैनिक संचार उपग्रह (2650 किलोग्राम) है। अंतरिक्ष में लगभग 300 सैनिक उपग्रह चक्कर लगा रहे है। इनमें से लगभग आधे उपग्रह अमेरिका के तथा उसके बाद रुस एवं चीन के है। ये

सभी उपग्रह दोहरे उपयोग वाले है। इन उपग्रहों में वायुयानों, युद्धपोतों, पनडुब्बियों तथा अन्य दूसरे युद्ध के प्लेटफार्मों को 'उच्च एंक्रिप्टेड डेटा नेटवर्क' से जोड़ने की विशेष क्षमता होती है। मल्टी–बैंड का उपग्रह जीसेट–7 अत्याधुनिक संचार उपग्रह है। यह हिंद महासागर के लगभग 70 प्रतिशत भाग को कवर करता है। इस उपग्रह से भारतीय सामुद्रिक सुरक्षा को नया आयाम मिला है। इसकी मदद से हिंद महासागर क्षेत्र में चीन की पनडुब्बियों की गतिविधियों पर नजर रखी जा रही है।[29]

* 12 नवंबर 2013 को तटीय सुरक्षा एवं बचाव व खोजी अभियानों के लिए पूर्ण रुपेण सक्षम स्वदेशी हल्के "ध्रुव हेलीकॉप्टरों" को नए नौसैनिक वायु स्क्वॉड्रन "आई एन ए एस 322" में शामिल किया गया।

* अगस्त 2014 में 'गार्डन रीच शिप बिल्डिंग एंड इंजीनियर्स लिमिटेड', कोलकाता द्वारा निर्मित शक्तिशाली एंटी सबमरीन युद्धपोत 'कामोर्टा' को भारतीय नौसेना में शामिल किया गया। यह कामोर्टा क्लास स्टील्थ कारवेटस पनडुब्बी निरोधी युद्धपोत है। इनका निर्माण प्रोजेक्ट 28 के अंतर्गत किया गया है। इस तरह के कुल चार युद्धपोतों को भारतीय नौसेना में शामिल करना है।

7 जनवरी 2016 को इस प्रोजेक्ट 28 का दूसरा कारवेट "आईएनएस कदमत्त" को विशाखापट्टनम में भारतीय नौसेना में शामिल किया गया था।[30]

16 अक्टूबर 2017 को प्रोजेक्ट 28 के तीसरे युद्धपोत "आईएनएस किल्टन" को विशाखापट्टनम में भारतीय नौसेना में शामिल किया गया था। यह भारत का पहला युद्धपोत है, जिसका बाड़ी कार्बन फाइबर काम्पोजिट मैटेरियल से बना है। इस पर भारी टारपिडो तथा 'ए एस डब्लू राकेट' लगे हैं।[31] 3500 टन का यह युद्धपोत 109 मीटर लंबा तथा 14 मीटर चौड़ा है।

* भारतीय रक्षा मंत्रालय के डिफेंस एक्वीजीशन कॉउंसिल (डी ए

सी) ने फरवरी 2015 में ''प्रोजेक्ट 17 ए'' की अंतर्गत सात स्टील्थ फ्रिगेट (50000 करोड़ रुपए की लागत से) तैयार करने का निर्णय लिया था। इसमें से चार फ्रिगेट मझगांव डॉक लिमिटेड ,मुंबई तथा तथा तीन जी आर एस ई, कोलकाता में बनाए जाएंगे। मार्च 2016 में पुनः डी ए सी ने इन्हीं फ्रिगेटस के लिए 13000 करोड़ रुपए का अनुमोदन किया ताकि इनको लम्बी दूरी के जमीन से हवा में मार करने वाले प्रक्षेपास्त्रों से लैस किया जा सके। इन प्रक्षेपास्त्रों का विकास संयुक्त रुप से डीआरडीओ तथा इजराइली एयरोस्पेस इंडस्ट्रीज (आई ए आई) द्वारा किया गया है। इन प्रक्षेपास्त्रों को तीन कोलकाता श्रेणी के विध्वंसक युद्धपोतों पर लगाया भी जा चुका है। इन प्रक्षेपास्त्रों के साथ ही इन युद्धपोतों पर ब्रह्मोस क्रूज प्रक्षेपास्त्रो, अजंता इलेक्ट्रॉनिक वारफेयर सिस्टम तथा हुम्सा – एन जी रडार सिस्टम भी लगाए जाने हैं।[32]

* 20 अप्रैल 2015 को विशाखापट्टनम क्लास गाइडेड मिसाइल विध्वंसक का पहला युद्धपोत ''आई एन एस विशाखापट्टनम'' (प्रोजेक्ट 15 बी) का जलावतरण किया गया था। इसका निर्माण मझगांव डॉक लिमिटेड, मुंबई में हुआ है। इसके 2018 में भारतीय नौसेना में शामिल होने की संभावना है।

* 9 मई 2015 को स्वदेशी तकनीक से निर्मित युद्धपोत ''आई एन एस सरदार पटेल'' को नौसेना के बेड़े में शामिल किया गया। नौसैनिक अड्डे की तरह काम करने वाले इस युद्धपोत को गुजरात की सीमा की सुरक्षा के लिए लगाया गया है। इस समय नौसेना प्रमुख एडमिरल आर के धवन ने कहा था कि आईएनएस सरदार पटेल से गुजरात की समुद्री सीमा की सुरक्षा पहले से अधिक बेहतर एवं मजबूत ढंग से होगी। आतंकवादियों और तस्करों के लिए राज्य की सीमा में घुसना अब आसान नहीं होगा। गुजरात की समुद्री सीमा की संवेदनशीलता का पता इसी बात से लगाया जा सकता है कि खाड़ी देशों से आने वाला लगभग 120

लाख टन कच्चा तेल देश की रिफाइनरियों में यहाँ से होकर गुजरता है। यहाँ के समुद्री तट पर देश के 43 प्रतिशत निजी एवं सरकारी बंदरगाह स्थित है, जो देश की 50 प्रतिशत औद्योगिक जरूरतों को पूरा करते है। ऐसे में यहाँ की समुद्री सीमा की सुरक्षा बेहद महत्त्वपूर्ण है।

* कोलकाता स्थित 'गार्डनरीच शिपबिल्डर्स एंड इंजीनियर्स लिमिटेड' (जीआरएसई) द्वारा स्वदेशी तकनीक से निर्मित चौथे पनडुब्बी निरोधी युद्धपोत "आइएनएस कवरत्ती" का 19 मई 2015 को कोलकाता में जलावतरण किया गया था। वर्तमान समय में बिना नौसैनिक शक्ति के विकास के कोई भी देश खुद को सुरक्षित महसूस नहीं कर सकेगा तथा अपने आर्थिक विकास को भी गति नहीं दे सकता है। उस समय तत्कालीन नौसेना प्रमुख एडमिरल आर के धवन ने कहा कि "भारत का जलक्षेत्र पूरी तरह सुरक्षित है। कवरत्ती भारतीय नौसेना के लिए गर्व है। बंगाल की खाड़ी में समुद्री सुरक्षा के लिए यह मील का पत्थर साबित होगा"।[33]

* 18 फरवरी 2015 को कैबिनेट कमेटी ऑन सिक्योरिटी (सी सी एस) ने औपचारिक रूप से भारत के एक बड़े रक्षा प्रोजेक्ट को अपनी सहमति प्रदान किया था। डीआरडीओ तथा बीएआरसी के इस संयुक्त प्रोजेक्ट के अंतर्गत भारतीय नौसेना के लिए छः परमाणु शक्ति से चलने वाली पनडुब्बियों (एस एस एन) का निर्माण कार्य 12 बिलियन डॉलर (74400 करोड़ रुपए) की लागत से होना है। 4 दिसंबर 2017 के नौसेना दिवस की पूर्व संध्या पर बोलते हुए नौसेना प्रमुख एडमिरल लांबा ने बताया कि इस प्रोजेक्ट के अंतर्गत पनडुब्बी का निर्माण कार्य प्रारंभ हो चुका है। उन्होंने कोई अन्य सूचना इसलिए नहीं दिया, क्योंकि यह एक अत्यंत गोपनीय प्रोजेक्ट है।[34]

ऐसी सूचना है कि भारतीय नौसेना को 2018 में रुस से दूसरी परमाणु पनडुब्बी (एस एस एन') पट्टे पर मिल जायेगी।

अरिहंत श्रेणी के चार 'एस एस बी एन' परमाणु पनडुब्बियों का निर्माण किया जा रहा है। पहले पनडुब्बी अरिहंत को छोड़ कर बाकी सभी पनडुब्बियाँ 8000 टन भार वाली होगी। दूसरी पनडुब्बी का नाम 'अर्द्धमान' होगा। जिसमें आठ 'के–4' प्रक्षेपास्त्रो को लेकर जाने की क्षमता होगी।[35]

* 17 सितंबर 2016 को गाइडेड मिसाइल विध्वंसक ''आई एन एस मोरमूगोवा'' (प्रोजेक्ट 15 बी) का दूसरे युद्धपोत का जलावतरण किया गया। 7300 टन के इस युद्धपोत की गति 30 नॉट है।

* 21 नवंबर 2016 को गाइडेड मिसाइल विध्वंसक युद्धपोत ''आईएनएस चेन्नई'' (प्रोजेक्ट 15ए – कोलकता क्लास विध्वंसक) को भारतीय नौसेना में शामिल किया गया था। इस युद्धपोत का निर्माण मझगांव डॉक लिमिटेड मुंबई में हुआ था। यह 7500 टन का स्टील्थ विध्वंसक युद्धपोतों है। इसी श्रेणी के युद्धपोत 'आईएनएस कोलकाता' को 14 अगस्त 2014, तथा 'आई एन एस कोच्चि' को 30 सितंबर 2015 को भारतीय नौसेना में शामिल किया गया था।[36]

* मई 2017 में दो दिवसीय भारत अमेरिका सामुद्रिक सुरक्षा डायलॉग ''रोड द्वीप'' (Rhode Island) में संपन्न हुआ था। इस समय अमेरिकी पक्ष इस बात के लिए सहमत हुआ कि अमेरिका दो दर्जन ''गार्जियन ड्रोन'' भारतीय नौसेना के लिए देगा ।

* नवंबर 2017 में भारतीय नौसेना के लिए देश में पहली बार प्राइवेट शिपयार्ड ''पिपावाव शिपयार्ड लिमिटेड'' गुजरात द्वारा निर्मित दो 'नेवल आफशोर पेट्रोल वेसिल' 'सांची' और 'श्रुति' बन कर तैयार है। इन्हें जल्द ही भारतीय नौसेना में कमीशन प्रदान किया जाएगा। इस तरह के कुल पांच पेट्रोल वेसिल बनाये जाने है। इनसे निश्चित रूप से भारतीय नौसेना की निगरानी क्षमता काफी बढ़ जायेगी। निगरानी कार्य के अतिरिक्त इनका उपयोग फ्लीट सहायता आपरेशन, आफशोर जलक्षेत्र के ढांचागत

परियोजनाओं की सुरक्षा, एंटी पाइरेसी अभियानों, तटीय सुरक्षा व्यवस्था तथा सामुद्रिक जलमार्गों की सुरक्षा कार्यों में भी किया जा सकेगा। इस वेसिल पर स्वरक्षा के लिए विभिन्न प्रकार के पेलोडस लगाये गये हैं।[37]

* इस समय देश के विभिन्न शिपयार्डों में 46 विभिन्न प्रकार के युद्धपोतों तथा पनडुब्बियों का निर्माण कार्य चल रहा है। ये शिपयार्ड है– मझगांव डॉक लिमिटेड मुंबई, गार्डन रीच शिपबिल्डर्स एंड इंजीनियर्स लिमिटेड कोलकाता, गोवा शिपयार्ड लिमिटेड गोवा, कोचीन शिपयार्ड लिमिटेड कोचीन तथा हिंदुस्तान शिपयार्ड लिमिटेड विशाखापट्टनम। अगले 15 वर्षों में भारतीय नौसेना अपने विस्तार एवं आधुनिकीकरण पर तीन लाख करोड़ रुपए खर्च करने की योजना पर कार्यरत है। भारत अपनी नौसेना का निर्माण कर रहा है न कि बाहर दूसरे देशों से युद्धपोतों को खरीद रहा है।

* भारतीय रक्षा मंत्री निर्मला सीतारमण तथा भारतीय नौसेना प्रमुख एडमिरल सुनील लांबा ने 16 अक्टूबर 2017 को पनडुब्बी को मार गिराने में सक्षम युद्धपोत "आई एन एस किलटन" को भारतीय नौसेना में कमीशन प्रदान किया था। इस युद्धपोत का निर्माण "प्रोजेक्ट 28" के अंतर्गत हुआ है। इसे "डायरेक्टरेट ऑफ नेवल डिजाइन" ने आकार दिया है तथा इसका निर्माण कोलकाता के गार्डन रीच शिपबिल्डर्स इंजीनियर्स लिमिटेड ने किया है।[38]

* 14 दिसंबर 2017 को फ्रांस के सहयोग से मझगांव डॉक लि. मुम्बई में बन रही छः कलवरी श्रेणी की पनडुब्बियों में से पहली पनडुब्बी 'आईएनएस कलवरी' (टाइगर शार्क) को भारतीय नौसेना में कमीशन प्रदान किया गया। इस अवसर पर प्रधानमंत्री मोदी ने कहा कि इस पनडुब्बी से भारतीय नौसेना की आपरेशनल क्षमता बढ़ेगी।[39]

वर्तमान में भारतीय नौसेना में 13 डीजल/इलेक्ट्रिक पनडुब्बियाँ आपरेशनल है। ये सभी 15 वर्ष से अधिक पुरानी पनडुब्बियाँ है। इन्हें

नौसेना से हटाने की आवश्यकता है। आईएनएस कलवरी एक अत्याधुनिक शक्तिशाली डीजल/इलेक्ट्रिक पनडुब्बी है जो समुद्री युद्ध के पूरे स्पेक्ट्रम में प्रभावशाली ढंग से कार्य करने में सक्षम है। इसकी लंबाई 67.5 मीटर तथा ऊंचाई 12.3 मीटर है। इसमें अत्याधुनिक सोनार तथा इलेक्ट्रानिक पेलोडस लगे हैं। यह 18 टारपिडो लेकर 300 मीटर पानी के नीचे चलती है। यह 1020 किलोमीटर पानी के अंदर चल सकने की क्षमता वाली है। यह अत्याधुनिक प्रौद्योगिकी पर आधारित स्टील्थ पनडुब्बी है।[40]

* भारतीय नौसेना के लिए हिंदुस्तान शिपयार्ड लिमिटेड के द्वारा 175 मीटर लंबा तथा 10000 टन डिस्प्लेसमेंट के ओशन सर्विलेंस शिप 'वीसी 11184' का निर्माण कार्य तेजी से पूरा किया जा रहा है। इसे भारतीय नौसेना तथा एनटीआरओ के द्वारा संयुक्त रूप से उपयोग में लाया जाएगा। एनटीआरओ भारत की तकनीकी आसूचना एजेंसी है। भारतीय रक्षा मंत्रालय समुद्री क्षेत्र अध्ययन के लिए इसका निर्माण करा रहा है। इससे भारतीय सामुद्रिक शक्ति में काफी वृद्धि होगी।[41]

* 2 जनवरी 2018 को रक्षा मंत्रालय ने 131 बराक मिसाइलों को खरीदने को मंजूरी प्रदान किया है। बराक प्रक्षेपास्त्र तथा उनसे जुड़े उपकरणों को 460 करोड़ रुपए में इजरायल की 'राफेल एडवांस्ड डिफेंस सिस्टम्स लिमिटेड' से खरीदा जाएगा। धरती से हवा में मार करने वाली इन प्रक्षेपास्त्रों को भारतीय नौसेना के युद्धपोतों से एंटी मिसाइल डिफेंस सिस्टम के तौर पर उपयोग में लाने के लिए विशेष रूप से डिजाइन किया गया है। यह सिस्टम एंटी शिप प्रक्षेपास्त्रों को रोकने का काम करेगा। इससे भारतीय नौसेना की प्रतिरक्षात्मक क्षमता में वृद्धि होगा।

* अक्टूबर 2018– भारतीय नौसेना में 'डीप सवमर्जेंस रेस्क्यू वेसिल' (डी एस आर वी) को शामिल किया गया है। यह दुर्घटनाग्रस्त पनडुब्बियों के कर्मियों को बचाने में सहायक होगा।

भारतीय नौसेना : नेट सेंट्रिक क्षमता विस्तार

वर्तमान समय में प्रौद्योगिकी विकास से सटीक क्षेत्रीय जानकारी प्राप्त करना अत्यंत आसान हो गया है। इस कार्य में अंतरिक्ष विकास तथा सूचना क्रांति की महत्त्वपूर्ण भूमिका रही है। इन्हीं प्रौद्योगिकी विकास के आधार पर नेटवर्क सेंट्रिक आपरेशनल क्षमता का विकास संभव हो सका है। 'नेटवर्क सेंट्रिक वारफेयर' (एनसीडब्ल्यू) सबसे नया 'रिवाल्यूशन आफ मिलिट्री अफेयर्स' (आरएएम) है। इसने शीतयुद्धोतर काल में सैन्य अभियानों को उसी तरह से बदला जैसे इंटरनेट ने व्यापार तथा समाज को बदला है। अमेरिकी नौसेना के एडमिरल आर्थर चेवरोस्की ने एनसीडब्ल्यू के अवधारणा को दिया था। उनके अनुसार एनसीडब्ल्यू का तात्पर्य प्रासेसड् सूचनाओं की उपलब्धता स्टैटजिक से फगंशनल स्तर तक कराना है।[42] चीफ आफ नेवल आपरेशन, यूएस नेवी एडमिरल जे जानसन के अनुसार अब प्लेटफार्म सेंट्रिक वारफेयर के स्थान पर नेटवर्क सेंट्रिक वारफेयर महत्वपूर्ण हो गया है। इसमें उच्च परिस्थिति जानकारी (हाई सिचुएशनल अवेयरनेस) के अनुसार प्रतिक्रिया व्यक्त करने की उच्च क्षमता की आवश्यकता होती है। इस बात में कोई संदेह नहीं है कि उचित ऑपरेशनल निर्णयों के द्वारा शत्रु को पराजित करने में काफी हद तक सफलता मिलती है। इन सभी बातों का सबसे अच्छा उदाहरण हमें इस शताब्दी के अमेरिकी सैन्य अभियानों में मिलता है। इन सभी अभियानों में अमेरिका ने सूचना प्रभुत्व (इंफॉर्मेशन डोमिनेंस) का उपयोग वास्तविक हथियार की तरह से किया था। सूचनाओं को सभी युद्धरत प्लेटफार्मो को वास्तविक समय में उपलब्ध कराने का कार्य किया गया था।

साधारण शब्दों में नेटवर्क सेंट्रिक वॉरफेयर का तात्पर्य है– उपग्रहों, कम्प्यूटरों तथा संचार माध्यमों का बेहतर उपयोग कर के परिस्थिति जानकारी (सिचुएशनल अवेयरनेस) के आधार पर सही स्थान तथा समय पर अधिकतम आक्रमण शक्ति को केंद्रित करना।

यह कोई नई बात नहीं है, बल्कि बहुत प्राचीन समय से ही इसका उपयोग होता चला आ रहा है। आधुनिक समय में प्रौद्योगिकी विकास से इस क्षमता का अप्रत्याशित ढंग से विकास संभव हो सका है। इसने शीतयुद्धोतर काल के युद्धों का स्वरुप ही बदल दिया है।

नेटवर्क सेंट्रिक वॉरफेयर के तीन आधारभूत तत्व है –

1. सूचनाओं को एकत्र करना। (इंफॉर्मेशन गेदरिंग)
2. सूचनाओं का प्रसंसरण (इनफार्मेशन प्रोसेसिंग)
3. सूचनाओं का वितरण (इनफार्मेशन डेसिमिनेशन)

इसके अतिरिक्त इसकी आधारभूत आवश्यकताएं है–

1. सूचना इकट्ठा करने वाले प्लेटफार्म
2. सूचना प्रौद्योगिकी
3. सुरक्षित कम्युनिकेशन नेटवर्क

नेटवर्क सेंट्रिक ऑपरेशंस में सफलता के मुख्य आधार इस प्रकार से है–

1. सही समय पर प्राप्त सूचनाएं
2. तेज संचार व्यवस्था
3. आनलाइन कमांड एंड कंट्रोल सिस्टम
4. लंबी दूरी के सटीक (प्रीशिजन) हथियार

अपने उच्च प्रौद्योगिकी क्षमता के बल पर अमेरिका ने नेटवर्क सेंट्रिक वॉरफेयर क्षमता का विकास किया तथा इस शताब्दी के सभी युद्धों में उसका सफलतापूर्वक उपयोग भी किया है। अमेरिका अपने सेनाओं के लिए 'ग्लोबल इंफॉर्मेशन ग्रिड' का विकास कर रहा है, ताकि शत्रु तथा खतरे की सूचना पूरे विश्व में लगी उसकी सेनाओं को एक

साथ सही समय में उपलब्ध हो सके। पेंटागन ने भी समय–समय पर कहा है कि उसके पास सबसे प्रभावशाली हथियार उसके नेटवर्क कंप्यूटर सिस्टम्स है।

विश्व की सभी प्रमुख नौसैनिक शक्तियाँ नेटवर्क सेंट्रिक वारफेयर क्षमता विकास के कार्य में लगी है। विशाल जलक्षेत्र में फैले युद्धपोतों तथा पनडुब्बियों के संचालन तथा कार्य निर्देशन के लिए यह क्षमता अत्यंत आवश्यक है। भारतीय नौसेना भी नेटवर्क सेंट्रिक वारफेयर क्षमता विकास के लिए प्रयत्नशील है।

2017 के भारतीय नौसैनिक कमांडरों के वार्षिक कॉन्फ्रेंस में इस बात पर काफी गहराई से विचार विमर्श किया गया था कि किस प्रकार से भारतीय नौसेना की नेटवर्क सेंट्रिक वारफेयर क्षमता को विकसित किया जाए। किस प्रकार से आधुनिक सूचना एवं संचार प्रौद्योगिकी के माध्यम से नौसेना के सभी प्लेटफार्म को सेटेलाइट एवं कंप्यूटर नेटवर्क से जोड़ा जाए। सभी कमांडरों का विचार था कि भविष्य के युद्ध बहुत कम समय के तथा बहुत अधिक तीव्रता वाले होंगे, जिसमें रिस्पांस समय काफी कम होगा।[43]

भारतीय नौसेना ने अपनी क्षेत्रीय जिम्मेदारियों को देखते हुए अपने तीनो आयामों – जलसतह, हवाई तथा पानी के अंदर के प्लेटफार्मों को हाई स्पीड डाटा लिंक से जोड़ने का काम प्रारंभ कर दिया है। भारतीय नौसेना को एक भूस्थैतिक उपग्रह 'रुकमणी' तथा चालकरहित वायुयानों को उपलब्ध कराया गया है। नौसैनिक अधिकारियों को नेवल इंस्टिट्यूट ऑफ कंप्यूटर एप्लीकेशन (एनआईसीए), मुंबई में सूचना प्रौद्योगिकी का प्रशिक्षण दिया गया है। उन्नत शक्तिशाली कंप्यूटरों, हाई स्पीड डाटा लिंक तथा सॉफ्टवेयर के मदद से "नेवी इंटरप्राइज वाइड नेटवर्क" (एनईडब्ल्यूएन) सिस्टम का विकास किया गया है। इसी 'नेवी इंटरप्राइज वाइड नेटवर्क सिस्टम' का उपयोग भारतीय नौसेना कर रही है।

भारत सरकार तथा भारतीय नौसेना हिंद महासागर क्षेत्र के द्वीप देशों मॉरीशस, सेशेल्स, मालद्वीव एवं श्रीलंका के साथ मिलकर 32 (कोस्टल सर्विलेंस रडार – सीएसआर) तटीय निगरानी रडार लगाने की योजना पर कार्यरत है। मॉरीशस के साथ भारत ने 8 सीएसआर स्टेशन स्थापित करने तथा मॉरीशस तटरक्षक बल का विकास करने का समझौता किया है। सीएसआर लग जाने के पश्चात भारत सहित इन सभी देशों की समुद्री सुरक्षा बलों की ऑपरेशन क्षमता काफी बढ़ जाएगी तथा उनके अपवर्जित आर्थिक क्षेत्र की बेहतर निगरानी हो सकेगी। भारत को पूरे हिंद महासागर क्षेत्र में जलयानों की पूरी निगरानी सूचना प्राप्त करने में सीएसआर की महत्वपूर्ण भूमिका होगी।[44]

भारतीय नौसेना ने 'कम्युनिकेशन, स्पेस तथा नेटवर्क सेंट्रिक ऑपरेशनस' (सी एस एन सी ओ) के विकास के लिए अलग से असिस्टेंट चीफ ऑफ नेवल स्टाफ (ए सी एन एस) का पद सृजित किया है। इस बात को ध्यान में रखकर की आगे के युद्धों में अंतरिक्ष स्थित उपग्रह महत्वपूर्ण भूमिका निभाएंगे।

क्लाजविटज ने कहा था कि युद्ध का क्षेत्र अनिश्चितता का क्षेत्र है। तीन चौथाई युद्ध की कार्यवाहियां कम अथवा अधिक हद तक अनिश्चितता से कोहरे से ढंकी होती है। लेकिन वर्तमान समय के प्रौद्योगिकी विकास ने पारिस्थितिकी अवेयरनेस की अनिश्चितता को काफी हद तक समाप्त कर दिया है। पारिस्थितिकी अवेयरनेस कोई नई बात नहीं है। प्राचीन काल से ही मनुष्य इसके लिए विभिन्न प्रकार के उपाय करता चला आ रहा है। प्रारंभ से ही प्रौद्योगिकी विकास ने युद्ध एवं युद्धकर्म में क्रांतिकारी परिवर्तन किया है। इन्हीं प्रयासों के फलस्वरूप आज हम वास्तविक समय पारिस्थितिकी अवेयरनेस तक पहुंच सके हैं। इसके महत्व के बारे में सुंत जू ने कहा था कि 'यदि तुम्हें अपने शत्रु के बारे में तथा अपने बारे में पता है तो तुम सैकड़ो लड़ाईयाँ लड़ सकते हो तथा सभी में सफल हो सकते

हो।' अंतरिक्ष तथा सूचना प्रौद्योगिकी क्रांति ने युद्ध के पूरे प्रकृति तथा कार्यविधि को ही बदल दिया है। इन्हीं सब कारणों से आधुनिक नेटवर्क सेंट्रिक वारफेयर युद्ध क्षमता का विकास संभव हो सका है। जिस भी देश की सेना के पास यह क्षमता नहीं होगी वह किसी भी आधुनिक युद्ध में पूर्णतः असफल सिद्ध होगी। जैसे इराक अमेरिकी आक्रमण के समय कोई प्रभावी कार्यवाही नहीं कर सका था। अमेरिकी नेटवर्क सेंट्रिक पावर के सामने इराकी सेना प्रभावहीन हो गयी थी।

भारतीय नौसेना : स्थल युद्ध आक्रमण सहयोग क्षमता विस्तार

वर्तमान समय में किसी शक्तिशाली नौसेना के लिए यह अत्यंत आवश्यक है कि उसके पास थल के लक्ष्यों को अपने तीनों समुद्री माध्यमों (जलसतह, वायु तथा जल के अंदर) से निशाना बनाने तथा कहीं भी एम्फीबियस आपरेशन करने की पूरी क्षमता विद्यमान हो। शीतयुद्धोतर काल में भारतीय नौसेना इन क्षमताओं को विकसित करने के लिए लगातार प्रयत्नशील है। ऐसी उम्मीद है कि 2025–30 तक भारतीय नौसेना के पास यह क्षमता पूरी तरह से होगी। तब भारतीय नौसेना अपने युद्धपोतों, पनडुब्बियों तथा वायुयानों के माध्यम से बैलेस्टिक एवं क्रूज प्रक्षेपास्त्रो से शत्रु के भू–क्षेत्र के अंदर के लक्ष्यों को नष्ट करने में पूर्ण सक्षम होगी।

सोवियत संघ के महान एडमिरल ''गोर्शकोव'' का भी कहना था कि अगर नौसेना के पास स्थल युद्ध को प्रभावित करने की ताकत नहीं है, तो वर्तमान समय में वह महत्वहीन नौसेना होगी।

2004 के 'इंडियन नेवल डॉक्ट्रिन' में भी यह कहा गया था कि भारतीय नौसेना आगे के वर्षों में अपनी स्थल युद्ध क्षमता में वृद्धि करने की पूरी कोशिश करेगी।

''ऑपरेशन इराकी फ्रीडम'' में अमेरिकी नौसेना ने अपने प्रक्षेपास्त्रो

तथा वायुयानों से इराक पर भीषण कार्रवाई किया था। इस ऑपरेशन के दौरान अमेरिका ने अपने नौसेना के सात कैरियर स्ट्राइक ग्रुप तथा आठ एंफीबियस पोतों को लगाया था। इस समय अमेरिका ने टॉमहॉक क्रूज प्रक्षेपास्त्र का उपयोग शत्रु के स्थल स्थित लक्ष्यों को निशाना बनाने के लिए किया था। इन प्रक्षेपास्त्रों का रेंज लगभग 2500 किलोमीटर था। 19 मार्च 2003 को "ऑपरेशन इराकी फ्रीडम" प्रारंभ हुआ था। पहले ही 12 दिनों में अमेरिकी नौसेना ने लगभग 700 टॉमहॉक प्रक्षेपास्त्रों को इराक के लक्ष्यों को नष्ट करने के लिए छोड़ा था। जिसमें से केवल मात्र 10 प्रक्षेपास्त्र ही लक्ष्य तक सही नहीं पहुंच सके थे। टॉमहॉक प्रक्षेपास्त्रों का सबसे पहले उपयोग अमेरिका ने प्रथम गल्फ युद्ध के दौरान 17 जनवरी 1991 में किया था।[45]

भारतीय नौसेना के स्थल आक्रमण क्षमता विकास के लिए वर्ष 2000 में एडमिरल सुशील कुमार ने जोर देकर कहा था कि अब नौसेना के लिए तीन बातें आवश्यक है –

1. नौसैनिक राजनय (नेवल डिप्लोमेसी)
2. त्वरित कार्यवाही (घातचाल चलने की) क्षमता
3. स्थल आक्रमण क्षमता[46]

भारतीय नौसेना ने स्थल युद्ध क्षमता विकास के लिए पिछले वर्षों में निम्नलिखित कार्य किया है–

* बहुत से युद्धपोतों तथा मिसाइल कारवेट्स को विभिन्न प्रकार के प्रक्षेपास्त्रों तथा क्रूज प्रक्षेपास्त्रों से लैस किया गया है। भारतीय नौसेना के युद्धपोत आईएनएस रंजीत पर सबसे पहले ब्रह्मोस क्रूज मिसाइल लगाया गया था। 290 किलोमीटर रेंज वाली यह प्रक्षेपास्त्र 200 किलोग्राम का परंपरागत युद्धशीर्ष ले जा सकने में सक्षम है। इससे लंबी दूरी के प्रक्षेपास्त्रों को भी नौसेना के युद्धपोतों तथा पनडुब्बियों पर लगाने

की योजना है।

* सागरिका प्रक्षेपास्त्रो का विकास कार्य तेजी से चल रहा है।

* भारतीय नौसेना के वायु शाखा के वायुयानों तथा हेलीकॉप्टरों की संख्या बल बढ़ाने की कार्यवाही प्रगति पर है। रुसी नौसेना के अतिरिक्त भारतीय नौसेना के पास 'मिग29के' लड़ाकू विमान है। इनसे शत्रु क्षेत्र के अंदर के लक्ष्यों को भी सफलतापूर्वक निशाना बनाया जा सकेगा। यह सभी मौसमों में कार्य कर सकने वाला फाइटर प्लेन है। यह 65000 फीट की ऊंचाई पर 2000 किलोमीटर प्रति घंटे की रफ्तार से उड़ान भरने की क्षमता रखता है।[47]

* मरीन सैनिकों ''मार्कोस'' की संख्या बल बढ़ाने की कार्यवाही प्रगति पर है।

* भारतीय नौसेना की ''सी –लिफ्ट'' क्षमता विस्तार के लिए अमेरिका से उसका एक पुराना 'लैंडिंग प्लेटफार्म डॉक' 'यूएसएस ट्रेन्टेन' को खरीदा गया तथा इसे भारतीय नौसेना में 'आई एन एस जलाश्व' के नाम से कमीशन किया गया है। भारतीय नौसेना में वायुयानवाहक पोत के पश्चात यह दूसरा सबसे बड़ा युद्धपोत है। तीस वर्ष पुराने इस डॉक की लंबाई 174 मीटर तथा वजन 16900 डीडब्ल्यूटी है।

* छोटे लैंडिंग शिप टैंकों की भी संख्या बल बढ़ाने का काम किया जा रहा है। भारतीय नौसेना के पास 'मगर' श्रेणी (5600 टन) के दो, 'घड़ियाल श्रेणी' (1100 टन) के आठ तथा 'वास्कोडिगामा श्रेणी' (500 टन) के दस लैंडिंग शिप टैंक है। मगर श्रेणी के एलएसटी पर 15 टैंक, 8 कवचित गाडियाँ तथा 500 सैनिकों को लेकर जाने की क्षमता है। वर्तमान समय में भारत जैसे देश के लिए यह क्षमता प्रर्याप्त नहीं है। पूर्व एडमिरल अरुण कुमार के अनुसार भारतीय नौसेना के पास कम से कम एक बिग्रेड लेकर जाने की क्षमता होनी चाहिए। इन पोतों से किसी भी

आपदा के समय भारी संख्या में नागरिकों को निकालना तथा दूसरी जगह पहुंचाना आसान होता है।

* भारतीय नौसेना में 'कुंभीर श्रेणी' (एलएसटी – मीडियम) चार जलयान है। इनका फुल लोड डिस्प्लेशमेंट 1150 टन तथा गति 18 नॉट है। इनकी लंबाई 83.9 मीटर है।

* अगस्त 2017 को अंडमान निकोबार कमांड में लैंडिंग क्राफ्ट यूटिलिटी 'एल52' को शामिल किया गया था। यह जीआरएसई, कोलकाता द्वारा निर्मित किया गया है। इस तरह के अन्य छः जलयानों का निर्माण अगले दो वर्षों में पूरा हो जाएगा।[48]

* भारतीय नौसेना के पास 'नेवल टास्क फोर्स' होना चाहिए। जिसके पास थल, वायु तथा जल तीनों माध्यमों से आक्रमण की क्षमता हो।

* भारतीय नौसेना के स्थल आक्रमण क्षमता वृद्धि के लिए यह आवश्यक है कि उसके पास ''लैंडिंग क्राफ्ट एयर कुशन'' (एल सी ए सी) हूवरक्राफ्ट हों। आपदा राहत संक्रियाओ में भी एल सी ए सी की महत्वपूर्ण उपयोगिता होती है। यह आधुनिक हूवरक्राफ्ट है, जिनका उपयोग प्रमुख रूप से एम्फीबियस ऑपरेशंस में हथियारों (व्हीपन सिस्टम्स), साज–सामान तथा सैनिकों को तेजी से तटीय क्षेत्रों में उतारने में किया जाता है। साथ ही किसी भी आपदा के समय राहत सामग्री पहुंचाने तथा वहाँ के नागरिकों को सुरक्षित बाहर निकालने के काम में भी ये काफी सहायक सिद्ध होते हैं। वर्ष 2004 के सुनामी के समय आपदा राहत कार्यों में अमेरिकी नौसेना ने इनका उपयोग इंडोनेशिया में किया था। यह हूवरक्राफ्ट तेज गति (40 नाट्) से चलते हैं तथा एक बार में 60से 70 टन भार वहन क्षमता वाले होते हैं। इनसे एक साथ लगभग 180 सैनिकों को उनके पूरे साज–सामानों के साथ ले जाया जा सकता है। यह तेजी से बढ़ने तथा पीछे

घूमने की क्षमता वाले होते हैं। यह छिछले तथा कम गहरे जलक्षेत्रों (चार फीट तक के गहराई वाले), बर्फीले क्षेत्रों तथा नदी मुहाने वाले क्षेत्रों के लिए अधिक उपयुक्त होते हैं। यह जल सतह के ऊपर बिना जल के अंदर दबाव के द्रुत गति से चलने की क्षमता वाले होते हैं। बड़े एम्फीबियस युद्धपोतों को दूर गहरे जलक्षेत्र में सुरक्षा की दृष्टि से खड़ा कर दिया जाता है तथा वहां से इन हूवरक्राफ्ट के द्वारा युद्धक सामग्री तथा सैनिकों को लेकर तेजी से तटीय क्षेत्र में उतारने का कार्य पूरा किया जाता है। अमेरिकी नौसेना में काफी संख्या में एलसीएसी क्राफ्ट है। एशिया में जापान के 'मेरीटाइम सेल्फ डिफेंस फोर्स' में एल सी ए सी है। ''ऑपरेशन डेजर्ट स्टॉर्म'' के समय फारस की खाड़ी जल क्षेत्र में अमेरिकी नौसेना ने इनका उपयोग किया था। विश्व के लगभग 80 प्रतिशत तटीय क्षेत्रों में कार्य के लिए यह हूवरक्राफ्ट उपयुक्त है।[49]

भारतीय नौसेना : निगरानी एवं टोही क्षमता विस्तार

किसी भी शक्तिशाली नौसेना के पास परम्परागत तथा गैर परंपरागत सुरक्षा चुनौतियों की जानकारी के लिए सशक्त निगरानी तथा टोही क्षमता होना आवश्यक है। उसकी सुरक्षा भी इसी क्षमता पर निर्भर करती है। विश्व की बड़ी नौसेनाओं के पास निगरानी तथा टोही कार्यो के लिए विभिन्न प्रकार के पेलोडस लगे प्लेटफार्म है। अपरम्परागत सुरक्षा चुनौती जैसे पाइरेसी के लिए समुद्री पेट्रोलिंग कार्य की आवश्यकता होती है।

भारतीय नौसेना भी निगरानी तथा टोही कार्य के लिए विभिन्न प्रकार के उपग्रहों, वायुयानों, यूएवी, रडार तथा सेंसर का उपयोग कर रही है। शुरू में 1970 के दशक में समुद्री पेट्रोलिंग की जिम्मेदारी भारतीय वायुसेना की थी। फिर सोवियत संघ से 'आईएल–38' इल्यूशिन वायुयान खरीदा गया। यह युद्धपोतों तथा पनडुब्बियों को 150 किलोमीटर दूर से पता कर लेता है। इसमें 'सी ड्रैगन'– मल्टी मिशन एवियानिक्स तथा इलेक्ट्रॉनिक वारफेयर सूट लगा है।

1988 में भारतीय नौसेना में आठ 'टीयू–142एम' (टुपोलेव) उन्नत वायुयान शामिल किया गया था। ये भी सोवियत संघ से ही खरीदे गये थे। इनके उच्चीकरण का कार्य इजरायल के सहयोग से किया गया है।

भारतीय नौसेना तथा तटरक्षक के पेट्रोलिंग कार्य के लिए 'डोर्नियर 228' काफी संख्या में खरीदा गया। ये जर्मनी से खरीदे गए थे। ये निगरानी तथा खोजी एवं बचाव अभियानों के लिए अत्यंत उपयोगी है। इनके भी इलेक्ट्रानिक पेलोडस् को अपग्रेड करने का कार्य किया गया है।

भारतीय नौसेना विभिन्न प्रकार के हेलीकॉप्टरों का भी उपयोग तटीय निगरानी, टोही एवं एंटी सबमरीन वारफेयर कार्य के लिए कर रही है। अधिकतर हेलीकॉप्टर सोवियत संघ/रुस के बने हुए है। भारतीय हेलीकॉप्टर 'ध्रुव' भी नौसेना के वायु शाखा में कार्यरत है। बहुत से युद्धपोतों पर हेलीकॉप्टरों को ले जाने की क्षमता है। भारत सरकार नौसेना के लिए नये अत्याधुनिक हेलीकॉप्टरों को खरीदने के लिए भी प्रयत्नशील है। रुस के कामोव 25, 28 तथा 31 हेलीकॉप्टर प्रमुख है।

भारतीय नौसेना में इजरायल में बने चालकरहित वायुयानों 'सर्चर II' तथा 'हीरन' का उपयोग किया जा रहा है। पूरे विश्व में चालकरहित वायुयानों का उपयोग निगरानी तथा टोही कार्यो में प्रमुखता से किया जा रहा है। खुले समुद्र तटीय इलाकों की लगातार निगरानी कार्य के लिए यूएवी अत्यंत उपयोगी प्लेटफार्म साबित हुए है। इसके लिए निम्नलिखित कारण जिम्मेदार है –

1. यूएवी छोटे, हल्के, कम खर्चीले, चालकरहित तथा अधिक इंडयोरेंस (काफी समय तक उड़ान भर सकने वाले) होते है। सर्चर 18 घंटे तथा हिरोन 27 घंटे तक उड़ान भर सकता है।
2. इनका आपरेशन अर्थात उड़ाना तथा उतारना अपेक्षाकृत काफी आसान होता है।

3. इनके दुर्घटना ग्रस्त होने अथवा नष्ट हो जाने की स्थिति में केवल इनका ही नुकसान होता है। इससे पूर्व यह पूरी सूचना तथा फोटो डाटा अपने आधार नियंत्रण केंद्र को भेज चुका होता है। इनमें लगे इलेक्ट्रानिक पेलोडस में डाटा स्टोरेज की व्यवस्था नहीं होती है।
4. छोटे होने के कारण इन्हें आसानी से रेल एवं सड़क मार्ग से कहीं भी पहुंचाया जा सकता है।

   भारतीय डीआरडीओ भी विभिन्न प्रकार के यूएवी के विकास कार्य में लगा है। इसने 'निशांत' नामक यूएवी का विकास निर्माण किया था। छोटे यूएवी पवन, रुस्तम एवं गगन का भी विकास कार्य चल रहा है।
5. यूएवी के निर्माण में इजरायल विश्व के अग्रणी देशों में है। भारत सरकार अमेरिका से 'गार्जियन' यूएवी भारतीय नौसेना के लिए खरीदने के लिए प्रयत्नशील है।
6. भारतीय तटरक्षक के लिए भी यूएवी अत्यंत उपयोगी है। भविष्य में यूएवी का उपयोग काफी बड़े स्तर पर नौसैनिक निगरानी, टोही एवं आपदा प्रबंधन कार्यों में किया जायेगा।
7. यूएवी का रडार सिग्नेचर कम होने के कारण इन्हें पकड़ना तथा निशाना बनाना कठिन कार्य होता है।

भारतीय नौसेना के लिए लंबी दूरी के अत्याधुनिक निगरानी, टोही तथा एंटी सबमरीन वारफेयर क्षमता युक्त आठ वायुयानों को अमेरिकी कंपनी बोइंग से खरीदा गया है। 'पी8आई' नामक यह वायुयान अत्यधिक शक्तिशाली नौसैनिक वायुयान है। इसी के उन्नत वर्जन का उपयोग अमेरिकी नौसेना करती है। यह 'लॉन्ग रेंज मेरीटाइम रेकोनाईसेंस' (एल आर एम आर) वायुयान है। इन पर एंटी सबमरीन वारफेयर के लिए प्रक्षेपास्त्र, टारपिडो तथा पानी के अंदर कार्य करने वाले बम लगे होते है। भारतीय नौसेना मध्यम दूरी के मेरीटाइम रेकोनाईसेंस वायुयानों को भी

खरीदना चाहती है।

भारतीय नौसेना पूरे हिंद महासागर क्षेत्र के लिए तीन स्तरीय निगरानी ग्रिड विकसित करना चाहती है। इससे 'सर्च एण्ड रेस्क्यू ऑपरेशन' (एस ए आर) अत्यंत आसान हो जाएगा।

भारतीय नौसेना अपने वायु शाखा के वायुयानों की संख्या बल बढ़ाने के लिए प्रयत्नशील है। साथ ही निगरानी एवं टोही कार्यों में 'रुक्मिणी' उपग्रह तथा 'आईआरएनएसएस' के उपग्रहों की भी विशेष भूमिका होगी। निगरानी, संचार तथा दिकचालन में उपग्रहों की भूमिका को नजरंदाज नहीं किया जा सकता है। अमेरिका ने अफगानिस्तान तथा इराक के आक्रमण के समय कई शक्तिशाली जासूसी उपग्रहों को अंतरिक्ष में लगाया था।

भारतीय नौसेना : नए अड्डे एवं प्रशिक्षण संस्थान

आई एन एस कदंबा

यह नौसैनिक बेस कनार्टक के कारवार नामक स्थान पर है। 2005 में इस नौसैनिक अड्डे के प्रथम चरण का कार्य पूरा होने के पश्चात इसे "आई एन एस कदंबा" नाम से नौसेना के लिए खोला गया था। इसके दूसरे तथा तीसरे चरण का कार्य पूरा हो जाने के पश्चात यह भारत के पश्चिमी तट क्षेत्र का सबसे बड़ा तथा शक्तिशाली नौसैनिक अड्डा होगा। अरब सागर के आर्थिक एवं रणनीतिक महत्व तथा पाकिस्तान एवं चीन के नौसैनिक गतिविधियों को देखते हुए इस भारतीय नौसैनिक अड्डे का विशेष स्त्रातजिक महत्व है। यह मुंबई से 400 किलोमीटर दक्षिण में स्थित है। यह भारतीय नौसेना के ब्लू वॉटर क्षमता विस्तार कार्यक्रम का एक महत्वपूर्ण भाग है। भारतीय नौसेना के पश्चिमी कमांड का मुख्यालय मुंबई है। इसके पास ही व्यापारिक गतिविधियों के लिए मुंबई पोर्ट स्थित है। यह पूरा क्षेत्र बहुत अधिक जलयानों के कारण भर सा गया है। यह

पाकिस्तान के नजदीक पड़ता है। सुरक्षा के दृष्टिकोण से यह अत्यंत संवेदनशील क्षेत्र हो गया था। इसी से नौसेना के लिए एक बड़े ऑपरेशन बेस को कारवार नामक स्थान पर बनाया जा रहा है। कारबार गोवा तथा कर्नाटक के सीमा के पास कर्नाटक में स्थित है। भारतीय नौसेना यहाँ पर एक वायुयानवाहक पोत तथा स्कॉर्पीन पनडुब्बियों की रखने की योजना पर कार्यरत है।

काकीनाडा – नौसैनिक इंक्लेव

जून 2008 में आंध्र प्रदेश के काकीनाडा में एक नए ''नौसैनिक इंक्लेव'' का निर्माण कार्य प्रारंभ हुआ था। यहाँ पर एक नए 'एडवांस एंफीबियस स्कूल' तथा 'फ्लीट सपोर्ट कॉन्पलेक्स' स्थापित करने की योजना है। यह नौसेना के पूर्वी कमान के अंतर्गत है।[50]

हिंदुस्तान शिपयार्ड लिमिटेड

दिसंबर 2009 में भारत सरकार हिंदुस्तान शिपयार्ड लिमिटेड को शिपिंग मंत्रालय से हटाकर रक्षा मंत्रालय के अधीन कर दिया था। इस प्रकार से रक्षा मंत्रालय के अधीन भारतीय नौसेना के लिए उन्नत युद्धपोतों एवं पनडुब्बियों के निर्माण हेतु चार शिपयार्ड हो गया। इस शिपयार्ड में युद्धपोतों तथा पनडुब्बियों के निर्माण, मरम्मत तथा उच्चीकरण की सभी आधुनिक सुविधाएं उपलब्ध है।

प्रोजेक्ट वर्षा

2009 से बंगाल की खाड़ी क्षेत्र में एक नये स्त्रातजिक नौसैनिक अड्डे (बेस) का निर्माण कार्य ''प्रोजेक्ट वर्षा'' के अंतर्गत किया जा रहा है। यह आंध्र प्रदेश के रामबिल्ली मंडल में स्थित है। यह आंध्र प्रदेश के विशाखापट्टनम से 50 किलोमीटर दक्षिण में स्थित है। पूरी तरह से विकसित हो जाने के पश्चात यह पूर्वी कमांड का शक्तिशाली नौसैनिक अड्डा होगा। यहाँ से

परमाणु पनडुब्बियों का भी संचालन हो सकेगा।[51] यहाँ पर पानी के अंदर परमाणु पनडुब्बियों को छुपाकर सुरक्षित रखने के लिए बंकरों का भी निर्माण कार्य किया जा रहा है। शत्रु के उपग्रहों तथा वायुयानों से भी इनको बचाने की व्यवस्था विकसित की जा रही है। ढांचागत परियोजनाओं का कार्य शुरू किया जा चुका है।[52]

पिछले वर्षों में पूर्वी नौसैनिक कमांड की युद्धपोतों की संख्या में लगातार वृद्धि होने के कारण वाइजेग (Vizag) में सुविधाएं कम पड़ने लगी थी। इसी को पूरा करने तथा देश में बन रही परमाणु पनडुब्बियों को सुरक्षित रखने तथा संचालन के लिए इस नए नौसैनिक अड्डे का निर्माण करने का निर्णय लिया गया था। यहाँ पर 10 से 12 पनडुब्बियों के लिए विभिन्न प्रकार के सुविधाओं का विकास कार्य किया जा रहा है। इस अड्डे के पास ही मॉडर्न न्यूक्लियर इंजीनियरिंग सपोर्ट के लिए "भाभा एटॉमिक रिसर्च सेंटर" (बी ए आर सी) का केंद्र स्थित है। इसी तरह का एक बेस चीन ने दक्षिण चीन सागर में अपने हैनान द्वीप (Hainan Island) पर विकसित किया है। चीन की नौसेना के परमाणु पनडुब्बियों की गतिविधियों तथा चुनौतियों को देखते हुए इस नए नौसैनिक अड्डे का निर्माण कार्य किया जा रहा है।[53] 2011–12 में इस अड्डे के निर्माण कार्य के लिए भारत सरकार ने 160 करोड़ रुपए स्वीकृत किया था।[54]

जी आर एस ई, कोलकाता तथा रिलायंस के अनिल अंबानी ग्रुप भी रामाबिल्ली क्षेत्र में शिपयार्ड स्थापित करने के लिए प्रयत्नशील है। "मेक इन इंडिया" प्रोगाम के तहत रिलायंस ने 5000 करोड़ रुपए के निवेश की योजना बनाई है।[55]

भारतीय नौसेना एकेडमी

2009 में "भारतीय नौसेना एकेडमी" (इंडियन नेवल एकेडमी) इझिमाला, केरल में प्रारंभ हुआ। एन डी ए (नेशनल डिफेंस एकेडमी) से

पास हुए नौसेना के कैडेटों का यहाँ एडवांस प्रशिक्षण होता है। यहाँ पर 1200 कैडेटों को प्रशिक्षित करने की व्यवस्था है तथा प्रशिक्षण के उपरांत इन्हें बीटेक की उपाधि दिया जाती है। यह विश्व स्तरीय उच्च कोटि का नौसैनिक प्रशिक्षण संस्थान है। भारतीय नौसेना वर्तमान के अपने 8200 अधिकारियों को बढ़ा कर 11000 करने के योजना पर कार्यरत है।[56]

नेशनल इंस्टीट्यूट ऑफ रिसर्च एंड डेवलपमेंट इन डिफेंस शिप बिल्डिंग

जनवरी 2011 में देश की युद्धपोत निर्माण क्षमता को सुदृढ़ करने के लिए तत्कालीन रक्षा मंत्री ए के एंटनी ने निर्देश (एन आई आर डी ई एस एच – नेशनल इंस्टीट्यूट ऑफ रिसर्च एंड डेवलपमेंट इन डिफेंस शिप बिल्डिंग) की आधारशिला 'कोझीकोड', कालीकट में रखा था। लेकिन 2017 में वित्त मंत्रालय ने इस प्रोजेक्ट के लिए धन आवंटित करने से मना कर दिया।[57]

द्वीपरक्षक

30 अप्रैल 2012 को एक नया नौसैनिक अड्डा "आई एन एस द्वीपरक्षक" (लक्षद्वीप) को कमीशन प्रदान किया गया था। यह नाइन डिग्री चैनल के पास स्थित है। यह भारत के पश्चिमी तटीय क्षेत्र का चौथा नौसैनिक बेस है। यह दक्षिणी नौसैनिक कमान के अंतर्गत है।[58]

इस जगह आसूचना एवं निगरानी कार्य के लिए रडार स्टेशनों का निर्माण किया गया है। इस समय दक्षिणी नौसेना कमान के प्रमुख वाइस एडमिरल के. एन. सुशील ने कहा था कि इस नौसैनिक अड्डे से निश्चित रूप से भारत की तटीय निगरानी क्षमता तथा प्रतिरक्षा क्षमता मजबूत होगी। भारतीय लक्षद्वीप क्षेत्र तथा इधर से निकलने वाले व्यापारिक समुद्री रास्तों की समुद्री लुटेरों से सुरक्षित रखने में इस नौसैनिक अड्डे की विशेष भूमिका होगी।

आई एन एस कर्ण

12 जुलाई 2016 को भारतीय नौसेनाध्यक्ष एडमिरल लांबा ने आंध्र प्रदेश के विशाखापट्टनम के पास स्थित भीमुनीपतनम नामक स्थान पर निर्मित नौसेना के नए बेस "आई एन एस कर्ण" को कमीशन प्रदान किया। यह बेस "आई एन एस कलिंग" के परिसर में स्थित है। भारतीय सामुद्रिक हितों की सुरक्षा तथा समुद्री सुरक्षा चुनौतियों से निपटने के लिए स्थापित विशेष कार्यबल "मरीन कमांडो फोर्स" (एम सी एफ) का यह आधार बेस है। भारतीय नौसेना के मरीन कमांडो फोर्स 'मार्कोस' (MARCOS) का गठन फरवरी 1987 में किया गया था। मार्कोस युद्ध के तीनों आयामों (थल, जल तथा वायु) में सफलतापूर्वक कार्य करने में सक्षम होते हैं। इस बल को युद्ध, करीबी मुठभेड़ों, बंधक निरोधी अभियानों तथा विशेष आंतरिक सुरक्षा कार्य हेतु गठित किया गया था। मार्कोस नौसैनिकों को भारतीय समुद्री विशेष बल (आई एम एस एफ – इंडियन मैरिन स्पेशल फोर्स) भी कहा जाता है।[59]

नेशनल मेरीटाइम फाउंडेशन

फरवरी 2005 में तत्कालीन रक्षा मंत्री प्रणव मुखर्जी ने नयी दिल्ली में "नेशनल मेरीटाइम फाउंडेशन" का उद्घघाटन किया था। यह एक गैर सरकारी एवं गैर राजनीतिक मेरीटाइम थिंक टैंक है। इसका प्रमुख उद्देश्य मेरीटाइम क्षेत्र से संबंधित विकास एवं सुरक्षा के विभिन्न मुद्दों पर अध्ययन, शोध एवं विश्लेषण का कार्य करना है, ताकि देश के सामुद्रिक शक्ति विकास के क्षेत्र में उचित नीति निर्धारण का कार्य हो सके। भारत सरकार ने 2006 में "राष्ट्रीय मेरिटाइम विकास कार्यक्रम" (नेशनल मेरीटाइम डेवलपमेंट प्रोग्राम) को प्रारंभ किया था।

नेशनल सुनामी इनफार्मेशन सेंटर

अप्रैल 2006 में हैदराबाद में "नेशनल सुनामी इनफार्मेशन सेंटर"

स्थापित किया गया था। 2009 में जापान ने भारत के लिए 'सुनामी आपदा मानचित्र' विकसित करने में मदद करने का वादा किया था।

नेशनल सेंटर फॉर आर्टिक एंड ओशन रिसर्च

"नेशनल सेंटर फॉर अंटार्टिका एंड ओशन रिसर्च" (एन सी ए ओ आर) वास्को, गोवा में स्थित है। इसकी स्थापना 25 मई 1998 को हुआ था। यह ऑटोनोमस संस्थान भारत सरकार के 'डिपार्टमेंट ऑफ ओशन डेवलपमेंट' के अधीन है। यह अंटार्टिका शोध कार्यक्रम के लिए कार्यरत 'मैत्री स्टेशन' के संचालन का कार्य करता है। इसी के निर्देशन में भारत का नार्वे स्थित शोध केंद्र "हिमाद्रि" भी कार्यरत है। 2006 से यह भारत सरकार के 'पृथ्वी विज्ञान मंत्रालय' के एजेंसी के रूप में कार्य कर रहा है।

नेशनल इंस्टिट्यूट ऑफ ओशनोग्राफी (राष्ट्रीय समुद्र विज्ञान संस्थान)

राष्ट्रीय समुद्र विज्ञान संस्थान भारत सरकार के वैज्ञानिक एवं औद्योगिक अनुसंधान परिषद की एक प्रयोगशाला है। इसका मुख्यालय गोवा में स्थित है, तथा मुम्बई, कोच्चि एवं विशाखापट्टनम में इसके क्षेत्रीय कार्यालय हैं। इसकी स्थापना 1 जनवरी 1966 को हुई थी।

नेशनल इंस्टिट्यूट ऑफ ओशन टेक्नोलॉजी

राष्ट्रीय समुद्र प्रौद्योगिकी संस्थान (एन आई ओ टी) भारत सरकार के पृथ्वी विज्ञान मंत्रालय के तकनीकी संस्थान के रूप में विद्यमान है। यह संस्थान समुद्र के संसाधनों की दोहन से संबंधित तकनीकी विकासात्मक गतिविधियाँ संचालित करने के काम में लगा हुआ है। इसकी स्थापना नवंबर 1993 में किया गया था। इसका मुख्यालय चेन्नई में स्थित है।

मैरीन ध्वनिक रिसर्च वेसिल "आईएनएस सागरध्वनि" हिंद महासागर क्षेत्र के ओशनोग्राफी कार्य में लगा है। इस जलयान को भारतीय नौसेना

संचालित करता है तथा यह कोच्चि में स्थित है। इस पर आठ साइंटिफिक प्रयोगशाला है।[60]

भारतीय राष्ट्रीय महासागर सूचना सेवा केंद्र (इंडियन नेशनल सेंटर फॉर ओशन इंफॉर्मेशन सर्विसेज – आईएनसीओआईएस)

यह भारत सरकार के पृथ्वी विज्ञान मंत्रालय के अधीन एक स्वायत्तशासी निकाय है। इसका मुख्य उद्देश्य सतत सागरीय प्रेक्षण एवं केंद्रीय अनुसंधान के माध्यम से समाज, उद्योग, सरकार एवं सामाजिक समुदाय को आंकड़े, सूचना और सलाहकारी सेवाएं प्रदान करना है। यह हैदराबाद में स्थित है। यहाँ से निम्नलिखित क्षेत्रों में सेवाएं प्रदान की जा रही हैं।

1. समुद्री मत्स्य संबंधी सूचनाएं – इसमें संभावित मत्स्य उपलब्धता वाले क्षेत्रों तथा 'टूना' मत्स्य क्षेत्र की सूचना देना
2. महासागर मौसम पूर्वानुमान
3. सुनामी की पूर्व चेतावनी देना
4. तूफानी लहरों की सूचना देना
5. भूकंप संबंधी सूचना देना
6. प्रवाल विरंजन सतर्कता सूचना देना
7. तटीय भू– स्थानिक अनुप्रयोग
8. जलवायु संबंधी आंकड़े उपलब्ध कराना

केंद्रीय विज्ञान एवं प्रौद्योगिकी और पृथ्वी विज्ञान मंत्री डॉ हर्षवर्धन ने 10 जुलाई 2015 को सेशेल्स और श्रीलंका के लिए महासागर सूचना एवं पूर्वानुमान पद्धति का उद्घाटन नई दिल्ली में किया था।

भारतीय नौसेना : 2030

इस शताब्दी में भारत सरकार ने इस बात पर जोर दिया है कि

भारतीय सामुद्रिक शक्ति का बड़े स्तर पर विकास किया जाए। साथ ही भारतीय नौसेना के आधुनिकीकरण एवं क्षमता विस्तार का एक बड़ा कार्यक्रम प्रारंभ किया गया है, ताकि 2025–30 तक भारतीय नौसेना पूर्ण रूप से सही अर्थों में रणनीतिक क्षमता वाली ''ब्लू वाटर परमाणु नेवी'' बन सके। तब भारतीय नौसेना में 140 से 150 तक अत्याधुनिक युद्धपोत एवं पनडुब्बियां होंगे। नौसेना के तीन फ्लीट–पूर्वी, पश्चिमी तथा दक्षिणी में क्रमशः 25 से 30 युद्धपोत होंगे। अंडमान निकोबार कमांड में 20 युद्धपोत होंगे। बाकी युद्धपोतों को रिजर्व में रखा जाएगा। हिंद महासागर क्षेत्र में चीन की नौसेनिक गतिविधियों को देखते हुए भारतीय नीति निर्धारकों ने 45 बिलियन यू एस डालर खर्च करने की योजना बनाई है।[61]

वाइस एडमिरल जी एस पाबी ने प्रेस ट्रस्ट को बताया था कि 2027 तक भारतीय नौसेना में 212 विभिन्न प्रकार के युद्धपोत होंगे। यह एक बड़ी चुनौती है तथा इसको पाने हेतु कड़ी मेहनत की जरुरत है।[62]

भारत सरकार भारतीय नौसेना के भारतीयकरण के एक बड़े पहल पर कार्यरत है। स्वदेशीकरण के विभिन्न कार्यक्रमों को नौसेना के विकास के लिए प्रारंभ किया गया है। मोदी सरकार नौसेना के उपकरणों तथा युद्धपोतों को बाहरी देशों से खरीदने के पक्ष में नहीं हैं। नौसेना के विकास हेतु 2011 में 5 वर्षों के लिए (2012–17) एक ''मैरीटाइम कैपेबिलिटी पर्सपेक्टिव प्लांन'' (एम सी पीपी) तैयार किया गया था। बाद में इस को बदलकर ''मैरीटाइम इंफ्रास्ट्रक्चर पर्सपेक्टिव प्लान'' (एम आई पी पी) किया गया। जिसमें 2027 तक नौसेना के सभी नए प्रकार के युद्धपोतों, वायुयानवाहक पोत एवं पनडुब्बियों को शामिल करने की एक वृहद कार्य योजना तैयार किया गया था। इस योजना के बारे में पूर्व नौसेनाध्यक्ष एडमिरल आर के धवन ने कहा था कि एम आई पी पी से भारतीय नौसेना के आपरेशनल क्षमता में काफी वृद्धि होगा तथा 2027 तक इसका पूरा प्रभाव दिखाई देगा। उस समय भारतीय नौसेना के पास तीन वायुयानवाहक

युद्धपोत, 4 से 6 परमाणु पनडुब्बियाँ तथा 12 लंबी दूरी के टोही एवं निगरानी वायुयान होंगे। भारतीय नौसेना "एस एल बी एम– सबमरीन लॉन्च बैलिस्टिक मिसाइल" क्षमता वाली होगी। इन प्रक्षेपास्त्रों से पाकिस्तान तथा चीन के भीतर के स्थल लक्ष्यों को निशाना बनाया जा सकेगा। इस समय विक्रमादित्य, विक्रांत श्रेणी के वायुयानवाहक, अरिहंत, चक्र, के–15, अग्नि, कारवार, वर्षा एवं गगन भारतीय नौसेना के रणनीतिक शक्ति एवं पहुंच के मुख्य आधार होंगे।

भारतीय नौसेना के मानव संसाधन प्रमुख रीयर एडमिरल सचिन धोरमडे के अनुसार भारतीय नौसेना अगले 15 वर्षों में अपनी संख्या बल को दूना करने की योजना पर कार्यरत है। वर्तमान में भारतीय नौसेना की संख्या बल लगभग 100000 है, जिसमें 8700 अधिकारी, 50000 नाविक तथा 43000 के लगभग सहायक कार्यबल है। 15 वर्षों के बाद (2030) भारतीय नौसेना में लगभग 180000 नौसैनिक कर्मी होंगे। जिसमें 10600 अधिकारी, 80000 नाविक तथा 75000 सहायक कर्मी होंगे। उस समय भारतीय नौसेना में 20 समुद्री टोही विमान, 12 परम्परागत पनडुब्बियाँ, 3 परमाणु पनडुब्बियां, 3 वायुयानवाहक युद्धपोत तथा काफी संख्या में अन्य दूसरे युद्धपोत एवं फाइटर वायुयान होगें।[63]

नौसेना के स्थल आक्रमण ऑपरेशन क्षमता, नेट केंद्रित ऑपरेशन क्षमता, अंडरवाटर ऑपरेशन क्षमता एवं निगरानी टोही क्षमता बढ़ाने हेतु गंभीरता से प्रयास किया जा रहा है। भारतीय नौसेना के लिए आधुनिक युद्धपोतो का निर्माण कार्य विभिन्न भारतीय शिपयार्डों में तेजी से चल रहा है। लगभग 44 महत्वपूर्ण युद्धपोतो एवं पनडुब्बियों का निर्माण देश के विभिन्न पब्लिक एवं प्राइवेट सेक्टर शिपयार्डों में प्रगति पर है। दूसरे देशों से खरीदने के स्थान पर देश में ही नौसैनिक युद्धपोतो का निर्माण कार्य बड़े पैमाने पर चल रहा है। देश में निर्मित परमाणु पनडुब्बी अरिहंत का समुद्री परीक्षण कार्य पूरा हो चुका है तथा ऐसी आशा है कि 2018 के प्रारंभ में इसे

भारतीय नौसेना में शामिल कर लिया जाएगा। पानी के अंदर से परमाणु बमों को ले जा सकने वाले प्रक्षेपास्त्र "के –15" सागरिका का तेजी से विकास कार्य चल रहा है। 40000 टन वजन के स्वदेशी विमानवाहक पोत के निर्माण का कार्य तेजी से कोच्चि शिपयार्ड लिमिटेड कोचीन में पूरा किया जा रहा है। इसका समुद्री परीक्षण कार्य चल रहा है। विक्रांत श्रेणी के इस वायुयानवाहक पोत पर आवश्यक इलेक्ट्रॉनिक उपकरणों के फिटिंग का कार्य चल रहा है। इसी श्रेणी के दूसरे वायुयानवाहक पोत का भी निर्माण कार्य प्रारंभ हो चुका है। भारत अमेरिका के सहयोग से 65000 टन के वायुयानवाहक पोत "विशाल" के निर्माण के लिए प्रयत्नशील है। भारतीय नौसेना के दिकचालन आवश्यकताओ के पूर्ति के लिए 7 उपग्रहों पर आधारित सिस्टम "गगन" का विकास कार्य इसरो द्वारा पूरा किया जा रहा है। इस सिस्टम के सभी उपग्रहो को अंतरिक्ष की कक्षा में स्थापित किए जा चुका है। 2018 तक इसके आपरेशनल हो जाने की आशा है। फ्रांस की सहायता से मुंबई डॉकयार्ड लिमिटेड मुंबई में छह (सिक्स) स्कॉर्पियन पनडुब्बियों का निर्माण कार्य तेजी से चल रहा है। इसकी पहली पनडुब्बी आईएनएस कलवरी का समुद्री परीक्षण कार्य चल रहा है। देश के पश्चिमी तट पर गोवा के निकट कर्नाटक के कारवार नामक स्थान पर एक बड़े अत्याधुनिक नौसैनिक अड्डे का विकास कार्य किया जा रहा है। इसके प्रथम एवं द्वितीय चरण के सभी कार्यों को सफलतापूर्वक पूरा किया जा चुका है। पूरी तरह से विकसित हो जाने पर यह हिंद–प्रशांत क्षेत्र का एक महत्वपूर्ण सैनिक अड्डा होगा। देश के पूर्वी तट पर विशाखापट्टनम से 40 किलोमीटर दूर रामाविल्ली नामक स्थान पर एक नए नौसैनिक अड्डे का निर्माण कार्य प्रारंभ हो चुका है।

भारतीय नौसेना के विकास में समय का पूरा ध्यान रखने की आवश्यकता है। जैसे 2008–09 में सेना ने जो हेलीकॉप्टर खरीदे थे वे अभी 2017 तक नौसेना को नहीं मिल सके है। इन आधुनिक हेलीकॉप्टरों

को आई एन एस चेन्नई, कोच्चि तथा दिल्ली पर रखना था। ये युद्धपोत अभी पुराने चेतक श्रेणी के हेलीकॉप्टरों का ही उपयोग कर रहे हैं। भारतीय नौसेना के पूर्व वाइस एडमिरल गिरीश लूथर के अनुसार भारतीय नौसेना को नए मल्टी रोल हेलीकॉप्टरों की अत्यंत आवश्यकता है जो एंटी सबमरीन, एंटी सरफेस तथा सोनार उपकरणों से युक्त हो। पुराने चेतक श्रेणी के हेलीकॉप्टरों को अब सेवा से हटाने की आवश्यकता है।

समय–समय पर थिएटर लेवेल रेडीनेस एंड ऑपरेशनल अभ्यासों को करने की आवश्यकता है। फरवरी 2017 में "थिएटर लेवल रेडीनेस एंड ऑपरेशनल युद्ध अभ्यास" में आई एन एस चेन्नई से सतह से सतह मारक क्षमता वाली ब्रह्मोस प्रक्षेपास्त्र का सफल परीक्षण किया गया था। एक माह तक चले इस युद्धाभ्यास में 60 युद्धपोतों, 5 पनडुब्बियों तथा 70 नौसेना के वायुयानों ने भाग लिया था। भारतीय वायु सेना के सुखोई 30 तथा जगुआर वायुयानों, आवाक्स, सी–130जे हरकुलिस सहित एम्फीबियस मरीन सैनिकों तथा तटरक्षक के जलयानो एवं वायुयानों ने भी भाग लिया था।[64]

2030 तक विश्व की पांच बड़ी नौसेना इस प्रकार से होंगी –

1. अमेरिकी नौसेना
2. पीपुल्स लिबरेशन आर्मी नेवी
3. भारतीय नौसेना
4. रूसी नौसेना
5. जापानी मेरीटाइम सेल्फ डिफेंस फोर्स

ऐसे में यह अत्यंत आवश्यक है कि भारतीय नौसेना के विकास, विस्तार तथा आधुनिकीकरण के सभी कार्यक्रमों पर गंभीरतापूर्वक सरकार ध्यान दें। 2027 तक भारतीय नौसेना में विभिन्न प्रकार के 227 प्लेटफार्म होंगे।[65]

4 दिसंबर 2017 'नौसेना दिवस' के पूर्व प्रेस कॉन्फ्रेंस में भारतीय नौसेनाध्यक्ष एडमिरल सुनील लांबा ने बताया था कि वर्तमान में भारतीय

नौसेना के लिए 34 नए जहाजों का निर्माण कार्य चल रहा है। करीब 40 हजार करोड़ रुपए की इस परियोजना में निजी शिपयार्ड कंपनियों को भी शामिल करने की सरकार की योजना है। नौसेना प्रमुख ने यह भी कहा कि फिलीपींस में नवंबर 2017 आसियान देशों की बैठक के दौरान भारत, अमेरिका, जापान और ऑस्ट्रेलिया की हिंद महासागर और एशिया–प्रशांत क्षेत्र के समुद्री जलक्षेत्र में चीन की बढ़ती गतिविधियों तथा दबाव को रोकने पर संयुक्त रुप से काम करने पर सहमत बनी थी। उस समय चीन ने इस पहल की आलोचना भी किया था।

नौसेना प्रमुख एडमिरल सुनील लांबा ने संवाददाता सम्मेलन में कहा है कि भारतीय नौसेना के वायु शाखा में 238 (लड़ाकू विमान, हेलीकॉप्टर तथा निगरानी विभाग टोही वायुयान) वायुयान है, जिन्हें अगले दस वर्षों में बढ़ाकर 500 करने की योजना है।[66]

कई वर्षों के विचार विमर्श तथा प्रयास के पश्चात तैयार किया गया सशस्त्र सेनाओं के "ज्वाइंट डॉक्ट्रिन" को भारत सरकार ने 2006 में स्वीकार कर अपनी मंजूरी दिया था। इसमें भविष्य के संभावित युद्धों एवं संघर्षों के लिए विभिन्न प्रकार के यौद्धिक संक्रियाओं तथा सिद्धांतों का प्रतिपादन किया गया था जो कि सेना के तीनों अंगों के बराबर के संयोजन तथा सहयोग पर आधारित था। अब शत्रु के स्थल के अंदर के लक्ष्यों को नौसेना के मिसाइल तथा वायुयानों के आक्रमण से ध्वस्त करने की आवश्यकता पर बल दिया गया था। किसी देश की समुद्री जलक्षेत्र सीमा का उल्लंघन किये बिना अपने स्पेशल मेरीन कमांडो फोर्स को सीलिफ्ट के द्वारा पूरे ग्लोब पर कहीं भी एम्फीबियस आपरेशन के लिए पहुंचाने की क्षमता विकास पर जोर दिया गया था। यह कहा गया कि 'भारतीय नेवल टास्क फोर्स' के पास भी थल, वायु तथा जल आक्रमण की क्षमता होनी चाहिए।[67]

उपरोक्त आधारों तथा सिद्धांतों के अनुसार भारतीय नौसेना के विकास का कार्य सफलतापूर्वक संपन्न किया जा रहा है तथा 2030 तक

भारतीय नौसेना सही अर्थों में ब्लू वाटर परमाणु नेवल फोर्स में बदल जायेगी। तभी भारतीय नौसेना हिंद–प्रशांत क्षेत्र में भारतीय राष्ट्रीय हितों की सुरक्षा करने में सफल हो सकेंगी।

संदर्भ सूची

1. Maritime Security in the Indian Ocean: An Indian Perspective, Sarabjeet Singh Parmar, Journal of Defence Studies, Vol- 8, No- 1, January–March 2014, pp.52-53.
2. Smart Border Management : Coastal Security and Maritime Security, September 2017
3. द इंडियन एक्सप्रेस, नई दिल्ली, 21 फरवरी 2017
4. *https://www-livefistdefence.com/2008/12/admiral-arun-prakash-is-future-benea.html* An eminent Indian strategist has said: "If India had competent naval leadership and a strategic culture, the IN at the turn of the century would have had nuclear submarines.'
5. C Raja Mohan, Samudra Manthan, Oxford, 2013, p.58
6. *http://oly.com.pk/the-strategic-vision-of-indian-navy/*the former Indian Navy Chief of Staff, Admiral Jayant Nadkarni once said that, "legitimate use...of a Blue Water navy is power projection which is necessary" for a "power like India."
7. 21st Century Maritime Power-Politics in the Indian Ocean Region with special reference to the Bay of Bengal", Mohd. Aminul Karim, Pacific Focus, Vol-23, Issue 1, April 2017
8. *http://www.indiannavy.nic.in/content/Indian-maritime-security-strategy-2015*
9. *https://thewire.in/17741/five-reasons-the-world-needs-to-pay-heed-to-indias-new-maritime-security-strategy* Five Reasons the World Needs to Pay Heed to India's New Maritime Security Strategy

   RAHUL ROY-CHAUDHURY 22/12/2015
10. रक्षा मंत्रालय रिपोर्ट 2016–17, अध्याय 4, ''इंडियन नेवी'' पेज 30
11. Press Information Bureau Government of India Ministry of Defence 18 October 2017

12. *https://www.indiannavy.nic.in/content/uav-heron-uav-searcher*

13. फ्लाइट इंटरनेशनल दिसंबर 2–8, 2003

14. *http://www.janes.com/article/69150/indian-navy-launches-barak-1-from-carrier*

15. द टाइम्स ऑफ इंडिया, नई दिल्ली, 17 नवंबर, 2013

16. *https://www.indiannavy.nic.in/content/vikrant-navys-first-indigenous-aircraft-carrier-launched*

17. टाइम्स ऑफ इंडिया, नई दिल्ली, 18 अक्टूबर 2017

18. द हिंदू नई दिल्ली 27 फरवरी 2008

19. *https://en.m.wikipedia.org/wiki/Sagarika_(missile)#cite_ref-21*

20. C Raja Mohan, Samudra Manthan, p.74

21. टाइम्स ऑफ इंडिया, 3 जुलाई 2016

22. Indian Navy to get additional P8I submarine hunter, reconnaissance aircraft in 2020" Manu Pubby, The Economic Times, Nov 15, 2016

23. Chronicle, "Indian Naval Ship (INS) Airavat to take part in maritime exercise"s n v sudhir, May 2, 2016

24. *http://m.thehindubusinessline.com/economy/ins-arihant-commissioning/article9235728.ece*

25. Times of India, New Delhi, November 17, 2017

26. *https://www.indiannavy.nic.in/content/ins-satpura-wins-'best-ship'-trophy*

27. टाइम्स ऑफ इंडिया, वाराणसी, नवंबर 12, 2017

28. *http://www.thehindu.com/todays-paper/tp-national/tp-kerala/auxiliary-vessel-pradayak-joins-navy/article4780416.ece)*

29. *http://www.financialexpress.com/archive/here-comes-rukmini-indias-first-military-satellite/1169569/*

30. *http://www.navyrecognition.com/index.php/news/defence-news/2016/January-2016-navy-naval-forces-defense-industry-technology-maritime-security-global-news/3444-indian-navy-commissions-second-kamorta-class-stealth-asw-corvette-ins-kadmatt.html*

31. The Indian Express,New Delhi,17 October 2017
32. टाइम्स ऑफ इंडिया वाराणसी 13 मार्च 2016
33. जंगी पोत कवरत्ती से मजबूत होगी नौसेना : राव दैनिक जागरण मई 19, 2015
34. टाइम्स ऑफ इंडिया, वाराणसी, दिसंबर 3, 2017
35. *http://indiatoday.intoday.in/story/india-china-relations-modi-government-indian-ocean-naval-expansion/1/425929.html*

    Sandeep Unnithan, March 26, 2015,"SSN's utility in denial operations, raising the cost of hostile military intervention and shadowing high-value units such as carrier groups and SSBNs, is unparalleled.**
36. *http://m.thehindubusinessline.com/news/indian-navy-set-to-induct-ins-chennai/article9367621.ece*
37. *http://www.financialexpress.com/photos/business-gallery/781847/indian-navy-warships-shachi-shruti-naval-offshore-patrol-vessels-reliance-defence-make-in-india/*
38. द हिंदू, नयी दिल्ली 16 अक्टूबर 2017
39. Indian Express, December 15,2017
40. Hindustan Times, New Delhi , December 14, 2017
41. *http://idrw.org/picture-of-indias-first-1500-cr-worth-vc-11184-ocean-surveillance-ship-surfaces/*
42. फोर्स, जुलाई 2004, पेज 29
43. The Hindu, New Delhi, May 7, 2006
44. "Indian Developing Network of Coastal Radars" Oscar Nkala, March 20, 2015, defencenews.com
45. Force, July 2006, p.11
46. Rahul Roy Chaudhary, 'India's Maritime Security", Knowledge World, 2000, p. 127
47. *http://IndianNavy.nic.in/press-release/first-naval-mig-29k-squadron-commissioned*
48. *http://m.hindustantimes.com/india-news/Indian-navy-inducts-landing-*

craft-utility-ship/story-vBzdqEOwrUnAcxhi4N9x5L.html

49. *www.fas.org/man/dod101/sys/ship/lac.HTML*
50. द टाइम्स ऑफ इंडिया नई दिल्ली 24 जून 2008
51. The Economic Times, 26 March 2017
52. Indian Ocean Watch, IDSA, March 2013
53. "India readies hi-tech naval base to keep eye on China" Times of India 26 March 2013
54. How India's pride INS Arihant was built" Business Standard 12 vxLr 2013
55. GRSE, Reliance facilities in city to strengthen Navy's capabilities" The Hindu, Vishakhapatnam, January 18, 2016
56. टाइम्स ऑफ इंडिया, वाराणसी, 24 अप्रैल 2012
57. टाइम्स ऑफ इंडिया, नई दिल्ली, 9 अप्रैल 2017
58. India fortifies it's Island Defence, Sudha Ramachandran, Asia Times, May 8, 2012
59. द हिंदू, नई दिल्ली, 12 जुलाई 2016
60. Sagardhwani retraces historic Indian Ocean expedition routes, S Anandan, The Hindu, Kochi, 24 November 2017
61. स्ट्रैटजिक ट्रायंगल इन द इंडियन ओसियन, सुल्ताना यासमीन, डिफेंस एण्ड सिक्योरिटी एलट, वाल्यूम 5, अंक 3, दिसंबर 2013, पेज 59
62. इंडियन एक्सप्रेस, नई दिल्ली 17 सितंबर 2016
63. *http://zeenews.india.com/news/nation/naval-manpower-to-be-doubled-in-15-years8506*
64. द् इकनॉमिक टाइम्स, नई दिल्ली 8 फरवरी 2017
65. *www.defenceupdate.in/top-5navies-world-2030/- Top 5 Navies in the world by 2030, Abhishek Das, October 8,2016*
66. Naval Chief Sunil Lamba Speech in Airforce Academy, Hyderabad, 6TV Telangana
67. The Indian Express, New Delhi, May 18, 2006

परिशिष्ट 1

सामुद्रिक शक्ति

बड़ी सामुद्रिक शक्ति वाले देश विश्व की बड़ी अर्थव्यवस्था वाले देश है। विश्व की सभी बड़ी आर्थिक व्यवस्था वाले देशों के विकास एवं सुरक्षा का मुख्य आधार सामुद्रिक शक्ति ही रहा है। एशिया में जापान बड़ी सामुद्रिक विकास एवं शक्ति वाला देश रहा है। आज चीन तेजी से अपनी सामुद्रिक शक्ति का विस्तार कार्य कर रहा है। चीन इस बात को भली–भांति समझता है कि बिना सामुद्रिक शक्ति के विकास के केवल मात्र अर्थव्यवस्था के विकास एवं विस्तार से वह विश्व में अपना प्रमुख स्थान नहीं बना पाएगा। एशिया के अन्य सामुद्रिक शक्ति वाले देश हैं–दक्षिण कोरिया तथा भारत। हिंद महासागर क्षेत्र में ऑस्ट्रेलिया तथा दक्षिणी अफ्रीका का सामुद्रिक शक्ति विकास काफी सुव्यवस्थित ढंग से हुआ है। सिंगापुर हिंद महासागर देशों में सबसे छोटा होने के बावजूद भी सामुद्रिक क्षेत्र में प्रभावशाली ढंग से विकसित देश हैं। शीतयुद्धोत्तर काल में भारत भी अपने सामुद्रिक शक्ति विस्तार कार्य में लगा है। इस काल में भूमंडलीकरण तथा उदारीकरण की नीति का पालन करने से भारतीय

अर्थव्यवस्था ट्रिलियन डॉलर अर्थव्यवस्था में बदल चुकी है। जबकि 1991 में भारतीय अर्थव्यवस्था बहुत ही दयनीय स्थिति में थी। इस समय भारत सरकार ने 67 टन सोना ''इंटरनेशनल मोनेटरी फंड'' के पास गिरवी रखा था।

भारतीय नीति निर्धारक यह भली–भांति समझ चुके थे कि बिना सामुद्रिक शक्ति विकास–विस्तार के आर्थिक विकास का कोई खास महत्व नहीं होगा। जैसे–जैसे आर्थिक क्षमता बढ़ेगी वैसे–वैसे समुद्रों पर भारतीय निर्भरता भी बढ़ेगी। आज भारत का लगभग 97 प्रतिशत आयात–निर्यात समुद्री रास्तों से होता है। अर्थव्यवस्था के विस्तार से सुदूर देशों में भारतीय पूंजी एवं नागरिकों का भी विस्तार हुआ है ।

सामुद्रिक शक्ति का तात्पर्य है कि समुद्र तथा सामुद्रिक कार्यों से संबंधित सभी विकास एवं प्लेटफार्म। इसमें स्थल, तटीय क्षेत्र तथा समुद्री जलक्षेत्र से संबंधित विभिन्न प्रकार के ढांचागत विकास एवं प्लेटफार्म आते हैं। दूसरे शब्दों में स्थल तथा तटीय क्षेत्र के सहायक ढांचागत विकास सहित समुद्री शक्ति (सी पावर) तथा नौसैनिक शक्ति (नेवल पावर) के तत्व देश की सामुद्रिक शक्ति (मैरीटाइम पावर) में शामिल होते हैं । समुद्री शक्ति अथवा सागरीय शक्ति को स्पष्ट करते हुए सोवियत संघ के महान एडमिरल यस जी गोर्शकोव ने (1910–1988) सागरीय शक्ति को स्पष्ट करते हुए लिखा था कि सागरीय शक्ति (सी पावर) में किसी भी देश के वे सभी प्लेटफार्म आते हैं जो समुंद्र में जाने तथा कार्य करने की क्षमता रखते हैं। जैसे व्यापारिक जहाजरानी, मछली पकड़ने के वेसिल्स, शोध एवं वैज्ञानिक जलपोत, नौसैनिक युद्धपोत, सहायक जलयान, संचार व्यवस्था वाले पोत तथा इन सभी से संबंधित शोध एवं विकास (आर एन डी) इकाईयाँ। यह राष्ट्र की वह शक्ति है जो विशाल समुद्र क्षेत्र में राष्ट्र के हितों की सुरक्षा करने में सहायक होती है। अमेरिका के ए. टी. माहन ने (सी पावर) समुद्री शक्ति की व्याख्या करते हुए लिखा है कि इसमें समुद्र क्षेत्र का सैनिक एवं

नागरिक (सिविलियन) उपयोग करने की क्षमता का समावेश होता है। इसी शक्ति से देश महान बनते हैं।[1]

सामुद्रिक शक्ति (मैरीटाइम पावर) तथा नौसैनिक शक्ति (नेवल पावर) समानअर्थी शब्द नहीं है। इनमें निम्नलिखित अंतर है—

1. सामुद्रिक शक्ति के विभिन्न अवयवों में से एक तत्व नौसैनिक शक्ति भी है।
2. नौसैनिक शक्ति का तात्पर्य रणनीतिक नौसैनिक बल से होता है। यह शक्ति किसी भी संकट के समय देश की परंपरागत तथा गैरपरंपरागत सुरक्षा चुनौतियों से सुरक्षा प्रदान करने का कार्य करती है। सामुद्रिक शक्ति किसी भी देश को यह क्षमता प्रदान करती है जिसे वह समुद्री क्षेत्र का उपयोग अपने विकास एवं सुरक्षा के लिए सफलतापूर्वक कर सके तथा साथ ही सामुद्रिक हितों की रक्षा एवं संवर्धन भी कर सकें।

इस प्रकार सामुद्रिक शक्ति में देश की कुल (सी पावर) सागरीय शक्ति तथा नौसैनिक शक्ति (नेवल पावर) दोनों समाहित होते हैं।

सामुद्रिक शक्ति के प्रमुख अवयव इस प्रकार से हैं –

1. जहाजरानी (मर्चेंट नेवी, व्यापारिक कंटेनर जलयान, तेल टैंकर, गैस टैंकर एवं बहुउद्देशीय जलयान इत्यादि)
2. बंदरगाह, गोदी, कंटेनर टर्मिनल
3. शिपयार्ड (पोत निर्माण, मरम्मत तथा तोड़ने के यार्ड एवं सहायक ढांचागत विकास इकाईयाँ)
4. सामुद्रिक विकास एवं अनुसंधान केंद्र – ओशनोग्राफी
5. सामुद्रिक विकास से संबंधित विभिन्न सहायक ढांचागत एवं आधारभूत संरचनाएं जैसे रेल, सड़क परिवहन सुविधाएं एवं संचार केंद्र
6. मछली पकड़ने के जलयान एवं अन्य सुविधाएं(फिशिंग फ्लीट);

ढांचागत विकास एवं तटीय सुविधायें मुख्यरुप से तटीय शीतघर, प्रोसेसिंग एंड पैकिंग इकाईयाँ और स्टोरेज उद्योग आते हैं।

7. मैरीन पर्यटन
8. नौसैनिक अड्डे एवं सहयोगी देश
9. सामुद्रिक शिक्षण एवं प्रशिक्षण संस्थान
10. नौसेना के प्रशिक्षण केंद्र
11. नौसेना एवं तटरक्षक
12. तटीय सुरक्षा से संबंधित सभी इकाईयाँ एवं संस्थान
13. सामुद्रिक कार्यों के लिए प्रशिक्षित एवं योग्य जनशक्ति
14. संचार एवं दिकचालन सिस्टम
15. मौसम पूर्वानुमान के केंद्र इत्यादि।

सागरीय शक्ति (सी पावर) के अंतर्गत निम्नलिखित तत्व आते हैं –

1. मछली उत्पादन के जलयान (छोटे, मझोले एवं बड़े)
2. व्यापारिक जलयान – जहाजरानी (कंटेनर कैरियर, तेल और गैस टैंकर एवं अन्य सहायक जलयान)
3. साइंटिफिक फ्लीट
4. नौसैनिक एवं तटरक्षक
5. अन्य सहायक जलयान – आपूर्ति एवं मरम्मत तथा खराब हो गए जलयानों को खींचकर तट तक लाने वाले जलयान (टोचक जलयान)
6. पर्यटन जलयान (लग्जरी लाइनर)
7. संचार एवं मौसम के पूर्वानुमान के जलयान
8. समुद्र में रुचि रखने वाली जनशक्ति

(मुख्य रूप से वे सभी प्लेटफार्म जो समुद्र के भीतर जाने की क्षमता वाले हो)

नौसैनिक शक्ति (नेवल पावर) के अंतर्गत निम्नलिखित तत्व शामिल होते हैं –

1. नौसैनिक युद्धपोत (सभी प्रकार के युद्धपोत एवं पनडुब्बियाँ)
2. सहायक युद्धपोत तथा जलयान (तेल टैंकर, हॉस्पिटल पोत, लॉजिस्टिक सपोर्ट जलयान)
3. नौसैनिक अड्डे
4. नौसैनिक – वायु सेना
5. प्रशिक्षण संस्थान
6. तटरक्षक
7. रक्षा, विकास एवं अनुसंधान की इकाईयां
8. नौसैनिक युद्धपोत निर्माण एवं मरम्मत की इकाईयां
9. संचार व्यवस्था (समुद्री दिक्चालन तन्त्र)
10. मौसम पूर्वानुमान की इकाईयां
11. दूसरे मित्र देशों में नौसैनिक अड्डे तथा बंदरगाहों पर रुकने तथा मरम्मत की सुविधाएं।

किसी भी देश की अर्थव्यवस्था एवं सामुद्रिक शक्ति एक ही सिक्के के दो पहलू हैं। विश्व में अमेरिकी अर्थव्यवस्था का प्रथम स्थान है इसीलिए उसके सामुद्रिक शक्ति का भी विश्व में प्रथम स्थान है। 19 वीं शताब्दी में ब्रिटेन की अर्थव्यवस्था विश्व में प्रथम स्थान पर थी तो उस समय ब्रिटिश सामुद्रिक शक्ति भी प्रथम स्थान पर थी। सोवियत संघ ने बीसवीं शताब्दी में अपने सामुद्रिक शक्ति का काफी बड़े पैमाने पर विस्तार एवं विकास किया था। 17 वीं एवं 18 वीं शताब्दी में औद्योगिक क्रांति की

वजह से यूरोप के देशों फ्रांस, जर्मनी, पुर्तगाल, इटली, स्वीडेन, हालैंड आदि का आर्थिक विकास तेजी से संभव हो सका, फलस्वरुप इन देशों ने प्रभावशाली एवं सुनियोजित ढंग से अपने सामुद्रिक शक्ति का विकास कार्य किया था। इसी के बल पर इन देशो ने पूरे विश्व में अपने उपनिवेशों का विस्तार एवं सफल संचालन किया था। किसी भी देश का आर्थिक विकास एवं सामुद्रिक विकास लगभग समानुपातिक होता है। सामुद्रिक विकास से निश्चित रुप से आर्थिक विकास में तेजी एवं स्थिरता आती है। भारत के तटीय राज्यों (केरल, गुजरात, तमिलनाडु आदि) के आर्थिक एवं सामाजिक विकास तथा स्थलबद्ध राज्यों (उत्तर प्रदेश, बिहार, मध्य प्रदेश आदि) के आर्थिक एवं सामाजिक विकास के अंतर को स्पष्ट रुप से देखा एवं समझा जा सकता है। शीतयुद्धोत्तर विश्व में चीन की अर्थव्यवस्था का तेजी से विस्तार विकास हुआ है। पिछले दशकों में चीन ने रणनीतिक एवं प्रभावशाली ढंग से अपनी सामुद्रिक क्षमता का विकास किया है। तेजी से विकास कर रहे देशों के लिए अत्यंत आवश्यक है कि वे अपने विकास एवं सामुद्रिक विकास में उचित तालमेल रखें अन्यथा वह पूर्व निर्धारित विकास के लक्ष्यों को पूरी तरह से प्राप्त नहीं कर सकेंगे।

1. इंडियाज सिक्योरिटी कनर्सन्रा इन द् इंडियन ओशन रीजन, डॉ अनिल कुमार सिंह, हर आनंद प्रकाशन, नई दिल्ली, 2003 पृष्ठ 24

परिशिष्ट 2

हिंद–प्रशांत क्षेत्रीय संगठन

1. एशिया –प्रशांत आर्थिक संगठन – (एपेक)

शीत युद्ध (1990–91) के समाप्त होने के ठीक पहले 1989 में आसियान के ही तर्ज पर एशिया प्रशांत के देशों ने एपेक ''एशिया प्रशांत आर्थिक सहयोग'' की स्थापना किया था। एशिया मुख्य रूप से दक्षिण पूर्व एशिया तथा प्रशांत क्षेत्र के 17 देशों ने अपनी अर्थव्यवस्था के 'स्वतंत्र एवं मुक्त' विकास के लिए एपेक संगठन का निर्माण किया था। ये देश थे – ऑस्ट्रेलिया, ब्रूनेई, कनाडा, हांगकांग, इंडोनेशिया, जापान, मलेशिया, मेक्सिको, न्यूजीलैंड, न्यू गिनी, चीन, फिलीपींस, सिंगापुर, दक्षिण कोरिया, ताइवान, थाईलैंड और अमेरिका। इस संगठन का चिली 1994 में सदस्य बना। वर्तमान में इसके 21 प्रशांत महासागर तटीय देश सदस्य हैं। इसमें रूस, वियतनाम तथा पेरू भी शामिल हो गए हैं। इस के तीन पर्यवेक्षक है– आसियान, प्रशांत आर्थिक सहयोग काउंसिल तथा प्रशांत द्वीप फोरम सचिवालय।

एपेक के मुख्य उद्देश्य इस प्रकार हैं ––

1. उदारीकरण एवं खुले व्यापार को बढ़ावा देना।

2. व्यापारिक प्रतिबंधों को हटाना

3. आर्थिक एवं तकनीकी सहयोग से विकास को गति प्रदान करना।

इसका मुख्यालय सिंगापुर में है। प्रशांत महासागर क्षेत्रीय देश न होने से भारत इसका सदस्य देश नहीं है। भारत ने पूर्व प्रधानमंत्री डॉ. मनमोहन सिंह के समय इस संगठन की सदस्यता के लिए प्रयत्न किया था। अपने आर्थिक विकास को गति देने के दृष्टिकोण से भारत एपेक में शामिल होना चाहता था। इसमें विश्व के पहले स्थान की सकल घरेलू उत्पाद (जीडीपी) वाला देश अमेरिका तथा दूसरे स्थान वाला देश चीन शामिल है। संयुक्त राष्ट्र के अतिरिक्त एपेक ही एकमात्र ऐसा आर्थिक संगठन है, जिसमें अमेरिका और चीन सदस्य देश है।[1] क्षेत्रीय विस्तार की दृष्टि से विश्व का सबसे बड़ा देश रूस (क्षेत्रफल 17075200 वर्ग किलोमीटर) तथा छोटा देश सिंगापुर (क्षेत्रफल 654 वर्ग किलोमीटर) सदस्य हैं। विश्व की बड़ी अर्थव्यवस्था वाले देश अमेरिका, चीन, जापान, दक्षिण कोरिया, कनाडा, ऑस्ट्रेलिया व रूस तथा तेजी से आर्थिक विकास कर रहे आसियान सहित अन्य दूसरे देश इसके सदस्य हैं। इस संगठन में बड़े औद्योगिक देशों के साथ तेजी से आर्थिक विकास कर रहे विकासशील देश भी शामिल हैं। शीत युद्ध के समाप्त होने के ठीक पहले बने इस संगठन के सदस्य देश यह भली–भांति समझ चुके थे कि अब विश्व परिदृश्य में तेजी से बदलाव होने वाला है। इस संगठन के देश यह स्वीकार कर चुके थे कि आगे के वर्षों में राष्ट्रीय सुरक्षा का प्रमुख तत्व आर्थिक एवं तकनीकी विकास होगा न कि स्त्रातजिक विकास, संगठन तथा शक्ति। ऐसे में उन्हें आर्थिक एवं तकनीकी विकास के लिए क्षेत्रीय सहयोग संगठन की आवश्यकता है। बदली परिस्थितियों में आर्थिक शक्ति ही सुरक्षा का मुख्य आधार होगा। फलस्वरुप प्रशांत क्षेत्र के विकसित तथा विकासशील देशों ने मिलकर एपेक के गठन का कार्य किया था। ये देश यह भी स्वीकार कर चुके थे कि अब आर्थिक सहयोग एवं साझेदारी के बिना

आर्थिक विकास लक्ष्य एवं उद्देश्य को प्राप्त कर पाना संभव नहीं है।

मार्च 2016 में "एशिया सोसाइटी पॉलिसी इंस्टिट्यूट" (ए एस पी आई) की रिपोर्ट "इंडियाज फ्यूचर इन एशिया : द एपेक अपॉर्चुनिटी" के अनुसार वर्तमान आर्थिक परिदृश्य को देखते हुए यह आवश्यक है कि एपेक में नए क्षेत्रीय आर्थिक शक्तियों को भी सम्मिलित किया जाए। इस क्षेत्र का भारत तीसरी सबसे बड़ी अर्थव्यवस्था है। ऐसे में एपेक के हित में होगा कि वह भारत को भी अपने साथ रखें। भारत सरकार के 2015 के इसमें शामिल होने की इच्छा को देखते हुए यह ध्यान रखने की जरूरत है कि इससे इस संगठन का महत्व और अधिक बढ़ सकेगा।

https://www.forbes.com/sites/ranisingh/2016/03/17/whats-stopping-india-joining-the-asia-pacific-economic-forum/#79ce5bd65dad

"Including India in APEC would provide its members a mechanism to deepen their economic engagement with India and more easily partner with India in its economic growth- APEC members would gain greater access to India's growing market, robust labor supply, and ample investment opportunities."

एपेक के कुछ शिखर सम्मेलनों का विवरण इस प्रकार से है :–

एपेक समिट	वर्ष	स्थान	देश
26 वां	2014	बीजिंग	चीन
27 वां	2015	मनीला	फिलीपींस
28 वां	2016	लिमा	पेरु
29 वां	2017	दानंग	वियतनाम

30वां एपेक समिट 2018 में पपुआ न्यू गिनी में होना है।

http://www.aimsuccess.in/2017/01/complete-list-of-international-summits.html?m=1

2. आसियान

8 अगस्त 1967 को दक्षिण– पूर्वी एशियाई देशों इंडोनेशिया,

मलेशिया, फिलीपींस, सिंगापुर तथा थाईलैंड ने एक संधि पर हस्ताक्षर कर आसियान के निर्माण की औपचारिक घोषणा किया था। 8 जनवरी 1984 को ब्रूनेई तथा 28 जुलाई 1995 में वियतनाम भी इसके सदस्य देश बन गए थे। इसमें 23 जुलाई 1997 में लाओस और म्यांमार तथा 30 अप्रैल 1999 में कंबोडिया भी शामिल हो गए थे। इस प्रकार वर्तमान में आसियान 10 सदस्य देशों का क्षेत्रीय संगठन है। इसका केंद्रीय कार्यालय इंडोनेशिया की राजधानी जकार्ता में है। इसका अध्यक्ष महासचिव होता है। जिसका कार्यकाल 5 वर्षों का होता है। शिखर सम्मेलन में सदस्य देशों के शासनाध्यक्षों के अनुमोदन पर महासचिव की नियुक्ति होती है। महासचिव संगठन के कार्यों में समन्यवक की भूमिका निभाता है।

* आसियान देशों का कुल क्षेत्रफल लगभग 4,464,322 वर्ग किलोमीटर है।
* आसियान देशों की कुल जनसंख्या लगभग 640 मिलियन तथा संयुक्त जीडीपी 2.57 ट्रिलियन डॉलर है।
* इस संगठन के निर्माण का प्रमुख उद्देश्य दक्षिण– पूर्वी एशिया के आर्थिक प्रगति को त्वरित गति प्रदान करना तथा पूरे क्षेत्र में स्थायित्व कायम करना था।
* इसके निर्माण का उद्देश्य सदस्य राष्ट्रों में सामाजिक, राजनीतिक, आर्थिक, सांस्कृतिक, व्यापारिक, वैज्ञानिक, तकनीकी तथा प्रशासनिक क्षेत्रों में परस्पर सहयोग विकसित करना तथा सामूहिक सहयोग एवं सहमत से विभिन्न आपसी समस्याओं का हल ढूंढना था। यह सभी बातें आसियान के घोषणापत्र में स्पष्ट रूप से व्यक्त है । इसका एक मुख्य उद्देश्य दक्षिण– पूर्वी एशियाई देशों के बीच व्यापार को बढ़ाना तथा सुगम बनाना था।

इस संगठन की कुछ प्रमुख तथ्य इस प्रकार से है ––

1. इस संगठन के कुल 10 सदस्यों में से पांच सदस्य देश म्यांमार, थाईलैंड, इंडोनेशिया, मलेशिया तथा सिंगापुर हिंद महासागर तटीय देश है।

2. इन देशों में से थाईलैंड को छोड़कर बाकी सभी देश यूरोपीय देशों के उपनिवेश रह चुके हैं।

3. सिंगापुर को छोड़कर बाकी सभी देशों की अर्थव्यवस्था 'दोहरी आर्थिक व्यवस्था' पर आधारित थी। अर्थात इन देशों के शहरी व ग्रामीण क्षेत्रों की आय में काफी अंतर था। इस समय यह सभी देश विकासशील देश हैं।

4. साठ के दशक में वियतनाम युद्ध के कारण इस पूरे क्षेत्र में राजनीतिक अस्थिरता का वातावरण था। इस पूरे क्षेत्र का भविष्य वियतनाम युद्ध के परिणाम पर निर्भर था। कोई भी देश वियतनाम युद्ध के परिणाम का सही आंकलन करने की स्थिति में नहीं था। आर्थिक रुप से इस क्षेत्र के देशों का इस समय कोई विशेष स्थान नहीं था।

5. दिसंबर 1978 में वियतनाम ने कंबोडिया पर आक्रमण कर उसके क्षेत्र पर अधिकार कर लिया था। उस समय आशियान ने इस समस्या के शांतिपूर्ण समाधान में अपनी महत्वपूर्ण भूमिका निभाया था। उसने राजनीतिक, आर्थिक एवं राजनयिक पहल का वियतनाम पर इस बात के लिए दबाव डाला कि वह कंबोडिया से अपनी सेना वापस बुला ले। फलस्वरुप वियतनाम ने कंबोडिया से अपनी बची 26000 की सेना को वापस बुला लिया था।

6. प्राचीन काल से ही भारत का सांस्कृतिक एवं आर्थिक संबंध दक्षिण–पूर्वी एशिया के पड़ोसी देशों के साथ रहा है। आसियान देश भारत के समुद्री पड़ोसी देश ही नहीं है, बल्कि ये स्थल मार्ग से भी जुड़े हैं। म्यांमार–भारत की थल सीमा 1643 किलोमीटर लंबी है। भारत ने 1991 अपनी विदेश नीति का मुख्य आधार (लुक– ईस्ट नीति)

बनाया था। भारत 1992 में आसियान का 'सेक्टोरल डायलॉग पार्टनर', 1997 में 'पूर्ण वार्ताकार सहभागी' तथा 2001 में 'शिखर सहयोगी' देश बना था। आसियान के अन्य पूर्ण वार्ताकार सहयोगी देश है – ऑस्ट्रेलिया, कनाडा, चीन, यूरोपीय संघ, जापान, न्यूजीलैंड, रिपब्लिक ऑफ कोरिया, रूस तथा अमेरिका। श्रीलंका ने भी एक समय आसियान की सदस्यता के लिए प्रयत्न किया था।

7. पिछले दशकों में आसियान की सबसे बड़ी सफलता यह रही है कि अपने सदस्य देशों को एक साथ रखने में पूर्णतः सफल रहा है। यह अपने सदस्य देशों के आर्थिक विकास एवं क्षेत्रीय स्थिरता कायम करने में भी पूर्णतः सफल रहा है।

8. अमेरिकी पूंजी बड़े पैमाने पर आसियान देशों में लगी हुई हैं। इन देशों के साथ अमेरिका ने विभिन्न सुरक्षा समझौता भी कर रखा है। इस क्षेत्र में अमेरिका के बड़े सहयोगी देश है –इंडोनेशिया, मलेशिया, सिंगापुर, थाईलैंड, फिलीपींस आदि।

9. आसियान देशों में चीनी मूल की काफी जनसंख्या निवास करती हैं। पिछले दशकों में चीन ने भी अपनी आर्थिक गतिविधियाँ आसियान देशों के साथ काफी बढ़ाई है। इस क्षेत्र में चीन के प्रमुख सहयोगी देश हैं – म्यांमार, लाओस और कंबोडिया।

* 1976 में आसियान सदस्य देशों ने "बंधुत्व एवं सहयोग संधि" (Treaty of Amity and Cooperation) पर हस्ताक्षर किया था, जिससे वे अपने मध्य एकजुटता को शांति, मैत्री, और सहयोग से बढ़ा एवं मजबूत कर सकें।

* 15 दिसंबर, 1995 में आसियान सदस्य देशों ने दक्षिण – पूर्व एशिया को "परमाणु मुक्त क्षेत्र" बनाने हेतु 'दक्षिण –पूर्वी एशिया परमाणु हथियार मुक्त क्षेत्र' समझौता किया था। इसमें सदस्य देशों ने परमाणु हथियारों से अपने स्थल क्षेत्र, महाद्वीपीय मग्न तट भूमि तथा

अपवर्जित आर्थिक क्षेत्र को मुक्त रखने का निर्णय किया था। क्षेत्रीय शांति और स्थिरता के लिए इस संधि का विशेष महत्व है।

* 2007 में इसके सदस्य देशों में आसियान चार्टर को स्वीकार किया था। यह आसियान का संवैधानिक दस्तावेज है। यह चार्टर 16 दिसंबर 2008 को लागू हुआ था।
* 2011 में आसियान की सदस्यता के लिए पूर्वी तिमोर ने आवेदन किया था।
* 1993 में आसियान रीजनल फोरम गठित किया गया था। इसके 27 सदस्य देश है।
* 1997 में "आसियान प्लस" बनाया गया था। इसमें आसियान देशों के साथ चीन, जापान और दक्षिण कोरिया शामिल है।
* 2005 में "ईस्ट – एशिया समिट" प्रारंभ हुई। इसका प्रमुख उद्देश्य सुरक्षा और संपन्नता को बढ़ावा देना था।
* वर्तमान में आसियान के प्रमुख सुरक्षा चुनौतियाँ है – सीमा विवाद, मानव तस्करी, प्राकृतिक एवं मानव निर्मित आपदाएं, खाद्य सुरक्षा, क्रॉस बॉर्डर आतंकवाद तथा इसंरजेंसी।
* आसियान के 5 सदस्य देशों ब्रूनेई, मलेशिया, वियतनाम, फिलीपींस का चीन के साथ दक्षिण चीन सागर में सीमा संबंधी विवाद है। अमेरिका ने वियतनाम तथा फिलीपींस से आपने सैनिक सहयोग को पिछले वर्षों में काफी बढ़ाया है। अमेरिका अंतर्राष्ट्रीय जलक्षेत्र नौवहन की फ्रीडम चाहता है।
* 2015 में आसियान देशों का सबसे बड़ा व्यापारिक साझेदार चीन (346 बिलियन डॉलर), जापान (239 बिलियन डालर) तथा यूरोपियन यूनियन (228 बिलियन डॉलर) था। अमेरिका आसियान का चौथा बढ़ा व्यापारिक साझेदार देश है।

* 2016 में सिंगापुर का प्रति व्यक्ति जीडीपी डालर 53000 था, जबकि कंबोडिया का केवल मात्र डालर 1300 था।

https://www.cfr.org/backgrounder/asean-association-southeast-asian-nations\utm_medium=social_earned-utm_source= fb&utm_campaign= backgrounder&utm_content=111007

आसियान का 15 वां शिखर सम्मेलन नवंबर 2017 फिलीपींस की राजधानी मनीला में आयोजित हुआ था। भारत ने आसियान देशों के साथ व्यापारिक एवं रणनीतिक साझेदारी बढ़ाने के मकसद से 1991 में ''लुक ईस्ट नीति'' की शुरूआत किया था। इसका उद्देश्य इस क्षेत्र में चीन के बढ़ते व्यापारिक प्रभाव को रोकना भी था। 1992 में भारत आसियान का क्षेत्रीय सहभागी बना, 1996 में डायलॉग पार्टनर और 2002 में समिट लेविल पार्टनर बना था। दोनों पक्षों में 8 अक्टूबर 2003 को संधि हुई, जिसे 13 अगस्त 2009 को अंतिम रुप दिया गया था। इसके तहत आसियान और भारत के बीच 1 जनवरी 2010 को 'फ्री–ट्रेड एरिया' अस्तित्व में आया था।

आज आसियान भारत का चौथा बड़ा व्यापारिक साझेदार बन चुका है। 2015– 16 में दोनों पक्षों के बीच 65 अरब डॉलर का व्यापार हुआ था, जो 2016–17 में 70 अरब डालर तक पहुंच गया।

3. पूर्वी एशिया सम्मेलन

इसकी स्थापना 1991 में मलेशिया के प्रधानमंत्री महाथिर मोहम्मद के प्रयासों से हुआ था। आसियान देशों के शिखर सम्मेलन के बाद पूर्वी एशिया सम्मेलन किया जाता है। भारत, अमेरिका, ऑस्ट्रेलिया, ब्रूनेई, कंबोडिया, चीन, इंडोनेशिया, जापान, लाओस, मलेशिया, म्यांमार, न्यूजीलैंड, फिलीपींस, रूस, सिंगापुर, दक्षिण कोरिया, थाईलैंड और वियतनाम इस फोरम के सदस्य देश हैं। 2005 में इसका पहला सम्मेलन मलेशिया में हुआ था। इसका 12वां सम्मेलन नवंबर 2017 मनीला, फिलीपींस में हुआ था।

भारत के पूर्व प्रधानमंत्री अटल बिहारी वाजपेयी ने अप्रैल 2002 की अपनी सिंगापुर यात्रा के समय यहाँ के "इंस्टिट्यूट ऑफ साउथ ईस्ट एशियन स्टडीज" में बोलते हुए कहा था की भौगोलिक दृष्टिकोण से भारत और आसियान पड़ोसी देश है। भारतीय थल एवं समुद्री सीमा म्यांमार, इंडोनेशिया और थाईलैंड से लगी हुई है। भारतीय अंडमान और निकोबार द्वीपसमूह भारतीय मुख्य भूमि की अपेक्षा आसियान देशों के ज्यादा करीब स्थित है। भारत ने हमेशा आसियान में अपनी गहरी रुचि दिखाई है। भारत सामाजिक एवं आर्थिक प्रगति के लिए इस प्रकार के क्षेत्रीय प्रयास का समर्थक रहा है। इसी से भारत ने "मेकांग– गंगा कोऑपरेशन" को अपना पूरा समर्थन दिया। इसमें कंबोडिया, लाओस, म्यांमार, थाईलैंड, वियतनाम और भारत शामिल है। भारत आसियान देशों से और अधिक मजबूत संबंधों के लिए प्रयासरत है।

4. आसियान क्षेत्रीय मंच (आसियान रीजनल फोरम–ए. आर. एफ.)

आर्थिक एवं वाणिज्यिक हितों को प्रोत्साहित करने के उद्देश्य आसियान देशों के शासनाध्यक्षों ने 1992 के शिखर सम्मेलन में अपने संगठन के दायरे को और व्यापक बनाने के लिए पहल किया। इस पहल के तहत 25 जुलाई 1994 में आसियान रीजनल फोरम का गठन किया गया था। इसमें 18 देशों को शामिल किया गया था। ये देश हैं – ऑस्ट्रेलिया, ब्रूनेई, कनाडा, यूरोपीय संघ, इंडोनेशिया, जापान, लाओस, मलेशिया, न्यूजीलैंड, न्यूगिनी, चीन, फिलिपिंस, रुस, सिंगापुर, दक्षिण कोरिया, थाईलैंड, वियतनाम तथा अमेरिका। 1995 में कंबोडिया और भारत तथा 1996 में म्यांमार इसके सदस्य देश बने। इन देशों में 10 आसियान देश तथा बाकी वार्ताकार देश है। इस फोरम के विकास में 'आसियान–अंतरराष्ट्रीय एवं सुरक्षा अध्ययन संस्थान' का विशेष योगदान था।

यह मंच सामंजस्य के सिद्धांत पर संचालित होता है। इस मंच की स्थापना बहुपक्षीय पद्धति के आधार पर किया गया है। जिससे विभिन्न

क्षेत्रों में अधिक से अधिक पारदर्शिता बनी रहे। इस पारदर्शिता से आपसी विश्वास बढ़ेगा। मुख्य रूप से सैनिक क्षमता, रणनीति एवं डिप्लॉयमेंट के संदर्भ में। सहयोग के वातावरण में पूरे क्षेत्र की शांति एवं सुरक्षा कायम रहेगी। इसी से इस फोरम के अंतर्गत एक "काउंसिल फॉर सिक्योरिटी कोऑपरेशन इन एशिया पैसिफिक" का गठन किया गया था। यह एशिया–प्रशांत क्षेत्र का एकमात्र सुरक्षा सहयोग फोरम है। यह विश्वासोत्पादक उपायों के सिद्धांत पर कार्यरत है। इसे 'ट्रैक वन तथा ट्रैक टू' कूटनीति के आधार पर निर्मित किया गया था।[2]

इस मंच का मुख्य उद्देश्य एशिया क्षेत्र के देशों के बीच राजनीतिक–कूटनीतिक सहयोग को बढ़ाकर संबद्ध देशों के साथ सौहार्दपूर्ण संबंध कायम करना है। इसका एक अन्य मुख्य उद्देश्य एशिया –प्रशांत क्षेत्र में व्याप्त तनावों तथा विवादों का शांतिपूर्ण तरीके से समाधान करना भी है। इस फोरम के मुख्य कार्य इस प्रकार से हैं –

* विश्वासोत्पादक उपाय
* कूटनीतिक प्रयास
* विवादों का शांतिपूर्ण निपटारा
* आपदा राहत
* सामुद्रिक सुरक्षा

आसियान रीजनल फोरम की मीटिंग प्रत्येक वर्ष आसियान मंत्री स्तरीय मीटिंग तथा मंत्री स्तरीय कान्फ्रेंस के मध्य होती है।

शीतयुद्धोत्तर काल में यह मंच विश्वासोत्पादक उपायों के रुप में काफी सफल रहा है। इस मंच के माध्यम से भारत एवं चीन को अपने संबंध दक्षिण– पूर्वी एशियाई देशों के साथ बढ़ाने का पूरा अवसर मिला है। आसियान देशों के साथ ही भारत को इस फोरम के माध्यम से क्षेत्रीय एवं बाहरी बड़ी शक्तियों से संपर्क स्थापित करने का एक अवसर प्राप्त

हुआ है। इस फोरम के माध्यम से आतंकवाद एवं मादक पदार्थों के विरुद्ध प्रभावी कदम उठाए जा सकें। इस प्रकार की समस्याओं को बिना आपसी सहयोग के नियंत्रित नहीं किया जा सकता है। इस मंच में पाकिस्तान को 24 वें सदस्य देश के रूप में जुलाई 2004 में शामिल किया गया था। बांग्लादेश तथा श्रीलंका पहले ही इसके सदस्य बन चुके थे। आसियान देशों ने इस मंच के और अधिक विस्तार का विरोध किया है। आसियान क्षेत्रीय मंच बैठक के समापन पर इसका चेयरमैन अपना स्टेटमेंट जारी करता है। जिसमें पूरी कार्यवाही का विवरण तथा इस बात का वर्णन होता है कि विभिन्न स्तरों से विचार–विमर्श से क्या तथ्य सर्वसम्मति से उभर कर सामने आए हैं। इस मंच के माध्यम से भारत को द्विपक्षीय आधार पर एशिया– प्रशांत क्षेत्र के देशों के साथ राजनीतिक, आर्थिक एवं सुरक्षा क्षेत्रों में संपर्क बढ़ाने का अवसर प्राप्त हुआ है।

वर्तमान में इसके 27 सदस्य है। इसके ट्रैक–I तथा ट्रैक–II डिप्लोमेसी के साथ ही ट्रैक 1.5 (एक्सपर्ट्स तथा एमिनेंट परसंस – ईईपी) भी है। ''एआरएफ आपदा राहत अभ्यास'' प्रत्येक दूसरे वर्ष आयोजित किया जाता है। पहला आपदा राहत अभ्यास मई 2009, फिलीपींस, दूसरा मार्च 2011, इंडोनेशिया, तीसरा मई 2013, थाईलैंड तथा चौथा मई 2015, मलेशिया में आयोजित किया गया था।

मार्च 2011 में ''एआरएफ आपदा राहत अभ्यास'' का एक मॉक (Mock) आपदा बचाव अभ्यास इंडोनेशिया के मनाडो में किया गया, जिसमें 23 देशों के लगभग 3000 प्रतिभागियों के साथ यूरोपियन यूनियन के सदस्यों ने भाग लिया था। इस प्रकार की अभ्यासों की विशेष आवश्यकता है ताकि किसी भी प्रकार की परिस्थिति में आपदा प्रभावित देश की प्रभावी ढंग से बचाव मदद कार्य किया जा सके। आपदा कहीं भी बिना किसी पूर्व सूचना के घटित हो सकती है। बचाव अभियानों के लिए आत्मविश्वास तथा संयुक्त रूप से मिलजुल कर कार्य करने की क्षमता तथा

प्रशिक्षण की अत्यंत आवश्यकता होती है। *(http://asean.org/asean-s-disaster-relief-exercise-more-real-than-ever-with-japan-s-natural-disaster/)* यह निष्कर्ष निकाला गया था कि इस प्रकार के आपदा राहत अभियानों में प्रभावी ढंग से काम करने के लिए और अधिक नागरीय– सैन्य कोऑर्डिनेशन को बढ़ाने की आवश्यकता है। ''एआरएफ आपदा राहत अभ्यास 2015'' में भाग लेने के लिए अंडमान निकोबार द्वीप से भारतीय युद्धपोत 'आईएनएस सरयू' (एनओपीवी) मलेशिया के पेनांग गया था। इससे पूर्व 'आईएनएस केसरी' ने मनाडो, इंडोनेशिया 2011 के बचाव अभ्यास में भाग लिया था।

26 जुलाई 2016 को इसकी 23वीं मंत्री स्तरीय मीटिंग हुई थी। इसमें प्रमुख रूप से क्षेत्रीय समस्याओं – दक्षिण चीन सागर, काउंटरिंग वायलेंट एक्सटीरिज्म तथा कोरियन प्रायद्वीपीय समस्या पर विचार विमर्श हुआ था। *(http://dfat.gov.au/international-relations/regional-architecture/Pages/asean-regional-forum-arf.aspx)*

7 अगस्त 2017 को एआरएफ का 24 वां मीटिंग फिलीपींस की राजधानी मनीला में आयोजित किया गया था।

5. दक्षिण एशियाई क्षेत्रीय सहयोग संगठन – (सार्क)

दक्षिण एशिया के सात देशों ने 7– 8 दिसंबर 1985 को बांग्लादेश की राजधानी ढाका में इस सहयोग संगठन की स्थापना किया था। ये देश थे– भारत, पाकिस्तान, बांग्लादेश, नेपाल, भूटान, श्रीलंका, तथा मालदीव। अरब सागर तथा बंगाल की खाड़ी क्षेत्र में स्थित दक्षिण एशियाई देशों के क्षेत्रीय सहयोग की यह पहली शुरुआत थी। इस संगठन का मुख्यालय काठमांडू (नेपाल) में है। दक्षेस कोई राजनीतिक एवं रक्षा संगठन नहीं है अपितु यह आर्थिक सामाजिक तथा सांस्कृतिक सहयोग संगठन है। 14 वें सार्क सम्मेलन, नई दिल्ली 2007 में अफगानिस्तान को इसमें शामिल कर लेने से अब इसकी सदस्य संख्या आठ हो गई है। चीन, जापान,

दक्षिण कोरिया, यूरोपीय यूनियन तथा अमेरिका इसके पर्यवेक्षक देश हैं। *(https://www.dawn.com/news/240651)*

दक्षेस शिखर सम्मेलनों का विवरण इस प्रकार से है–

सार्क शिखर सम्मेलन	वर्ष	स्थान	देश
पहला	7–8 दिसंबर 1985	ढाका	बांग्लादेश
दूसरा	16–17 नवंबर 1986	बौंगलुरु	भारत
तीसरा	2–4 नवंबर 1987	काठमांडू	नेपाल
चौथा	29–31 दिसंबर 1988	इस्लामाबाद	पाकिस्तान
पांचवां	21–23 नवंबर 1990	माले	मालदीव
छठा	21 दिसंबर 1991	कोलंबो	श्रीलंका
सातवां	10–11 मार्च 1993	ढाका	बांग्लादेश
आठवां	2–4 मई 1995	नई दिल्ली	भारत
नौवां	12–14 मई 1997	माले	मालदीव
दसवां	29–31 जुलाई 1998	कोलंबो	श्रीलंका
11 वां	4–6 जनवरी 2002	काठमांडू	नेपाल
12 वां	4–6 जनवरी 2004	इस्लामाबाद	पाकिस्तान
13 वां	12–13 नवंबर 2005	ढाका	बांग्लादेश में
14 वां	3–4 अप्रेल 2007	नई दिल्ली	भारत
15 वां	1–3 अगस्त 2008	कोलंबो	श्रीलंका
16 वां	28–29 अप्रेल 2010	थिम्फू	भूटान
17 वां	10–11 नवंबर 2011	अदू सिटी	मालदीव
18 वां	26–27 नवंबर 2014	काठमांडू	नेपाल
19 वां	15–16 नवंबर 2016	इस्लामाबाद	पाकिस्तान में होना था लेकिन कुछ कारणों से नहीं हो सका।

http://www.aimsuccess.in/2017/01/complete-list-of-international-summits.html?m=1

आतंकवाद (ऊरी आक्रमण) के विरोध में भारत ने 19वें सार्क सम्मेलन इस्लामाबाद में भाग लेने से मना कर दिया था। भारत के साथ

ही भूटान, बांग्लादेश, श्रीलंका, मालदीव, अफगानिस्तान ने भी इसमें भाग लेने से मना कर दिया। नेपाल ने मना नहीं किया क्यों कि सार्क सभापति वहीं के थे।

सार्क का मूल उद्देश्य क्षेत्रीय सहयोग को बढ़ावा देना है। प्रमुख रूप से कृषि, स्वास्थ्य सेवाएं, मौसम विज्ञान, डाक–तार सेवाएं, ग्रामीण विकास, विज्ञान एवं तकनीकी, दूरसंचार तथा यातायात, खेलकूद, सांस्कृतिक सहयोग, आतंकवाद, मादक पदार्थों की तस्करी तथा क्षेत्रीय विकास में महिलाओं की भूमिका आदि क्षेत्रों में। भारत इसका सबसे बड़ा तथा शक्तिशाली सदस्य देश हैं, जबकि मालदीव सबसे छोटा (क्षेत्रीय विस्तार एवं जनसंख्या के दृष्टिकोण से) एवं कमजोर देश है। भारतीय थल सीमा एवं जल क्षेत्र सीमा इस संगठन के सभी देशों के साथ लगी हुई है, केवल अफगानिस्तान को छोड़कर। भारत के दक्षिण में स्थित मालदीव अपनी सुरक्षा के लिए मुख्य रूप से भारत पर निर्भर है। 1988 में कुछ मिशनरियों ने मालदीव पर अधिकार कर लिया था, तो भारतीय सेना में जाकर उसे पुनः आजाद कराया था। इस संगठन के सभी देश विकासशील देशों की श्रेणी में आते हैं। नेपाल और भूटान स्थलबद्ध देश हैं, जिनको भारत पोर्ट सुविधाएं उपलब्ध कराता है।

ढाका के प्रथम शिखर सम्मेलन के घोषणा पत्र में दक्षेस के निम्नलिखित उद्देश्यों को उद्घोषित किया गया था –

1. एशिया के सातों देशों हेतु कल्याणकारी कार्यक्रमों को प्रोत्साहित करना तथा गरीबी एवं अज्ञानता को दूर का जीवन स्तर को सुधारना।
2. क्षेत्रीय आर्थिक, सामाजिक एवं सांस्कृतिक विकास को गति प्रदान करना।
3. अंतरराष्ट्रीय हित से संबंधित मामलों में सहयोग स्थापित कर संगठन को मजबूत बनाना।

4. राजनीतिक समस्याओं से अलग होकर आपसी व्यापार को प्राथमिकता प्रदान करना।
5. तट कर एवं व्यापार समझौते के द्वारा आपसी सहयोग में वृद्धि कर विश्व व्यापार असंतुलन को दूर करना।
6. आतंकवाद, तस्करी, प्राकृतिक आपदा प्रबंधन पर अध्ययन, शिक्षा एवं अन्य क्षेत्रीय समस्याओं के निवारण हेतु विचार– विमर्श और सहयोग के लिए प्रत्येक वर्ष एक शिखर सम्मेलन का आयोजन करना।
7. अन्य दूसरे सामान लक्ष्य एवं उद्देश्य वाले अंतर्राष्ट्रीय तथा क्षेत्रीय संगठनों के साथ सहयोग करना।

दक्षेस का संगठनात्मक ढांचा इस प्रकार से है–

1. शिखर सम्मेलन
2. दक्षेस मंत्री परिषद
3. विदेश सचिव की स्थायी समिति
4. अधिकारियों तथा विशेषज्ञों की समितियाँ

दिसंबर 1995 में ''सार्क प्रीफरेंशियल ट्रेडिंग अरेंजमेंट'' (साफ्टा – एस ए पी टी ए) अंतर क्षेत्रीय व्यापार के लिए लागू हुआ था। इससे दक्षेस सदस्य देशों के पारस्परिक व्यापार में काफी वृद्धि हुई थी। फलस्वरुप सार्क फ्री ट्रेड एरिया (साफ्टा – एस ए एफ टी ए) की अवधारणा का विकास संभव हुआ। जिसे दक्षिण एशियाई देशों के मध्य व्यापार, निवेश तथा विभिन्न वस्तुओं एवं सेवाओं की गतिशीलता बढ़े तथा पूरे क्षेत्र का एकीकृत समुदाय के रूप में विकास हो सके। लेकिन दुर्भाग्यवश पाकिस्तान के कारण इस दिशा में कोई विशेष प्रगति दक्षेस अभी तक नहीं कर सका है। फिर भी इससे क्षेत्रीय सहयोग की प्रक्रिया में दक्षिण एशिया के लोगों की भागीदारी बढ़ाने और सदस्य देशों के लोगों के बीच अधिक संपर्क कायम करने में काफी मदद मिली है।

http://www.aimsuccess.in/2017/01/complete-list-of-international-summits.html?m=1

6. बिम्सटेक

('बे आफ बंगाल इनीशिएटिव फार मल्टीसेक्टोरल टेक्निकल एण्ड इकोनॉमिक कोआपरेशन' बहुक्षेत्रीय तकनीकी और आर्थिक सहयोग के लिए बंगाल की खाड़ी पहल (बिम्सटेक))

दक्षेस तथा आसियान के अनुभव के आधार पर इस क्षेत्रीय सहयोग संगठन को बनाया गया था। हिंद महासागर के बंगाल की खाड़ी क्षेत्र में स्थित पांच देशों बांग्लादेश, भारत, श्रीलंका तथा थाईलैंड ने संयुक्त रूप से (बीआईएसटी–ईसी) इस आर्थिक सहयोग संगठन को गठित किया था। इसकी पहली मंत्रिस्तरीय उद्घाटन मीटिंग 4 जून 1997 में बैंकॉक (थाईलैंड) में हुआ था। उस समय इसमें म्यांमार शामिल नहीं था। इसे "बी आई एस टी–ई सी" नाम दिया गया था। म्यांमार (1997) नेपाल तथा भूटान (2004) के इसमें शामिल हो जाने के उपरांत इसका नाम बिम्सटेक – 'बे आफ बंगाल इनीशिएटिव फार मल्टीसेक्टोरल टेक्निकल एण्ड इकोनॉमिक कोआपरेसन' कर दिया गया था। इस सहयोग संघ की दूसरी मंत्री स्तरीय मीटिंग अप्रैल 2000 में नई दिल्ली (भारत) में आयोजित हुई थी। इसमें सदस्य देशों ने अपने मध्य मुक्त व्यापार व्यवस्था विकसित करने का निर्णय लिया था।

यह संगठन दक्षिण एवं दक्षिण पूर्वी एशिया के सदस्य देशों के विकास के लिए एक पुल की तरह है। सदस्य देशों में विश्व की 22 प्रतिशत जनसंख्या तथा 40 प्रतिशत गरीब निवास करते हैं। भारत का अन्य सदस्य देशों के साथ बहुत पुराना सांस्कृतिक, आर्थिक एवं व्यापारिक संबंध रहा है। सदस्य देशों में म्यांमार और थाईलैंड को छोड़कर बाकी सभी पांच देश सार्क (दक्षेस) के भी सदस्य है। सभी सदस्य देश अपने व्यापारिक गतिविधियों के लिए बंगाल के खाड़ी जलक्षेत्र पर निर्भर है।

थाईलैंड का पहले नाम स्याम था। यहाँ की प्राचीन राजधानी अयोध्या थी। यहाँ बहुत जगहों पर शिव एवं गणपति की प्रतिमाएं हैं। यहाँ के 'राम नवम सम्राट अतुल्य तेज भूमिबल' का जब निधन हुआ था, तो हिंदू वैदिक रीति से उनका अंतिम संस्कार किया गया था। वर्तमान थाई नरेश को 'राम दशम' कहा जाता है। यहाँ बौद्ध धर्म तथा मंदिरों की अधिकता है। म्यांमार का पहले नाम (ब्रह्मदेश) बर्मा था। यहां रामायण तथा बुद्ध कथा एक साथ विद्यमान है। यहाँ का शिल्प एवं साहित्य हिंदू –बौद्ध प्रतिमानों से भरा हुआ है। बांग्लादेश ब्रिटिश शासनकाल के दौरान भारत (बंगाल) का भाग था। श्रीलंका से भारत का बहुत पुराना सांस्कृतिक– आर्थिक संबंध रहा है। यहाँ के सिंहल द्वीप पर राम, सीता और बुद्ध की मूर्तियाँ बहुतायत में मिलती हैं। ("जिबूती से जापान तक भारत की छाप" तरुण विजय, दैनिक जागरण, 18 नवंबर, 2017) नेपाल तथा भूटान की अर्थव्यवस्था पूरी तरह से भारत के ऊपर निर्भर करती है। दोनों देशों के आयात–निर्यात के लिए भारत ने कोलकाता के हल्दिया पोर्ट की सुविधा उपलब्ध कराया है। दोनों देश बौद्ध धर्म के अनुयाई हैं। नेपाल से भारत का प्राचीन काल से सामाजिक एवं सांस्कृतिक संबंध रहा है।

बिम्स्टेक शिखर सम्मेलनों का विवरण

बिम्स्टेक शिखर सम्मेलन	वर्ष	स्थान	देश
पहला	2004	बैंकाक	थाईलैंड
दूसरा	2008	नई दिल्ली	भारत
तीसरा	2014	न्या पी था (Nay Pyi Taw)	म्यांमार
चौथा	2017	काठमांडू	नेपाल

इस संगठन की स्थापना के 20 वर्ष पूरे हो चुके हैं। भारत 2004

के फ्री ट्रेड एग्रीमेंट फ्रेमवर्क से अलग नए फ्री ट्रेड एग्रीमेंट के लिए प्रयत्नशील है।

7. फोरम फॉर इंडिया पैसिफिक आईलैंड कोआपरेशन–(एफ आई पी आई सी)

2014 में 14 प्रशांत महासागर क्षेत्रीय द्वीप देशों के साथ मिलकर इस संगठन को बनाया गया था। इस संगठन के माध्यम से भारत को प्रशांत महासागर के इन द्वीप देशों के साथ आर्थिक व्यापारिक संबंधों को बढ़ाने तथा मजबूत करने का मौका मिल सका। इसका पहला सम्मेलन सूवा (फीजी) नवंबर 2014 में हुआ था। दूसरा सम्मेलन अगस्त 2015, जयपुर में हुआ था। इसमें (एफ आई सी सी आई) फेडरेशन ऑफ इंडियन चैम्बर ऑफ कॉमर्स एंड इंडस्ट्री, (सी आई आई) कंफीडेरेशन ऑफ इंडियन इंडस्ट्री, (एन डी एम ए) नेशनल डिजास्टर मैनेजमेंट अथारिटी तथा (पी आई डी एफ) पैसिफिक आईलैंड डेवलपमेंट फोरम की सक्रिय भागीदारी थी।

25–26 मई 2017 को भारतीय विदेश मंत्री जनरल वी के सिंह ने फीजी के सुवा में एक ''इंडिया पैसिफिक आईलैंड सस्टेनेबल डेवलपमेंट कॉन्फ्रेंस'' का आयोजन किया था।

8. इंडियन ओशन रिम एशोसियेशन (आईओआरओ)

शीतयुद्धोत्तर काल में हिंद महासागर तटीय देश ने क्षेत्रीय सहयोग को और अधिक बढ़ाने की आवश्यकता महसूस किया। मार्च 1995 में मॉरीशस ने पहल करके हिंद महासागर रिम देशों की पहली बैठक आयोजित किया था। इसमें इस क्षेत्र के 7 प्रमुख देशों ऑस्ट्रेलिया, भारत केन्या, मॉरिशस, ओमान, सिंगापुर तथा दक्षिण अफ्रीका के प्रतिनिधियों को बुलाया गया था। फरवरी 1996 ऑस्ट्रेलिया ने ''इंटरनेशनल फोरम आन द् इंडियन ओशन रीजन'' की पहली बैठक आयोजित किया था। इसमें

23 देशों के प्रतिनिधियों ने भाग लिया था। अनवरत में मारीशस के पहल पर पोर्ट लुई में 6 मार्च 1997 को भारत तथा 13 अन्य क्षेत्रीय देशों ऑस्ट्रेलिया, इंडोनेशिया, केन्या, मेडागास्कर, मलेशिया, मॉरीशस, मोजांबिक, ओमान, सिंगापुर, दक्षिण अफ्रीका, श्रीलंका, तंजानिया तथा यमन में हिंद महासागर तटवर्ती देशों के बीच सहयोग बढ़ाने के उद्देश्य से "इंडियन ओसियन रिम एसोसिएशन फॉर रीजनल कोऑपरेशन" (हिमतक्षेस) के गठन की घोषणा किया था। (वर्ल्ड फोकस नई दिल्ली 20 अप्रैल 1997) मॉरीशस के उप– प्रधानमंत्री तथा विदेश मंत्री पाल बेरेन्गर को इसका चेयरमैन तथा ओमान और श्रीलंका के विदेश मंत्री को उप– चेयरमैन चुना गया था। इनका कार्यकाल 2 वर्ष का निर्धारित किया गया था। इस संगठन में एशिया, पूर्वी अफ्रीका तथा आस्ट्रेलिया तीनों महाद्वीपों के 14 तटवर्ती देश शामिल थे। इस संगठन में शामिल होने के लिए जापान तथा फ्रांस ने भी अपनी इच्छा प्रकट किया था। इनका कहना था कि हिंद महासागर तटीय देशों में उनके व्यापारिक संबंध बहुत अधिक तथा महत्वपूर्ण है। अप्रैल 1999 में हिमतक्षेस की 'मोपुल' बैठक में अन्य पांच देशों ओमान, थाईलैंड, संयुक्त अरब अमीरात, सेशेल्स एवं बांग्लादेश को सदस्यता प्रदान कर देने से अब इस संगठन की सदस्य संख्या 19 हो गई थी। इसी बैठक में दो अन्य देशों मिस्र और जापान को 'डायलॉग पार्टनर' के रुप में आमंत्रित करने का भी निर्णय किया गया था। इस संगठन के वार्ताकार सहयोगी देश है –चीन, मिस्र, जापान तथा यू .के। इसमें "हिंद महासागर पर्यटन संगठन" को पर्यवेक्षक का दर्जा हासिल है।

इस संगठन को हिंद महासागर तटीय देशों ने अपने मध्य क्षेत्रीय व्यापारिक गतिविधियों को और अधिक सुविधाजनक बनाने तथा बढ़ाने के दृष्टिकोण से विश्व की दूसरी अन्य महत्वपूर्ण आर्थिक सहयोग संगठनों जैसे यूरोपीय यूनियन, नार्थ अमेरिकन संगठन तथा एपेक को ध्यान में रखकर विकसित किया था। सदस्य देश अपने विकास संबंधी अनुभव

और विशेषज्ञता, विज्ञान एवं तकनीकी ज्ञान तथा निवेश के क्षेत्र में एक दूसरे का सहयोग करना चाहते थे। क्योंकि वे अब आर्थिक उदारीकरण तथा भूमंडलीकरण की राह पर चल रहे थे। इस संगठन के कुछ प्रमुख प्रयोजन थे–

1. क्षेत्रीय तथा सदस्य देशों के मध्य सतत वृद्धि एवं संतुलित विकास को बढ़ावा देना।
2. आर्थिक सहयोग के उन क्षेत्रों पर ध्यान देना जो विकास और आपसी हितों के पूर्ति हेतु अधिकतम संभावनाओं वाले हो।
3. उदारीकरण को बढ़ावा देना तथा व्यापार संबंधी बाधाओं को दूर करना, जिससे हिंद महासागर रिम देशों के मध्य सामानों, सेवाओं, पूंजी निवेश व प्रौद्योगिकी का प्रवाह बढ़ सके।

1993 में दक्षिण अफ्रीका के विदेश मंत्री 'पिक बोथा' ने अपने भारत की यात्रा के समय क्षेत्रीय आर्थिक ब्लॉक बनाने का विचार रखा था। जिसका बहुत से देशों प्रमुख रूप से भारत, मॉरीशस तथा ऑस्ट्रेलिया ने समर्थन किया था। बाद में ओमान, सिंगापुर तथा केन्या ने भी इस क्षेत्रीय सहयोग संगठन की आवश्यकता को देखते हुए इसके निर्माण का समर्थन किया था। इन्हीं सात देशों को मिलाकर एक कोर ग्रुप गठित हुआ था, जिसे 'एम–7' कहा गया था। इसको हिंद महासागर तटीय देशों के मध्य आर्थिक सहयोग संगठन विकसित करने का उत्तरदायित्व सौंपा गया था। इस कोर ग्रुप एम–7 की पहली बैठक ऑस्ट्रेलिया– पर्थ, जून 1995 में हुई थी, जिसमें 23 देशों के 122 प्रतिनिधियों ने भाग लिया था। इस बैठक में ऐसे देशों के प्रतिनिधि आए थे जो इस संगठन के सदस्य नहीं थे, लेकिन सदस्यता के इच्छुक थे। इस संगठन में शामिल होने का पाकिस्तानी प्रयास असफल हो गया क्योंकि सभी सदस्य देशों ने कहा कि भारत व पाकिस्तान दोनों को एक साथ सदस्य बनाए जाने से नया संगठन प्रारंभ में ही संकट में पड़ जाएगा, क्योंकि दोनों देश संगठन में

अपने द्विपक्षीय विवादों को उठाने लगेंगे। एम–7 में जिन सात बिंदुओं को आपसी सहयोग का आधार बनाया गया था, उसे ही इस संगठन का लक्ष्य कहा जा सकता है। यह सात सिद्धांत निम्नलिखित है–

1. क्षेत्रीय निवासियों के कल्याण एवं जीवन स्तर में वर्षद्धि करना
2. क्षेत्रीय देशों का संतुलित विकास करना।
3. आर्थिक सहयोग बढ़ाना – प्रमुख रुप से व्यापार, पर्यटन, पूंजी निवेश, प्रौद्योगिकी, विनिमय तथा मानव संसाधन विकास के क्षेत्र में।
4. उत्पादित वस्तुओं, सेवाओं, पूंजी व प्रौद्योगिकी के मुक्त प्रवाह से क्षेत्रीय देशों को संपन्न करना।
5. विश्व स्तरीय आर्थिक मुद्दों पर विचार– विमर्श।
6. बौद्धिक विकास हेतु प्रशिक्षण एवं विश्वविद्यालयों के स्तर पर सहयोग तथा संपर्क बढ़ाना।
7. क्षेत्रीय व्यापार को बढ़ाने के लिए सीमा करो तथा आयात– निर्यात को बढ़ावा देना।

इस संगठन की गतिविधियों को बेहतर ढंग से संचालित करने हेतु तीन कार्यदल है–

1. व्यवसाय एवं निवेश कार्यदल (डब्लूजीटीआई)
2. हिंद महासागर रिम व्यापार फोरम (आईओआरबीएफ)
3. हिंद महासागर रिम एकेडेमिक दल (आईओआरएजी)

इस संगठन के कार्य संचालन हेतु मंत्रियों का परिषद, उच्च अधिकारियों की कमेटी तथा आईओआर–एआरसी उच्च स्तरीय टास्क बल है। इस संगठन की सदस्यता के लिए इस के चार्टर में स्पष्ट रूप से उल्लेखित है कि "वे सभी सार्वभौम राष्ट्र जो हिंद महासागर तटीय देश हैं वे इसकी सदस्यता ग्रहण कर सकते हैं। लेकिन उनको इस संगठन के चार्टर तथा

सिद्धांतों के अनुरुप कार्य करना होगा। सदस्यता देने का निर्णय संगठन के सदस्य देश ही करेंगे।'' इसकी मंत्री स्तरीय बैठक 2 वर्षों में एक बार आयोजित की जाती है।[3]

हिंद महासागर क्षेत्रीय देशों में विभिन्न प्रकार की राजनीतिक, आर्थिक, सामाजिक एवं सांस्कृतिक असमानताएं देखने को मिलती है। इसके देश विकसित, विकासशील तेल तथा कृषि पर आधारित अर्थव्यवस्था वाले हैं। कुछ देशों की अर्थव्यवस्था का मुख्य आधार केवल मात्र पर्यटन उद्योग ही है। ऐसे में यह आशा व्यक्त की गई थी कि इस प्रकार के आर्थिक सहयोग संगठन के द्वारा इस क्षेत्र के विकास को गति प्रदान किया जा सकेगा। इस सहयोग संगठन के 14 सदस्य देशों का व्यापार पूरे हिंद महासागर क्षेत्र व्यापार का 65 प्रतिशत है। 1997 में पूरा विश्व व्यापार 7480 बिलियन डालर था तथा हिंद महासागर क्षेत्र देशों का आंतरिक व्यापार इसका मात्र 12 प्रतिशत अर्थात 912 बिलियन डालर ही था। इस संगठन के माध्यम से ऐसी आशा की गई थी कि इससे हिंद महासागर क्षेत्रीय देशों को अपना व्यापार प्रतिशत बढ़ाने में सफलता मिलेगा। इससे पूरा क्षेत्र अधिक सुरक्षित तथा विकसित हो सकेगा। इसीलिए इसके चार्टर में सदस्य देशों को अपने द्विपक्षीय विवादों को उठाने पर प्रतिबंध लगा दिया गया था। इसमें निर्णयों के लिए आपसी सहयोग एवं सहमति को आधार बनाया था।

अब इसे 'इंडियन ओशन रिम एशोसियेशन' (आईओआरए) कहा जाता है। इसके वर्तमान में 21 सदस्य तथा 7 वार्ताकार सहयोगी सदस्य है। साथ ही 'इंडियन ओशन टूरिज्म आर्गेनाइजेशन' एवं 'इंडियन ओशन रिसर्च ग्रुप' पर्यवेक्षक है।

आईओआरए के प्राथमिकता तथा फोकस वाले कार्यक्षेत्र है –

1. मैरीटाइम सेफ्टी एवं सिक्योरिटी
2. व्यापार एवं निवेश सरलीकरण

3. फिशरीज प्रबंधन
4. आपदा जोखिम प्रबंधन
5. पर्यटन एवं सांस्कृतिक आदान प्रदान करना
6. एकेडमिक विज्ञान एवं प्रौद्योगिकी
7. ब्लू इकॉनमी
8. महिलाओं का आर्थिक सशक्तिकरण

''ब्लू इकॉनमी'' पर पहला आईओआरए ''मिनिस्ट्रियल ब्लू इकोनॉमी कांफ्रेंस'' 2– 3 सितंबर 2015 को मॉरीशस में आयोजित हुआ था। ब्लू इकॉनमी का सबसे प्रमुख क्षेत्र समुद्री मछली उत्पादन का है। इसमें खाद्य सुरक्षा, गरीबी उन्मूलन तथा व्यापार की अपार संभावनाएं है। ब्लू इकॉनमी के संभावना के प्रमुख सेक्टर है –

1. फिशरीज एवं एक्वाकल्चर
2. नवीकरणीय (रिन्यूएबल) ओशन एनर्जी
3. बंदरगाह एवं शिपिंग
4. अपतटीय हाइड्रोकार्बन तथा समुद्र सतह के खनिज प्रदार्थ
5. मैरीन बायोटेक्नोलॉजी – शोध एवं विकास
6. पर्यटन इत्यादि ।

(www.iora.net.en)

21वीं शताब्दी के विकास यात्रा में ब्लू इकानॉमी का महत्वपूर्ण योगदान होगा। भारत ने भी ब्लू इकानॉमी के विकास पर पूरा ध्यान रखा है। मोदी सरकार ने विभिन्न परियोजनाओं के माध्यम से ब्लू इकानॉमी के विकास को मूर्त रुप देने का प्रयास किया है। अक्टूबर 2017 के अपने भाषण में प्रधानमंत्री मोदी ने यह स्पष्ट रूप से कहा था कि भारत के विकास में सामुद्रिक सेक्टर का महत्वपूर्ण योगदान रहा हैं। सरकार ब्लू

अर्थव्यवस्था के महत्व को देखते हुए मछली पकड़ने के कार्य में लगी जनसंख्या के लिए विभिन्न विकास योजनाओं को लागू करने जा रही है। बंदरगाहों के विकास के लिए अधिक धन व्यय किया जा रहा है। ("Blue economy can improve India's progress: PM Modi" Business Standard, Dwarka (Gujarat) Oct 07, 2017)

9. गल्फ सहयोग परिषद (जीसीसी)

फरवरी 1979 में ईरान की क्रांति तथा 22 दिसंबर 1980 को ईरान–इराक युद्ध प्रारंभ हो जाने के पश्चात सऊदी अरब सहित इस क्षेत्र के सभी छोटे देश अपनी सुरक्षा के प्रति चिंतित हो गए थे। फलस्वरुप सऊदी अरब के प्रयत्नों से 25 मई 1981 को ''गल्फ सहयोग परिषद'' का गठन हुआ था। इसमें सऊदी अरब, कुवैत, संयुक्त अरब अमीरात, बहरीन, कतर और ओमान शामिल थे। ये देश सुरक्षा आवश्यकताओं में एक दूसरे को सहयोग करने के लिए एकजुट हो गए थे। यह उनका स्वतंत्र एवं संयुक्त प्रयास था। उन्होंने अपनी क्षमताओं का अपने विकास एवं सुरक्षा के लिए उपयोग करने का निर्णय किया था। इस परिषद ने समय–समय पर फारस की खाड़ी क्षेत्र में बाहरी शक्तियों की उपस्थिति एवं हस्तक्षेप का विरोध किया। इस परिषद में ईरान और इराक को शामिल नहीं किया गया था। इसका मुख्य कारण यह था कि इसके सदस्य देश ईरान की क्रांतिकारी नीतियों तथा इराक के सद्दाम हुसैन की सैनिक महत्वाकांक्षाओं से डरते थे।

इस परिषद का प्रमुख लक्ष्य है – आपस में आर्थिक एवं राजनीतिक सहयोग द्वारा क्षेत्र में सुरक्षा एवं स्थायित्व को मजबूत करना, जनता के हितों की रक्षा करना तथा व्यवसायिक एवं औद्योगिक कानून एवं कस्टम नियमों को बनाना। इसकी सुप्रीम काउंसिल इसकी नीतिगत संस्था है। इसमें सदस्य देशों के शासनाध्यक्ष शामिल होते हैं। इसका मुख्यालय

रियाद, सऊदी अरब में स्थित है।

इस परिषद के सदस्य देशों ने मनामा, बहरीन में 31 दिसंबर 2000 को एक संयुक्त प्रतिरक्षा समझौता किया था। जिसमें यह कहा गया कि इसके किसी भी सदस्य देश पर आक्रमण हुआ तो उसे सब पर आक्रमण समझा जाएगा। इस समझौते से 1986 में गठित संयुक्त सुरक्षा बल की संख्या 5000 से बढ़ाकर 20000 कर दिया गया था। इस सुरक्षा बल का केंद्र सऊदी अरब के उत्तर पूर्वी भाग में स्थित 'हर्फ–एल–बतिन' में है। ईरान ने भी इस प्रतिरक्षा समझौते में शामिल होने का प्रयास किया था, लेकिन परिषद के सदस्य देशों ने इसे यह कहकर अस्वीकार कर दिया था कि ईरान गल्फ परिषद के देशों का अमेरिका के साथ सैनिक सहयोग का विरोध करता है। इस परिषद के सदस्य देश संयुक्त अरब अमीरात, ओमान, कतर और बहरीन में ने इराक के साथ अपने राजनयिक संबंध पुनः स्थापित कर लिया था। अरब प्रायद्वीप का यमन ही एकमात्र ऐसा देश है जो गल्फ सहयोग परिषद का सदस्य नहीं है। यमन ने इसकी सदस्यता के लिए 1996 में प्रयास किया था, लेकिन वह सदस्य नहीं बन सका था। इसका प्रमुख कारण यह था कि यमन ने गल्फ युद्ध 1990–91 में इराक का समर्थन किया था तथा उसका सऊदी अरब के साथ सीमा विवाद था।

गल्फ सहयोग परिषद खाड़ी क्षेत्र के धनी अरब देशों का एक विशिष्ट परिषद है। इसके सदस्य देशों में क्षेत्रीय विस्तार, जनसंख्या एवं सैनिक शक्ति के दृष्टिकोण से सऊदी अरब पहले स्थान पर है। बहरीन का स्थान सबसे अंतिम है। सऊदी अरब सहित सभी परिषद के सदस्य देशों ने अपनी सुरक्षा व्यवस्था अमेरिका के साथ कर रखा है। 'कोआपरेटिव डिफेंस पहल' (सीडीआई) के अंतर्गत सभी देशों में अमेरिकी सेना लगी हुई है। बहरीन में अमेरिकी नौसेना का पांचवां बेड़ा लगा हुआ है।

गल्फ सहयोग परिषद के सदस्य देशों के साथ भारतीय व्यापार

2010–11 में 113 बिलियन डॉलर था, जो चीन, यूरोपीय देशों तथा अमेरिका की अपेक्षा कहीं अधिक था। (C Raja Mohan, Samudra Manthan, p.160)

10. अफ्रीकी संगठन –

25 मई 1963 को 'आदिस अबाबा' सम्मेलन में 32 अफ्रीकी देशों के शासनाध्यक्षों ने 'अफ्रीकी एकता संगठन' (ओ ए यू) के घोषणा पत्र पर हस्ताक्षर किया था। इस संगठन का मुख्य उद्देश्य सदस्य देशों के बीच एकता और सहयोग बढ़ाना, उपनिवेशवाद को समाप्त करना तथा सदस्य देशों की स्वाधीनता के लिए कार्य करना था। इसका एक प्रमुख कार्य सदस्य देशों के मध्य उत्पन्न मतभेदों को दूर करना भी था। 2001 में इसका नाम "अफ्रीकी संगठन" हो गया है। इस संगठन के 55 अफ्रीकी देश सदस्य है। सदस्य देशों के शासनाध्यक्षों की सभा इसका सबसे प्रमुख नीति–नियंता निकाय है। इस संगठन का मुख्यालय आदिस अबाबा, इथोपिया में स्थित है।

इस संगठन के चार्टर में जिन संस्थाओं की व्यवस्था की गई है, उनमें से प्रमुख है–

* सभा
* मंत्री परिषद
* सचिवालय
* मध्यस्थता, समझौते एवं पंच निर्णय आयोग
* विशिष्ट आयोग
* अफ्रीकी मुक्ति समिति
* तदर्थ आयोग

11. इंडियन ओशन वेनिला आईलैंडस रीजनल आर्गेनाइजेशन – (हिंद महासागर वेनिला द्वीपों का क्षेत्रीय संगठन)

अगस्त 2010 में बना यह संगठन प्रमुख रूप से प्रर्यटन के विकास से संबंधित संगठन है। इसमें सेशेल्स, मेडागास्कर, रीयूनियन, मारिशस, कोमरुस, मायोती तथा मालदीव शामिल है। इस संगठन के सदस्य देश हिंद महासागर क्षेत्र को उच्च कोटि के पर्यटन स्थल में विकसित करना चाहते है। सदस्य देशों का मानना है कि इसे साझा कार्यक्रमों तथा आपसी सहयोग से ही पूरा किया जा सकता है। सदस्य देशों की अर्थव्यवस्था का मुख्य आधार पर्यटन ही है। इन देशों ने 3–4 दिसंबर 2011 को मेडागास्कर में "हिंद महासागर मेला" आयोजित किया था। इंडियन ओशन कमीशन ने 2012 एवं 2013 में हिंद महासागर क्षेत्रीय देशों में हवाई यात्रा के विकास के लिए सम्मेलन किया था। श्रीलंका भी इसका सदस्य बनने के लिए प्रयत्नशील है। संयुक्त राष्ट्र के "विश्व पर्यटन संगठन" का यह द्वीप संगठन पूर्ण सदस्य है।

1. द हिंदू, "इंडिया एण्ड एपेक", नई दिल्ली, 13 जनवरी 2007
2. स्ट्रेटेजिक डाइजेस्ट, मई 2004, पृष्ठ संख्या 666
3. स्टैटिजिक डाइजेस्ट,आईडीएसए, वॉल्यूम 37, न० 4, अप्रैल 1997, पृष्ठ संख्या 417

परिशिष्ट 3

भारतीय शिपयार्ड एवं नौसैनिक युद्धपोत निर्माण

प्रारंभ से ही भारत जलयान निर्माण के क्षेत्र में काफी आगे रहा है। 1736 से 1821 के मध्य मुंबई क्षेत्र के जलयान निर्माण इकाइयों में लगभग 159 जलयानो (100 टन से अधिक भार वाले) का निर्माण किया गया था। इसमें से 15 जलयान 1000 टन से भी अधिक भार वाले थे। यह जलयान उस समय पूरे विश्व में निर्मित जलयान्नों से कहीं अधिक श्रेष्ठ थे।

वर्तमान में भारत विश्व के कुछ प्रमुख देशो में शामिल है, जिनके पास सभी प्रकार के समुद्री जलयानों, युद्धपोतो, परमाणु एवं परंपरागत पनडुब्बियों, विध्वंसक, फ्रिगेटस, मिसाइल बोट्स तथा पेट्रोल वेसिल्स के निर्माण की क्षमता है। पहला भारतीय युद्धपोत ''आईएनएस नीलगिरी'' अक्टूबर 1968 में बनकर तैयार हुआ था। तब से लेकर 2013 तक कुल 90 युद्धपोतो का निर्माण कार्य भारतीय शिपयार्ड कर चुके हैं। भारत में 27 प्रमुख शिपयार्ड हैं। जिसमें से 6 केंद्र सरकार, दो राज्य सरकारों तथा 19 प्राइवेट सेक्टर में कार्यरत हैं। (*www.thestrategicdialogue.com/indian/maritime/doctrine*) सरकार के रक्षा मंत्रालय के पास (डी पी एस यू)

डिफेंस पब्लिक सेक्टर अंडरटेकिंग के अंतर्गत मझगांव डॉक लिमिटेड (एम डी एल) मुम्बई, गार्डन रीच शिपबिल्डर्स एंड इंजीनियर्स (जी आर एस ई) कोलकाता, गोवा शिपयार्ड लिमिटेड (जी एस एल) गोवा, हिंदुस्तान शिपयार्ड लिमिटेड (एच एस एल) विशाखापट्टनम में स्थित है। इनमें से एमडीएल एवं जी एस एल देश के पश्चिमी समुद्र तट पर तथा जी आर एस ई और एच एस एल पूर्वी समुद्री तट पर स्थित है।

इन्ही चारों शिपयार्डों में भारतीय नौसेना के अधिकतर युद्धपोतों का निर्माण कार्य चल रहा है। 2015 में कुल 61 विभिन्न प्रकार के युद्धपोत चार शिपयार्डों में (एमडीएल में 14, जी आर एस ई में 18, जी एस एल में 11 तथा एच एस एल में 14) निर्माणाधीन थे। *(http://www.defencenow. com/news/687/India's-defence-shipyards-building-61-warships-vessels.html)* 'प्राइवेट शिपयार्ड पीपावाव' एवं 'लार्सन एंड टुब्रो' भी भारतीय नौसेना के लिए युद्धपोत निर्माण कार्य में अपना महत्वपूर्ण सहयोग प्रदान कर रहे हैं। देश के लगभग 50 प्रतिशत शिपयार्ड गुजरात तट पर स्थित है।

एच एस एल के डायरेक्टर के 2013– 14 की रिपोर्ट में यह कहा गया है कि एसोचैम के अनुसार भारत के पास लगभग 1122 जलयान हैं, जिसमें से 40 प्रतिशत जलयान 20 वर्ष से अधिक पुराने हो चुके हैं। एक जलयान की औसत कार्यकाल 26 वर्ष की मानी जाती है। आगे के वर्षों में भारत में जलयान निर्माण तथा मरम्मत की अपार संभावनाएं हैं ।

हिंदुस्तान शिपयार्ड लिमिटेड–विशाखापट्टनम

1940 में स्थापित हिंदुस्तान शिपयार्ड लिमिटेड देश के पूर्वी तट पर विशाखापट्टनम में स्थित है। इसका पहले नाम सिंधिया शिपयार्ड था। 1961 में राष्ट्रीयकरण के पश्चात इसका नाम बदलकर हिंदुस्तान शिपयार्ड लिमिटेड हो गया था। जिसे 2009 में शिपिंग मंत्रालय से हटाकर रक्षा मंत्रालय के अधीन कर दिया गया था। इसी ने देश के पहले परमाणु पनडुब्बी "अरिहंत"

का निर्माण कार्य किया है। यहाँ 2009 तक 170 जलयानों का निर्माण तथा लगभग 2000 जलयानों का मरम्मत कार्य पूरा किया जा चुका है। यहाँ 80,000 डी. डब्लू. टी. तक के जलयानों के निर्माण की व्यवस्था है।

गार्डन रीच शिप बिल्डर्स इंजीनियर्स लिमिटेड–कोलकाता

'गार्डन रीच शिपबिल्डर्स इंजीनियर्स लिमिटेड', कोलकाता स्थित ''डिफेंस पब्लिक सेक्टर अंडरटेकिंग'' का शिपयार्ड है। यह हुगली नदी के तट पर स्थित है। इसकी स्थापना 1887 में एक छोटे से जलयान मरम्मत केंद्र के रूप में हुई थी। स्वतंत्रता के पश्चात 1960 में इसे भारत सरकार ने अधिग्रहित कर रक्षा मंत्रालय के अधीन कर दिया था। 1961 में इसके द्वारा निर्मित पहला युद्धपोत ''आईएनएस अजय'' नौसेना को प्राप्त हुआ था। इस शिपयार्ड ने 1961 से लेकर 2015 तक भारतीय नौसेना तथा तटरक्षक बल के लिए 94 युद्धपोतों का सफलतापूर्वक निर्माण कार्य किया है। इसके अतिरिक्त इसने अभी तक विभिन्न प्रकार के दूसरे ग्राहकों के लिए कुल छोटे और मझोले 777 जलयानो का भी निर्माण कार्य पूरा किया है। यह देश का पहला शिपयार्ड है जिसने तटरक्षक जलयान ''बाराकुडा'' का निर्यात मॉरीशस को किया था। यह पेट्रोल वेसिल 12 मार्च 2015 को प्रधानमंत्री श्री मोदी की उपस्थिति में मारीशस को सौंपा गया था। 74 मीटर लंबा एवं 1300 टन वजन का यह वेसिल अधिकतम 22 नाट् की गति से चल सकता है। बेहतर युद्धपोतों के निर्माण के उद्देश्य समय–समय पर 'जी आर एस ई' का आधुनिकीकरण एवं विस्तार कार्य किया गया है। आज यहाँ मॉड्यूलर निर्माण तकनीक का उपयोग किया जा रहा है। इसके पास युद्धपोत डिजाइन, निर्माण, परीक्षण तथा ट्रायल के लिए उच्च कोटि के इंजीनियरों का दल है। यह भारतीय नौसेना एवं तटरक्षक बल के लिए विभिन्न प्रकार के अत्याधुनिक युद्धपोतों, पेट्रोल वेसिलस, मिसाइल वोटस, लैंडिंग शिप टैंक, सर्वेक्षण एवं पेट्रोल वेसिल्स, फास्ट अटैक क्राफ्ट, आफशोर एवं इनशोर पेट्रोल वेसिल्स तथा हूअर क्राफ्ट के निर्माण में लगा

है। 2015 में जी आर एस ई के पास भारतीय नौसेना के तीन प्रोजेक्टों के लिए कुल 16 युद्धपोतों के निर्माण कार्य चल रहा था। इसके 2018 तक पूरा करने का लक्ष्य है। प्रोजेक्ट पी– 28 के अंतर्गत चार एंटी सबमरीन कारवेटस, प्रोजेक्ट एल सी यू में 8 तथा प्रोजेक्ट वाटर जेट फास्ट अटैक क्राफ्ट में 4 वेसिलस बनाए जाने है। फरवरी 2015 रक्षा मंत्रालय ने जीआर एस ई को प्रोजेक्ट पी 17ए के अन्तर्गत मझगांव डॉक लिमिटेड के साथ संयुक्त रुप से स्टील्थ फ्रिगेट निर्माण की जिम्मेदारी सौंपी है। इसमें जी आर एस ई को 3 तथा एम डी एल को 4 फ्रिगेटस निर्मित करना है।

प्रोजेक्ट पी–28 के अंतर्गत निर्माणाधीन 'ए एस डब्ल्यू कारवेटस' का पहला युद्धपोत ''आईएनएस कामोरता'' 23 अगस्त 2014 को भारतीय नौसेना में शामिल हो चुका है। यह 109 मीटर लंबा युद्धपोत 3300 टन वजन का है। जी आर एस ई का युद्धपोत निर्माण के कार्य का शानदार इतिहास रहा है। 2013–14 में इसका टर्न ओवर 1612 करोड़ रुपयों का था। वर्ष 2006 में इसे मिनी नवरत्न कैटेगरी एक का दर्जा प्राप्त हुआ था। (जी एस आर ई, इंडिया टुडे, मई 4, 2015)

मझगांव डॉक लिमिटेड –मुम्बई

मुंबई स्थित ''मझगांव डॉक लिमिटेड'' (एम डी एल) भारत का सबसे प्रमुख शिपयार्ड हैं। इसे ''शिप बिल्डर्स टू द् नेशन'' भी कहा जाता है। इसके पास 30000 डी डब्लू टी तक के युद्धपोतों, पनडुब्बियों तथा व्यापारिक जलयानों की मरम्मत क्षमता है। पिछले वर्षों में एमडीएल ने कारवेट्स, मिसाइल बोटर्स तथा कैडेट प्रशिक्षण पोतो का भी निर्माण किया है। इसने नौसेना के लिए नई पीढ़ी के स्टील्थ युद्धपोतों ''आईएनएस शिवालिक''(2003), सतपुड़ा (2004) तथा सहाद्रि (2005) का निर्माण किया था। इसने दिल्ली श्रेणी के तीन विध्वंसक युद्धपोतो का निर्माण ''आईएनएस कोलकाता''(2006) ''आईएनएस कोच्चि'' (2009) तथा आई एन एस चेन्नई किया है। तटरक्षक बल के लिए एमडीएल ने ऑफशोर

तटरक्षक पोतों, प्रदूषण नियंत्रण तथा अग्निशमन पोतों, ऑफशोर आपूर्ति पोतों का निर्माण किया है। इसने ओएनजीसी के लिए भी जलयानों का निर्माण कार्य पूरा किया है। इसने सीमा सुरक्षा बल के लिए तटीय सुरक्षा कार्य हेतु "बार्डर आउट पोस्ट" (बीओपी) का भी निर्माण किया है। बीओपी तैरते पुलिस स्टेशन है जिस पर चार तेज गति वाले बोट होते हैं। इस शिपयार्ड ने वाणिज्यिक उपयोग के विभिन्न जलयानों जैसे डाइविंग सर्पोटिंग वेसिल्, बहुउपयोगी सहायक पोत, बंदरगाह उपयोगी पोत, वाटर टैंकर सहित यात्री मालवाहक पोत, टग्स एवं ट्रालर का भी निर्माण किया है। इनका दूसरे देशों को निर्यात भी किया गया है। एम डी एल को जलयान निर्माण तथा मरम्मत कार्य का लंबा अनुभव है। आज फ्रांस के सहयोग से छह "स्कॉर्पियन पनडुब्बियों का निर्माण कार्य एमडीएल में ही पूरा किया जा रहा है। भारतीय नौसेना के लिए निर्माणाधीन अत्याधुनिक विध्वंसक पोत "विशाखापट्टनम" का समुद्री परीक्षण कार्य एमडीएल में 20 अप्रैल 2015 को प्रारंभ हुआ था। प्रोजेक्ट 15ए के अधीन बनने वाला यह विध्वंसक पोत किसी भी परिस्थिति जैसे आणविक, रासायनिक एवं जैविक युद्धकर्म में कार्य कर सकने की क्षमता वाला है। इसके भारतीय नौसेना में 2018 तक शामिल होने की योजना है। इस प्रकार के चार विध्वंसक युद्धपोतों का निर्माण होना है। (द टाइम्स ऑफ इंडिया नई दिल्ली 21 अप्रैल 2015)

गोवा शिपयार्ड लिमिटेड (जी एस एल) –गोवा

इसकी स्थापना 1957 में हुई थी। पश्चिमी तट पर स्थिति जी एस एल देश का एक महत्वपूर्ण शिपयार्ड है। 1961 में गोवा पर भारत सरकार का अधिकार होने के पश्चात इस शिपयार्ड ने प्रमुख रूप से भारतीय नौसेना तथा तटरक्षक के लिए विभिन्न प्रकार के युद्धपोतों एवं जलयानों का निर्माण कार्य किया है। इसमें लैंडिंग क्राफ्ट, ऑफशोर पेट्रोल वेसिल्स, मिसाइल कारवेट, फास्ट पेट्रोल वेसिल तथा माइन काउंटर मेजर्स वेसिल का निर्माण काफी संख्या में किया गया है। नौसेना के तलवार श्रेणी के

फिगेटस का भी निर्माण यहीं पर हुआ है। इस शिपयार्ड में फिश फैक्ट्री शिप (फिश प्रोसेसिंग वेसिल), हूवरक्राफ्ट, प्रदूषण नियंत्रण जलयान तथा ट्रालर्स का निर्माण कार्य पूरा किया जा चुका है।

कोचीन शिपयार्ड लिमिटेड – कोच्चि

यह शिपयार्ड शिपिंग मंत्रालय के नियंत्रण में है। केरल के कोच्चि शहर के तट पर स्थित यह शिपयार्ड भारत का सबसे महत्वपूर्ण शिपयार्ड है। 1972 में स्थापित इस शिपयार्ड में जलयानो के निर्माण तथा मरम्मत की व्यवस्था है। यहाँ पर प्रशिक्षण विशेष रुप से मैरिन इंजीनियरों के प्रशिक्षण की अच्छी व्यवस्था है। इस शिपयार्ड में दोहरे तली वाले या पेटा वाले तेल टैंकरों के भी निर्माण का कार्य हो रहा है। इस शिपयार्ड में 95000 डी डब्लू टी वजन वाले दोहरे हल वाले एफ्रामैक्स तेल टैंकर बनाए जा चुके हैं। इसे योरप तथा मध्य पूर्व के देशों से भी जलयान निर्माण के आर्डर प्राप्त हुए हैं। भारत के पहले वायुयानवाहक पोत ''विक्रांत'' श्रेणी (प्रोजेक्ट 71 ए डी एस) का निर्माण कार्य संतोषजनक ढंग से प्रगति पर है। स्वदेश में निर्मित भारतीय नौसेना का यह सबसे बड़ा युद्धपोत है। इस शिपयार्ड में शिप डिजाइनिंग, मरम्मत तथा उन्नयन के कार्य के लिए उच्च क्षमता वाले कार्यदल मौजूद हैं। यहाँ पर भारतीय नौसेना, तटरक्षक, मत्स्य एवं कोचीन पोर्ट ट्रस्ट, भारतीय नौवहन निगम, तथा तेल एवं प्राकृतिक गैस निगम के जलयानों के मरम्मत एवं उन्नयन का कार्य प्रमुख रुप से होता है। ओएनजीसी के तीन ''मोबाइल ऑफशोर डिलिंग यूनिट'' (एम ओ डी यू) ''सागर विजय'' ''सागर भूषण'' तथा ''सागर किरण'' के सफाई एवं मरम्मत का कार्य (सर्विसिंग) भी यहीं पर संपन्न हुआ है। अंडमान निकोबार द्वीपसमूह प्रशासन ने बीएसएल को छः यात्री जलयानो के निर्माण का आर्डर दिया है। जिसमें से दो 1200 यात्रियों की क्षमता वाले जलयान है।

(CSL to build multipurpose Vessel under Make In India Campaign, April 10, 2015, *http://zeenews-india.com/news/India*)

परिशिष्ट 4

भारतीय तटीय सुरक्षा

तटीय सुरक्षा किसी भी देश के लिए एक बड़ी एवं कठिन चुनौती है। समुद्र तटीय क्षेत्र पूरी तरह से खुला क्षेत्र होता है। यहाँ किसी भी प्रकार की स्थाई सुरक्षा व्यवस्था जैसे कंटीली बाड़, दीवार अथवा थल सेना को नहीं लगाया जा सकता है। केवल मात्र तटीय निगरानी व्यवस्था तथा जलक्षेत्र एवं हवाई पेट्रोलिंग का उपयोग किया जा सकता है। उपग्रहों से जलयानो के गतिविधियों पर नजर रखी जा रही है। अपरंपरागत सुरक्षा चुनौतियों जैसे अवैधानिक घुसपैठ, आतंकवाद, मादक पदार्थो तथा छोटे हथियारों की तस्करी के मद्देनजर तटीय क्षेत्र अत्यन्त संवेदनशील होते है।

कारगिल युद्ध के पश्चात भारत सरकार ने 'राष्ट्रीय सुरक्षा व्यवस्था' का अक्टूबर 2001 में समीक्षा किया था। थल तथा तटीय सीमाओं के बेहतर प्रबन्धन के लिए गृह मंत्रालय में जनवरी 2004 में 'बार्डर मैनेजमेंट विभाग' का गठन किया गया था। जनवरी 2005 में गृह मंत्रालय ने मैरीन पुलिस स्टेशनों को तटीय सुरक्षा प्रबंधन हेतु स्थापित करने की नीति बनाया था।

1993 में पाकिस्तानी आतंकवादियों ने मुम्बई में कई स्थानों बम

विस्फोट की घटना किया था। इसमें लगभग 256 लोग मारे गए थे तथा बड़ी मात्रा में प्रोपर्टी का भी नुकसान हुआ था। इस समय मुम्बई के पास कोंकण क्षेत्र में आतंकवादियों ने टनों विस्फोटक सामग्री उतारा था। इस घटना के बाद भारतीय नौसेना तथा तटरक्षक ने अरब सागर जलक्षेत्र में गुजरात से लेकर महाराष्ट्र तक के तटीय क्षेत्रों में ''आपरेशन स्वान'' के अंतर्गत सघन निगरानी कार्यक्रम चलाया था ताकि समुद्री क्षेत्र की ओर से आतंकवादी भारतीय भूक्षेत्र में घुसपैठ न कर सके तथा हथियारों एवं विस्फोटक को न भेज सकें।

इसी तरह समुद्री जलक्षेत्र से आकर पाकिस्तानी आतंकवादियों ने 26 नवंबर 2008 को मुम्बई आतंकी घटना को अंजाम दिया था। इस समय 25 के लगभग आतंकवादी विभिन्न हथियारों के साथ कराची से मुम्बई समुद्री मार्ग से होकर आए थे। इस समय 101 लोग मारे गए थे तथा 600 के लगभग घायल हुए थे। ("Mumbai Under Attack 101 killed 600 injured" Indian Express, November 27, 2008)

2008 मुंबई आतंकवादी घटना के उपरांत समुद्र तटीय सुरक्षा हेतु भारत सरकार द्वारा महत्वपूर्ण कदम उठाए गए। इनका मुख्य उद्देश्य था कि राष्ट्रीय सुरक्षा के लिए समुद्र की तरफ से आने वाली चुनौतियों का सामना करने में देश सक्षम हो सके ताकि सामुद्रिक अर्थव्यवस्था का विकास हो सके। इस शताब्दी में अपरंपरागत सुरक्षा चुनौतियों में समुद्री आतंकवाद तथा अवैधानिक घुसपैठ (व्यक्तियों तथा सामानों का) की घटनाएं काफी बढ़ी है। भारत सरकार ने इस गंभीर समस्या के प्रबंधन हेतु महत्वपूर्ण पहल किए हैं ताकि 2025 तक भारतीय समुद्र तटीय सुरक्षा को मजबूत किया जा सके।

इसी प्रकार से 9/11 2001 के आतंकवादी घटना के पश्चात् अमेरिका ने तटीय सुरक्षा के लिए 'डिपार्टमेंट ऑफ होम सिक्योरिटी' का गठन किया था। फलस्वरूप आतंकवादी दोबारा अमेरिका में किसी बड़ी

आतंकवादी घटना को अंजाम नहीं दे सके।

भारत सरकार ने भारतीय समुद्र तट पर स्थित प्रकाश घरों पर रडार स्थापित करने की महत्वपूर्ण योजना प्रारंभ किया है। तटीय प्रकाश स्तम्भों पर 46 रडार–डेनिश टर्मा रडार, स्वीडिश ए.आई.एस., कनेडियन कैमरे तथा इजराइली थर्मल इमेजिंग सिस्टम लगाये गये हैं ताकि दिन और रात्रि दोनों ही समय जलयानों की निगरानी हो सके। नेशनल कमांड, कंट्रोल, कम्युनिकेशन एंड इंटेलिजेंस (सी 3 आई) योजना के अंतर्गत मई 2015 तक नौसेना के 20 तथा तटरक्षक के 31 रडार स्टेशनों को एक दूसरे से जोड़ने का कार्य पूरा हो चुका था। यह सुदूर जलक्षेत्र के 30000 जलयानों को एक साथ ट्रैक कर सकने में सक्षम है। गुजरात के तटीय सुरक्षा को मजबूत करने के लिए नौसेना ने प्रदेश के आठवें तटीय रडार स्टेशन "आई एन एस सरदार पटेल" का हजीरा में शुभारंभ किया था। ताकि तटीय आसूचना नेटवर्क को और अधिक सुदृढ एवं प्रभावी बनाया जा सके। गुजरात तट के अन्य रडार स्टेशन – पोरबंदर, द्वारका, मांगरोल, गोपनाथ, दिव, दमन एवं नवादा में स्थित है। इसके साथ ही गुजरात में 11 ऑटोमेटिक आइडेंटिफिकेशन सिस्टम (ए आई एस) भी नेशनल कमांड, कंट्रोल, कम्युनिकेशन एंड इंटेलिजेंस व्यवस्था से जुड़े हैं। (द इंडियन एक्सप्रेस, अहमदाबाद, 10 मई 2015)

"ए आई एस" सेंसर पर आधारित आसूचना व्यवस्था है जो सूचनाओं को रडार स्टेशनों को ट्रांसमिट करती रहती है। इस रडार निगरानी व्यवस्था के फलस्वरुप आसूचना एकत्रित करना, उनको प्रोसेसिंग सेंटर तक भेजना तथा प्रोसेस्ड डेटा का वितरण कार्य अत्यंत सुगम हो सका है। "आसूचना प्रोसेसिंग केंद्र" – इंफॉर्मेशन एनालिसिस एंड मैनेजमेंट सिस्टम गुडगांव में स्थित है। जहाँ से विभिन्न प्रकार की आंकड़ों को उपग्रहों के माध्यम से भारतीय नौसेना के विभिन्न केंद्रों एवं अड्डों को भेजा जाता है।

भारत सरकार ने सितंबर 2011 में तटीय सुरक्षा नेटवर्क के लिए रडार लगाने हेतु "भारत इलेक्ट्रॉनिक्स लिमिटेड" के साथ 602 करोड रुपए का समझौता किया था। तटीय निगरानी नेटवर्क के प्रथम चरण में गुजरात, महाराष्ट्र तथा केरल के तटीय क्षेत्रों में 36 रडार लगाने का कार्य पूरा हो चुका है। इसी चरण में 10 रडार अंडमान निकोबार, लक्षदीप तथा मिनीकॉय द्वीप पर लगाया गया है। इन रडारों से 25 समुद्री मील दूर तक की वास्तविक समय निगरानी कार्य सुगमतापूर्वक हो सकेगा। दूसरे चरण में 38 रडार लगाए जा रहे हैं। यह कार्य 2014 के मध्य में प्रारंभ हुआ था। इसमें एक गतिशील (मोबाइल) रडार स्टेशन भी विकसित करने की योजना है। तटीय निगरानी नेटवर्क के साथ ही नेशनल ऑटोमेटिक आइडेंटिफिकेशन सिस्टम नेटवर्क तथा खंभात की खाड़ी के (वी टी एस) वेसिल ट्रैफिक सिस्टम को भी जोड़ दिया गया है। इससे विस्तृत जलक्षेत्र के जलयानों की पहचान क्षमता में काफी वृद्धि हो सका है। भारत पूर्ण "मेरीटाइम डोमेन अवेयरनेस" क्षमता विकसित करने हेतु प्रयत्नशील है। भारतीय सामुद्रिक शक्ति विस्तार तथा चुनौतियों के मद्देनजर "मेरीटाइम डोमेन अवेयरनेस" एक अत्यंत आवश्यकता बन चुका है। समग्र सामुद्रिक क्षेत्रीय अवेयरनेस क्षमता विकास हेतु (कॉन्प्रिहेंशन मेरीटाइम डोमेन अवेयरनेस) तटीय निगरानी नेटवर्क के अंतर्गत प्रकाश स्तंभों तथा अन्य ऊंचे स्थानों पर फ्रीक्वेंसी डाइवर्सिटी रडार, इलेक्ट्रो – आप्टिक सेंसर, तथा अन्य इलेक्ट्रॉनिक उपकरणों को लगाया जा रहा है। (www.indiannavy.nic.in)

सामुद्रिक एवं तटीय सुरक्षा कार्य में लगे एजेंसियों के लिए 'इसरो' इस प्रकार की व्यवस्था विकसित कर रहा है, जिससे वे सेटेलाइट इमेजरी की मदद से जलयानों तथा वोट्स की निगरानी कार्य आसानी से कर सकें। मार्च 2018 तक इसरो जलक्षेत्र के सैटेलाइट मानिटरिंग के लिए अलग से 1000 ट्रांसपोंडर्स उपलब्ध करायेगा। आटोमेटिक आइडेंटीफिकेशन

सिस्टम से जहाँ 20 मीटर से बड़े जलयानों की पहचान सुनिश्चित हो पाता है वहीं उपग्रह छायाचित्रों की मदद से इससे कम लम्बाई के जलयानों को पहचानने का कार्य सुगमतापूर्वक हो सकेगा। तटीय सुरक्षा के लिए 46 तटीय रडार तथा 74 आटोमेटिक आइडेंटीफिकेशन सिस्टम्स लगाये जा चुके हैं। मछुआरों को बायोमैट्रिक पहचान कार्ड देने का कार्य किया जा रहा है। 19.7 लाख पंजीकृत मछुआरों में से 18.6 लाख को कार्ड निर्गत किया जा चुका है। (ISRO's eye in the sky for Maritime Security, The Times of India 26 November 2017)

तटीय क्षेत्रों में रहने वाले मछुआरों को बायोमेट्रिक आइडेंटिटी कार्ड (बी आई डी) भी अनिवार्य रूप से (72 करोड रुपए) निर्गत किए जा रहे हैं। आतंकवादियों तथा समुद्री लुटेरों (पाइरेट्स) पर नजर रखने के लिए 8 तटीय रडार को ''राष्ट्रीय कमांड कंट्रोल कम्युनिकेशन इंटेलिजेंस'' (एन सी 3आई) कार्यक्रम से जोड़ा गया है। (FICCI PwC September 2017)

एफआईसीसीआई की रिपोर्ट सितंबर 2017– ''स्मार्ट बॉर्डर मैनेजमेंट: इंडियन कोस्टल एंड मेरिटाइम सिक्योरिटी'' में बहुत से सुझाव समुद्री तटीय एवं गहरे समुद्री क्षेत्र की सुरक्षा से संबंधित रेखांकित किए गए है। इन सभी पर केंद्र सरकार तथा राज्य सरकारों को गंभीरतापूर्वक कार्य करने की आवश्यकता है। इस कार्य में प्रौद्योगिकी सहायता की अत्यंत आवश्यकता है। इस रिपोर्ट में विकसित देशों अमेरिका, फ्रांस, ब्रिटेन, जापान तथा रुस आदि देशों की तटीय/समुद्री सुरक्षा उपायों का भी उल्लेख किया गया है ताकि कार्य योजना में किसी भी प्रकार का ढांचागत त्रुटि की संभावना न रहे।

तटीय/समुद्री सुरक्षा उपायों को अपनाएं बिना 'होमलैंड सिक्योरिटी' संभव नहीं है। 9/11 की आतंकवादी घटना के पश्चात अमेरिका में ''डिपार्टमेंट आफ होमलैंड सिक्योरिटी'' का गठन किया गया था। कड़े उपायों को अपनाने का लाभ यह हुआ कि आतंकवादी दोबारा किसी

घटना को अंजाम नहीं दे सके।

21वीं शताब्दी में विभिन्न उपायों एवं कार्य योजनाओं के फलस्वरूप भारतीय समुद्र तटीय सुरक्षा व्यवस्था के स्तर में काफी सुधार हुआ है।

भारतीय तटीय सुरक्षा व्यवस्था

- नोडल एजेंसी – भारतीय नौसेना
- सहायक एजेंसी – तटरक्षक
  तटीय प्रदेशों की मैरीन पुलिस
  सामुद्रिक सुरक्षा सलाहकार (एम.एस.ए.)
  अन्य केन्द्र तथा प्रदेश सरकार की एजेंसियां

- गृह मंत्रालय
- रक्षा मंत्रालय
- जहाजरानी, सड़क परिवहन तथा राजमार्ग मंत्रालय
- विज्ञान एवं प्रौद्योगिकी मंत्रालय
- कृषि मंत्रालय
- सागर प्रहरी बल
- मैरीन पुलिस
- पोर्ट ट्रस्ट
- मैरी टाइम बोर्ड
- फिशरीज बोर्ड
- डी.जी. शिपिंग

(भारतीय समुद्र तट से 12 समुद्री मील–मैरीन पुलिस, 12 से 200 समुद्री मील–तटरक्षक तथा 200 समुद्री मील से आगे के जलक्षेत्र में

भारतीय नौसेना की सुरक्षा जिम्मेदारी है)

तटीय सुरक्षा के लिए नौसेना ने चार संयुक्त आपरेसन केन्द्रों (जे ओ सी) की स्थापना –मुम्बई, विशाखापट्टनम, कोच्चि तथा पोर्ट ब्लेयर में किया है जहाँ से 24X7 आधार पर तटीय पेट्रोलिंग का कार्य नौसेना, तटरक्षक तथा मैरीन पुलिस द्वारा किया जा रहा है। वर्तमान में देश के 12 बड़े बंदरगाह आईएसपीएस– इंटरनेशनल शिप एण्ड पोर्ट फेशिलिटी सिक्योरिटी कोड के अनुरूप कार्य कर रहे हैं। इनका दो वर्षों में एक बार सुरक्षा आडिट होता है। तटीय सुरक्षा व्यवस्था के अन्तर्गत मछुआरे आंख एवं कान के समान है। लगभग सभी को पहचान पत्र दिया जा चुका है तथा दो लाख मछली पकड़ने वाले वोटस् का पंजीकरण कार्य भी किया गया है। तटीय सुरक्षा टोलफ्री नं.–1093 कार्यरत हो चुका है। बनावटी तटीय सुरक्षा अभ्यासों को सभी तटीय राज्यों द्वारा समय–समय पर कार्य कुशलता बढ़ाने तथा तैयारी का आकलन करने हेतु आयोजित किया जा रहा है।

परिशिष्ट 5

नौसैनिक युद्धपोत

प्रमुख रुप से नौसैनिक युद्धपोत निम्नलिखित प्रकार के होते है–

विमानवाहक युद्धपोत

यह किसी भी नौसेना का सबसे बड़ा प्रमुख युद्धपोत होता है। इन पर विभिन्न प्रकार के वायुयानों, हेलीकॉप्टरों तथा उनसे संबंधित विभिन्न प्रकार के साधन लगे होते हैं। इसमें वायु, जल सतह तथा जल के अंदर से होने वाले आक्रमणों का सामना करने की अचूक क्षमता होती है। यह अन्य सभी प्रकार के युद्धपोतों से लंबे और भारी होते हैं। इनका वजन साधारणता 30000 टन से अधिक होता है। अमेरिकी परमाणु शक्ति चालित वायुयानवाहक युद्धपोतों का वजन एक लाख टन तक होता है। इन पर शक्तिशाली विमान भेदी तोपें भी लगी होती है। वायुयानवाहक युद्धपोत किसी भी नौसेना की प्रतिष्ठा तथा शक्ति के सूचक हैं। बड़े वायुयानवाहक युद्धपोत पर 60 से लेकर 100 वायुयान होते हैं। वायुयानवाहक युद्धपोत दो प्रकार के होते हैं–

1. परंपरागत ऊर्जा से चलने वाले
2. परमाणु ऊर्जा से चलने वाले

वर्तमान में भारतीय नौसेना के पास एक वायुयानवाहक पोत ''आई एन एस विक्रमादित्य'' ऑपरेशनल है। इसे रूस से खरीदा गया था। इससे पहले भारतीय नौसेना में दो वायुयानवाहक युद्धपोत आईएनएस विक्रांत तथा आईएनएस विराट भी सेवारत थे। पुराने हो जाने के कारण इन्हें सेवा मुक्त कर दिया गया है। सबसे अधिक 10 वायुयानवाहक पोत अमेरिकी नौसेना में है। विश्व में रूस, ब्रिटेन, फ्रांस तथा चीन की नौसेना ने बड़े वायुयानवाहक पोत है। चार परमाणु प्रोपेलर शैफ्ट से चलने वाला अमेरिकी वायुयानवाहक युद्धपोत 30 नाट् (56 किमी) की गति से चलने वाला होता है।

क्रूजर

इन युद्धपोतों का वजन 6000 टन से 12000 टन के मध्य होता है। प्रतिरक्षा के लिए इन पर हल्का कवच होता है। इन पर विमान भेदी तोपों के साथ अन्य दूसरे प्रकार के प्रक्षेपास्त्र भी लगे होते हैं। इनकी गति 30 नाट् तक की होती है।

विध्वंसक (डिस्ट्रॉयर)

यह युद्धपोत मुख्य रूप से पनडुब्बियों तथा वायुयानों के विरुद्ध उपयोग में लाए जाते हैं। इनकी गति क्रूजर से थोड़ी अधिक 36 नाट् तक की होती है। आधुनिक अमेरिकी विध्वंसक युद्धपोतों की गति 40 नाट् तक की है। भारतीय नौसेना में कोलकाता, देहली तथा राजपूत क्लास विध्वंसक उपयोग में लाए जा रहे हैं। अमेरिकी नौसेना के लिए नये ''जूंवाल्ट क्लास गाइडेड मिसाइल विध्वंसक'' बनाया गया है। यह स्टील्थ विध्वंसक 14500 टन भार वाला है।

फ्रिगेट

इन युद्धपोतों का वजन लगभग 3000– 4000 टन तक होता है। छोटे, हल्के तथा शक्तिशाली होने के कारण यह सभी प्रकार के आक्रमणकारी संक्रियाओं के लिए उपयुक्त होते हैं। यह पनडुब्बियों के विरुद्ध सबसे घातक प्लेटफार्म है। स्टील्थ फ्रिगेट आणविक, जैविक तथा रासायनिक आक्रमण की परिस्थितियों में भी कार्य करने की क्षमता वाले होते हैं। इनका निर्माण इस प्रकार से किया जाता है कि इनका रडार प्रोफाइल अत्यंत कम हो जाता है। इनकी इंजन की ऊष्मा, आवाज तथा कंपन को बहुत हद तक नियंत्रित किया जाता है, ताकि उन्हें शत्रु के रडार आसानी से पकड़ ना सके। किसी भी युद्धपोत को पूरी तरह से शत्रु के रडार से बचाए रखना असंभव होता है, केवल मात्र उनके पहचान करने के समय को बढ़ाया जा सकता है।

विध्वंसक तथा फ्रिगेट में प्रमुख अंतर उनमें लगे आर्मामेंट पैकेज का होता है। यही उनकी कार्य क्षमता का भी निर्धारण करता है। इन्हें अधिकतर एंफीबियस आक्रमणों में सहायक भूमिका में, समुद्री जलमार्गों की सुरक्षा तथा पनडुब्बी निरोधी संक्रियाओं में लगाया जाता है।

क्रूजर, विध्वंसक तथा फ्रिगेट युद्धपोतों को सहायक युद्धपोत कहा जाता है। इन सभी पर हेलीकॉप्टर रखा जा सकता है।

कारवेट्स (Corvette)

यह छोटे आकार के युद्धपोत होते हैं। इनका वजन 500 टन से 2000 टन के मध्य होता है। इस पर विभिन्न प्रकार के युद्ध साधन जैसे तोपें तथा प्रक्षेपास्त्रो को लगाया जाता है। पनडुब्बी निरोधी संक्रियाओं के लिए ये उपयुक्त प्लेटफार्म है।

मिसाइल कारवेट्स

इन युद्धपोतों का भार कम होने से इनकी गति अधिक होती है। इन युद्धपोतों पर विभिन्न प्रकार के प्रक्षेपास्त्र लगे होते हैं। आधुनिक युद्धो

में इनका विशेष महत्व है। मझगांव डॉक लिमिटेड द्वारा निर्मित मिसाइल वोट आई एन एस विभूति, नाशक, प्रबल तथा विपुल भारतीय नौसेना के शक्तिशाली प्लेटफार्म है। 450 टन वजन वाला बोट प्रबल एंटी सबमरीन युद्धकर्म क्षमता से युक्त है।

माइन स्वीपर (Mine Sweeper)

इन युद्धपोतों का वजन 700 से 1000 टन तक का होता है। इनमें समुंद्री बारुदी सुरंगों को हटाने के लिए विशेष व्यवस्था होती हैं। प्रतिरक्षा के लिए इन पर तोपें भी लगे रहते हैं। आधुनिक युद्धों में इनकी अधिक उपयोगिता है। इन्हें 'माइन काउंटर मेजर्स वेसिल' भी कहा जाता है।

लैंडिंग–शिप

इन्हें लैंडिंग शिप डाक् (एल एस डी) तथा लैंडिंग शिप टैंक (एल एस टी) भी कहा जाता है। इनकी उपयोगिता एंफीबियस आक्रमणों में अधिक होती है। सुरक्षा के लिए इस पर हेलीकॉप्टर भी होता है। यौद्धिक सामग्री तथा मैरीन सैनिकों को इसकी मदद से सीधे तटीय इलाकों में उतारा जाता है। इसको आपदा राहत कार्यों में भी उपयोग में लाया जाता है। भारत ने अमेरिका से एक एल एस टी–'यू एस एस ट्रेन्टन' खरीदा था। इसे "आई एन एस जलाश्व" के नाम से भारतीय नौसेना में शामिल किया गया है। इस पर एक छोटा हास्पिटल भी है। यह हथियारों से लैस 1000 सैनिकों को लेकर जाने की क्षमता रखता है।

सर्वेक्षण शिप

इनका उपयोग समुद्र तटीय क्षेत्र के सर्वेक्षण कार्य में होता है। भारत का पहला सर्वेक्षण पोत "आई एन एस दर्शक" (12 दिसंबर 1964) विशाखापट्टनम स्थित हिंदुस्तान शिपयार्ड के द्वारा बनाया गया था। इस प्रकार के पोतों में जलक्षेत्र सर्वेक्षण से संबंधित विभिन्न प्रकार के उपकरण लगे होते हैं। अपवर्जित आर्थिक क्षेत्र के जल सर्वेक्षण कार्य में इनका

उपयोग होता है। पिछले वर्षों में भारत ने हिंद महासागर तटीय एवं द्वीप देशों के जल सर्वेक्षण का काफी कार्य किया है।

हॉस्पिटल पोत

इन जलयानों पर आधुनिक हॉस्पिटल की सभी सुविधाएं उपलब्ध रहती हैं, ताकि युद्ध एवं आपदा के समय घायलों को तुरंत चिकित्सीय सुविधा उपलब्ध करायी जा सके। भारतीय नौसेना के पास कोई बड़ा हॉस्पिटल पोत नहीं है। अमेरिकी नौसेना के पास "यू एस एन एस मर्सी" तथा "कंफर्ट" नामक बड़े हॉस्पिटल पोत है। चीन के पास भी 10 बड़े हॉस्पिटल पोत है।

'यू एस एन एस मर्सी' 65552 टन वजन का 894 फीट लंबा हॉस्पिटल जलयान है। इस पर 12 आपरेशन थियेटर तथा 1000 बेड की सुविधा उपलब्ध है। इसे 2004 के सुनामी के समय आपदा राहत कार्यों में लगाया गया था।

'यू एस एन एस कफर्ट' का वजन 69360 टन तथा लम्बाई 894 फीट है। इस पर 12 आपरेशन थियेटर तथा 1000 बेड की सुविधा उपलब्ध है।

चीन के हास्पिटल पोत का नाम "पीस आर्क" है । इसका वजन 14000 टन तथा लम्बाई 178 मीटर है। इस पर 8 आपरेशन थियेटर तथा 600 बेड की सुविधा उपलब्ध है।

तेल टैंकर

इन जलयानों का मुख्य कार्य युद्धपोतों तक तेल पहुंचाने का होता है। किसी भी नौसेना का यह काफी महत्वपूर्ण सहायक पोत होता है। 2011 में भारतीय नौसेना में इटली निर्मित "आई एन एस दीपक" को शामिल किया गया था। 175 मीटर लंबे तथा 25 मीटर चौड़े तेल टैंकर की क्षमता 15500 टन तेल ले जाने की है। यह एक साथ पांच युद्धपोतों में 1500 टन प्रति घंटा की गति से तेल भरने की क्षमता रखता है।

परिशिष्ट 6

भारतीय मर्चेंट शिपिंग (जहाजरानी)

मर्चेंट नेवी का मुख्य कार्य विभिन्न प्रकार के व्यापारिक सामानों (कार्गो) को एक देश से दूसरे देश तक सुरक्षित पहुंचाना होता है। किसी आपदा के समय व्यापारिक जलयानों को राहत कार्यों में भी उपयोग किया जाता है। व्यापारिक जलयान विभिन्न प्रकार के होते हैं। मुख्य रूप से यात्री जलयान, कार्गो लाइनर, तेल एवं प्राकृतिक गैस टैंकर, बल्क कैरियर, कार कैरियर, कंटेनर कैरियर इत्यादि। आज के समय मर्चेंट नेवी अंतर्राष्ट्रीय व्यापार 'आयात एवं निर्यात' की जीवन रेखा बन गयी है। विश्व व्यापार का लगभग 91 प्रतिशत भाग समुद्री जलमार्गों एवं व्यापारिक जलयानों द्वारा होता है। बहुत बड़ी पूंजी, संसाधन तथा जनशक्ति इस क्षेत्र में लगी हुई है। भूमंडलीकरण तथा आर्थिक उदारीकरण के इस दौर में मर्चेंट नेवी देश की अर्थव्यवस्था के लिए एक आवश्यक तत्व बन चुकी है। 21वीं शताब्दी में कंटेनरों का विश्व व्यापार में बड़े पैमाने पर उपयोग हो रहा है। इस समय लगभग विश्व व्यापार में 18 मिलियन कंटेनर लगे हुए हैं। सबसे अधिक संख्या में कंटेनर अमेरिका तथा चीन के बंदरगाहों पर प्रतिवर्श उतारे तथा

चढ़ाए जाते हैं। खुले सामानों जैसे खनिज पदार्थों को छोड़कर बाकी सभी व्यापारिक सामान कंटेनरों के द्वारा ही दूसरे देशों तक भेजा जाता है। ''वेरी लार्ज कंटेनर कैरियर'' (वी एल सी सी) जलयान 5500 कंटेनरों को ले जाने की क्षमता वाले होते हैं। कंटेनरों में सामान पूरी तरह से सुरक्षित रहता है तथा इनको बंदरगाहों पर जलयानों से उतारना एवं चढ़ाना आसान होता है।

भारतीय डायरेक्टरेट जनरल ऑफ शिपिंग का मुख्यालय मुंबई में स्थित है। इसकी स्थापना सितंबर 1949 में हुआ था। यह ट्रांसपोर्ट एंड शिपिंग मंत्रालय के अधीन है। इसका मुख्य कार्य भारतीय जहाजरानी का संचालन एवं विकास करना है। इसके अन्य प्रमुख कार्य हैं – समुद्रों में जीवन तथा जलयान की सुरक्षा, मैरीन प्रदूषण नियंत्रण, मैरीटाइम शिक्षण एवं प्रशिक्षण को प्रोत्साहित करना, मैरीन क्षेत्र में कार्यरत जनशक्ति के वेलफेयर की योजनाओं को बनाना तथा तटीय शिपिंग का विकास करना।

संयुक्त राष्ट्रसंघ ने 1948 में ''इंटर गवर्नमेंट मेरीटाइम कंसल्टिंग ऑर्गनाइजेशन'' (आई एम सी ओ) गठित किया था। जिसकी पहली बैठक 1959 में हुई थी। 1982 में इसका नाम बदलकर ''इंटरनेशनल मेरीटाइम ऑर्गनाइजेशन'' (आई एम ओ) कर दिया गया। इसका मुख्यालय लंदन में स्थित है। इसके 169 सदस्य देश हैं तथा तीन एसोसिएट सदस्य हैं। यह अंतरराष्ट्रीय शिपिंग से संबंधित विभिन्न प्रकार के नियमों को समय–समय पर बनाने का कार्य करता है।

भारतीय नौवहन निगम (शिपिंग कॉरपोरेशन ऑफ इंडिया) के पास सभी प्रकार के व्यापारिक सामानों ठोस, तरल एवं गैस के लिए उपयुक्त जलयान मौजूद हैं। इसके पास ''एल एन जी टैंकर'' तथा ऑफशोर सेवाओं के लिए 10 विशेष प्रकार के जलयान है। इन्हें ''एंकर हैंडलिंग टोइंग कम सप्लाई वेसिल्स''(ए एच टी एस वी) कहा जाता है। यह ओएनजीसी के

निम्नलिखित जलयानों के रखरखाव एवं प्रबंधन का कार्य भी करती है।

1. सिस्मिक सर्वे वेसिल
2. वेल स्टिमुलेशन वेसिल
3. मल्टी सपोर्ट वेसिल
4. ड्राइविंग सपोर्ट वेसिल
5. आफशोर सप्लाई वेसिल्स

व्यापारिक जलयान निम्नलिखित प्रकार के होते है –

बल्क कैरियर

यह व्यापारिक जलयान मुख्य रुप से बिना पैकिंग वाले सामानों जैसे कोयला, लोहा, सीमेंट एवं अन्य खनिज पदार्थों को ढोने के काम में लाया जाता है। कंटेनरों के चलन से पूर्व बल्क कैरियर ही व्यापारिक गतिविधियों में प्रमुखता से उपयोग में लाए जाते थे। पूर्वी तट पर स्थित पारादीप बंदरगाह पर बल्क जलयानो के लिए सभी प्रकार की सुविधाएं उपलब्ध हैं।

कार्गो जलयान

इन जलयानों को कार्गो सामान तथा मशीनरी आदि के लिए उपयोग किया जाता है। अंतरराष्ट्रीय व्यापार में इनकी काफी अधिक संख्या है। इन जलयानों पर सामानों को चढ़ाने तथा उतारने की विशेष व्यवस्था होती है।

कंटेनर कैरियर

इसका उपयोग कंटेनरों में बन्द सामानों को एक स्थान से दूसरे स्थान तक पहुंचाने में होता है। 1968 के पश्चात इन जलयानों का तेजी से विकास– विस्तार हुआ। आज ''वी एल सी सी'' (वेरी लार्ज कंटेनर कैरियर) की लंबाई 1300 फिट (400 मीटर) तक हो गया है।

रासायनिक टैंकर

यह जलयान विभिन्न प्रकार के रसायनिक पदार्थों को ले जाने के काम में लाया जाता हैं। इन पर सुरक्षा की विशेष व्यवस्था होती है। इनके निर्माण में जापान, दक्षिण कोरिया तथा चीन काफी आगे है।

एल एन जी (लिक्विफाइड नेचुरल गैस) कैरियर

इस जहान में एल एन जी ले जाने के लिए अलग–अलग कई चेंबर बने होते हैं। बड़े जलयान 120000 से 140000 घन मीटर गैस से जाने की क्षमता वाले होते हैं। इन जलयानों की सुरक्षा मानक बहुत अधिक कड़े होते हैं ।

यात्री जलयान

द्वितीय विश्व युद्ध के बाद धीरे–धीरे यात्री जलयानों की संख्या घटती गई। आज इनका उपयोग मुख्यतया लग्जरी समुद्री पर्यटन में हो रहा है। इस पर पर्यटको के लिए विभिन्न प्रकार की सुविधाएं तथा सुरक्षा उपाय मौजूद रहते है।

क्रूड आयल टैंकर

क्रुड आयल टैंकर को पेट्रोल टैंकर भी कहा जाता है। यह जलयान कच्चा तेल तथा साफ पेट्रोल ले जाने के लिए अलग अलग होते है। यह जलयान विभिन्न साईज तथा क्षमता वाले होते हैं। बड़े सुपर टैंकर 450000 डी डब्लू टी क्षमता वाले होते हैं।

रेफ्रिजरेटेड कार्गो कैरियर

इन जलयानों की आवश्यकता सब्जियों, मछली, मीट तथा अन्य खाद्य पदार्थों (जल्दी खराब हो जाने वाले) के व्यापार के लिए पड़ती है। इन जलयानों पर निश्चित तापमान पर सामानों को ले जाने की पूरी

व्यवस्था होती है।

रोल ऑन/रोल ऑफ–(आर ओ/आर ओ)

इस प्रकार के जलयानों पर कार, ट्रक, ट्रालर एवं अन्य दूसरे पहिया वाले वाहनों को ले जाने की व्यवस्था होती है। इन जलयानों के रैम्प से वाहन को सीधे चला कर जलयान के अन्दर ले जाने तथा उतारने की व्यवस्था होती है। यह जलयान सैनिक एवं व्यापारिक दोनों कार्यों के लिए उपयोग में लाएं जाते है। ऐसे ही एक जलयान को गुजरात के दाहोद में अक्टूबर 2017 में फेरी कार्य के लिए लगाया गया है।

परिशिष्ट 7

हिंद– प्रशांत क्षेत्र की बड़ी एवं मझोली नौसैनिक शक्तियाँ

विश्व के जिन देशों के पास तटीय सीमा है, उनके पास छोटी या बड़ी नौसेना भी है। सभी नौसेनाओं का मुख्य ध्येय (मिशन) पड़ोसी, क्षेत्रीय तथा बाहर के जलक्षेत्रो में अपनी नौसैनिक शक्ति के प्रदर्शन तथा उपस्थिति से अपने राष्ट्रीय हितों की सुरक्षा एवं संवर्धन करना होता है। पिछले दशकों में नौसेना की भूमिका में महत्वपूर्ण बदलाव आया है। मुख्य रूप से लंबी दूरी के प्रक्षेपास्त्रों, निगरानी, टोही तथा निशाना लगाने की क्षमता विकास के कारण। वर्तमान समय में स्थल के ठिकानों को सुरक्षित रख पाना लगभग असंभव हो गया है। दूसरी तरफ जलक्षेत्र के प्लेटफार्म की विशेषता यह होती है कि यह लगातार अपना स्थान बदलने की क्षमता रखते हैं। इन पर स्थल लक्ष्यों की तरह से सटीक निशाना लगाना आसान नहीं होता है। आज पनडुब्बियों को विशेष रुप से परमाणु पनडुब्बियों को सबसे सुरक्षित प्लेटफॉर्म समझा जाता है। इसीलिए अमेरिका, चीन, ब्रिटेन, फ्रांस तथा रूस ने एस एल बी एम क्षमता वाली परमाणु पनडुब्बियों को अपनी सैनिक

शक्ति का मूल आधार बनाया है।

अमेरिका

अमेरिकी नौसेना संख्या तथा शक्ति में विश्व की सबसे शक्तिशाली नौसेना है। यह पूरे ग्लोब पर कहीं भी कभी भी कार्य कर सकने की क्षमता रखती है। अमेरिकी नौसेना नियमित रूप से प्रशांत, अटलांटिक, हिंद महासागर, भूमध्यसागर, फारस की खाड़ी, हार्न आफ अफ्रीका जलक्षेत्रों में आपरेशनल रहती है। अमेरिकी नौसेना में कुल 288 युद्धपोत है। जिसमें 10 वायुयान वाहक पोत, 9 एम्फीबियस एसाल्ट पोत, 22 क्रूजर, 62 विध्वंसक, 17 फ्रीगेट, 72 पनडुब्बियां (52 परमाणु पनडुब्बियां) शामिल है। अमेरिकी नौसेना के पास 3700 वायुयान है। इसमें 323000 सक्रिय कार्य बल है। यह सभी दृष्टियों से विश्व की सबसे बड़ी तथा शक्तिशाली नौसेना है।

यूएस नौसेना अत्याधुनिक 'एजिस रडार सिस्टम' से लैस है। यह रडार लक्ष्य की तरफ आ रही विभिन्न प्रकार के प्रक्षेपास्त्रों का पता लगाने में सक्षम है। अमेरिकी नौसेना का पहला युद्धपोत ''यू एस एस पोंस'' लेजर हथियारों से लैस है। यह लेजर तकनीक यूएवी, हेलीकॉप्टरों तथा पेट्रोल क्राफ्ट आदि को नष्ट करने में सक्षम है। इस युद्धपोत पर 30 किलोवाट पावर के लेजर सिस्टम लगे हैं। (5 Reasons No Nation Wants to go to war with the US Navy, Kyle Mizokami, October 23, 2017, *www.nationalinterest.org*)

चीन

प्लान– ''पीपुल्स लिबरेशन आर्मी नेवी'' ने पिछले 25 वर्षों में अपनी शक्ति एवं कार्य क्षेत्र में महत्वपूर्ण विस्तार किया है। आज यह 'ब्लू वाटर नेवी' बन गई है। इसमें एक वायुयानवाहक पोत, तीन एम्फीबियस ट्रांसपोर्ट, 25 विध्वंसक, 42 फिगेट, 8 परमाणु पनडुब्बी तथा लगभग 50

डीजल/इलेक्ट्रिक पनडुब्बियां है। प्लान की कार्य बल संख्या 133000 की है। इसमें 6000 मैरीन नौसैनिक भी शामिल है। प्लान के वायु शाखा में लगभग विभिन्न प्रकार के 650 वायुयान है। चीन के पहले वायुयानवाहक पोत का नाम लिआओंनिगं (Liaoning) यह मंचूरिया के एक प्रांत का नाम है) है। दूसरे वायुयानवाहक पोत का निर्माण भी चीन कर चुका है। वह तीसरे वायुयानवाहक पोत् के निर्माण की योजना पर कार्य कर रहा है।

प्लान अपने स्थल आक्रमण क्षमता (एफीबियस कैपेबिलिटी) तथा परमाणु पनडुब्बी क्षमता को और बेहतर बनाने हेतु लगातार प्रयत्नशील है। चीन सरकार की यह योजना है कि दो और वायुयानवाहक पोत नौसेना में शामिल किया जाए जिसे बाद में बढ़ा कर पांच कर दिया जाएगा। चीन की नौसेना के तीन फ्लीट–उत्तरी सागर फ्लीट, पूर्वी सागर फ्लीट तथा दक्षिण सागर फ्लीट है।

रुस

सोवियत संघ ने द्वितीय विश्व युद्ध के पश्चात एक शक्तिशाली सोवियत नौसेना का निर्माण किया था। इस नौसेना में एक समय विश्व की सबसे अधिक पनडुब्बियाँ कार्यरत थी। सोवियत नौसेना के पास भी यह क्षमता थी कि वह दूर समुद्रों में स्वतंत्र रूप से नौसैनिक कार्रवाई कर सकें। सोवियत विघटन के पश्चात 1991 में रूस ने विश्व के दूसरे जलक्षेत्रों से अपनी नौसेना तथा अड्डों को हटा लिया था। वर्तमान में रूस की नौसेना के पास 69 मध्यम आकार के युद्धपोत, एक वायुयानवाहक पोत, 5 क्रूजर, 13 विध्वंसक तथा 52 पनडुब्बियां ऑपरेशनल है। रूस अपने पुराने युद्धपोतों को बदलने का काम धीरे–धीरे कर रहा है। रूसी नौसेना के शक्ति वास्तव में उसके पनडुब्बियों के द्वारा है। रूसी नौसेना में 15 परमाणु आक्रमण पनडुब्बियां, 16 परंपरागत पनडुब्बियाँ, 6 क्रूज प्रक्षेपास्त्र पनडुब्बी तथा 9 बैलिस्टिक प्रक्षेपास्त्र पनडुब्बियां है।

जापान

द्वितीय विश्व युद्ध के समय एशिया का जापान ही एकमात्र ऐसा देश था जिसकी नौसेना ने अमेरिकी नौसेना से प्रशांत महासागर में युद्ध किया था। उस समय जापान की नौसेना विश्व के कुछ प्रमुख नौसेनाओं में से एक थी। द्वितीय विश्व युद्ध के पश्चात मित्र राष्ट्रों ने जापानी नौसेना पर विभिन्न प्रकार के प्रतिबंध लगाए। फलस्वरुप इसे ''जापानी मेरीटाइम सेल्फ डिफेंस फोर्स'' के नाम से जाना जा रहा है। वर्तमान में जापानी मेरीटाइम सेल्फ डिफेंस फोर्स में कुल 114 विभिन्न प्रकार के जलयान एवं युद्धपोत है तथा इसकी कार्य बल संख्या 45800 की है। जापानी सेल्फ डिफेंस फोर्स में विध्वंसक युद्धपोतों की संख्या लगभग 46 है। जापान की सुरक्षा की जिम्मेदारी अमेरिका ने ले रखा है। जे एम एस डी एफ में 16 पनडुब्बियां आपरेशनल है। उत्तरी कोरिया तथा चीन की समस्या को देखते हुए जापानी सरकार इसे बढ़ाकर 22 करने की योजना पर कार्यरत है। America, China, Russia and more: The 5 Most Powerful Navies on the Planet", The National Interest, Kyle.Mizokami , October 20,2017

दक्षिण कोरिया

दक्षिण कोरिया के नौसेना में कुल 166 विभिन्न प्रकार के युद्धपोत एवं सहायक जलयान शामिल है। जिसमें एक वायुयान वाहक पोत (वायुयान तथा हेलीकॉप्टर वाहक) 13 फ्रिगेट्स, 12 विध्वंसक, 16 कारवेट्स, 15 पनडुब्बियां, 70 पेट्रोल क्राफ्ट तथा 11 माइन युद्धकर्म वाले वेसेल्स हैं। *https://www.globalfirepower.com/country-military-strength-detail.asp?country_id=south-korea"*

मझोली नौसैनिक शक्तियाँ

वियतनाम

(कुल प्लेटफार्म –65) फ्रिगेट 07, कारवेट्स 13, पनडुब्बी 06,

पेट्रोल क्राफ्ट 25, माइन वारफेयर वेसिल 08

ताइवान

(कुल प्लेटफार्म –87) फ्रिगेट 20, विध्वसंक 04, कारवेट 01, पनडुब्बी 04, पेट्रोल क्राफ्ट 51, माइन वारफेयर वेसिल 08

सिंगापुर

(कुल प्लेटफार्म –40) फ्रिगेट 06, कारवेटस 06, पनडुब्बी 06, पेट्रोल क्राफ्ट 11, माइन वारफेयर वेसिल 02

थाईलैंड

(कुल प्लेटफार्म –81) वायुयानवाहक पोत 01, फ्रिगेट 08, कारवेटस 07, पेट्रोल क्राफ्ट 32, माइन वारफेयर वेसिल 07

इंडोनेशिया

(कुल प्लेटफार्म– 221) फ्रिगेट 07, कारवेट्स 24, पनडुब्बी 04, पेट्रोल क्राफ्ट 74, माइन वारफेयर वेसिल 12

(दक्षिण एशियाई देशों में इंडोनेशिया के पास सबसे बड़ी नौसेना है। इंडोनेशिया के पास कुल 17000 द्वीप है। इनका तटीय क्षेत्र विस्तार 54716 किलोमीटर है। यह विश्व का सबसे अधिक द्वीपों वाला देश है)

आस्ट्रेलिया

(कुल प्लेटफार्म–47) वायुयानवाहक पोत 02, फ्रिगेटस 11, पनडुब्बी 06, पेट्रोल क्राफ्ट 13, माइन वारफेयर वेसिल 06

पाकिस्तान

(कुल प्लेटफार्म 197) फ्रिगेट 10, पनडुब्बी 08, पेट्रोल क्राफ्ट 17, माइन वारफेयर वेसिल 03

सऊदी अरब

(कुल प्लेटफार्म 55) फ्रिगेट 07, कारवेटस 04, पेट्रोल क्राफ्ट 11, माइन वारफेयर वेसिल 03

ईरान

(कुल प्लेटफार्म 398) फ्रिगेट 05, कारवेटस 03, पनडुब्बी 33, पेट्रोल क्राफ्ट 230, माइन वारफेयर वेसिल 10

इजरायल

(कुल प्लेटफार्म 65) कारवेटस 03, पनडुब्बी 06, पेट्रोल क्राफ्ट 32

मिस्र

(कुल प्लेटफार्म 319) वायुयानवाहक पोत 02, फ्रिगेट 09, कारवेटस 02, पनडुब्बी 05, पेट्रोल क्राफ्ट 227, माइन वारफेयर वेसिल 23

दक्षिण अफ्रीका

(कुल प्लेटफार्म 30) फ्रिगेट 04, पनडुब्बी 03, पेट्रोल क्राफ्ट 30, माइन वारफेयर वेसिल 04

www-globalfirepower-com

परिशिष्ट 8

मिलन नौसैनिक युद्धाभ्यास

मिलन युद्धाभ्यास भारत ने 1995 में प्रारंभ किया था। प्रत्येक दूसरे वर्ष आयोजित किया जाता है। यह युद्धाभ्यास 2005 तथा 2011 में आयोजित नहीं किया गया था। इसका आयोजन अंडमान निकोबार कमांड द्वारा किया जाता है। इसका उद्देश्य आपसी सहयोग से क्षमता विस्तार (''कैपेसिटी बिल्डिंग थ्रू म्यूच्यूअल कोऑपरेशन'') है।

मिलन – 1995 में इंडोनेशिया, थाईलैंड, सिंगापुर, श्रीलंका और भारत के युद्धपोतों ने भाग लिया था।

मिलन – 1997 में बांग्लादेश, इंडोनेशिया, मलेशिया, सिंगापुर, श्रीलंका, थाईलैंड तथा भारत के 11 युद्धपोतों ने भाग लिया था।

मिलन – 1999 में बांग्लादेश, इंडोनेशिया, मलेशिया, सिंगापुर, श्रीलंका, थाईलैंड तथा भारत ने भाग लिया था।

मिलन – 2003 में आस्ट्रेलिया, इंडोनेशिया, मलेशिया, म्यांमार, थाईलैंड, श्रीलंका, सिंगापुर तथा भारत ने भाग लिया था।

मिलन–2006 में पहली बार म्यांमार ने अपना एक युद्धपोत भेजा था। इसमें म्यांमार, थाईलैंड, इंडोनेशिया, सिंगापुर, मलेशिया तथा श्रीलंका ने भाग लिया था।

मिलन–2008 में म्यांमार, सिंगापुर, ऑस्ट्रेलिया, बांग्लादेश, इंडोनेशिया, श्रीलंका, थाईलैंड तथा भारत ने भाग लिया था।

'मिलन–2014' अंडमान–निकोबार द्वीपसमूह जलक्षेत्र में आयोजित हुआ था। छः दिन चले इस युद्धाभ्यास में हिंद–प्रशांत क्षेत्र के 17 सहयोगी और मित्र देशों के लगभग 15 युद्धपोतों ने भाग लिया था। ये देश थे – भारत, ऑस्ट्रेलिया, बांग्लादेश, इंडोनेशिया, मलेशिया, म्यांमार, न्यूजीलैंड, सिंगापुर, श्रीलंका, थाईलैंड, केन्या, तंजानिया, मॉरीशस, मालदीव, सेशेल्स, फिलीपींस और कंबोडिया। (द हिंदू नई दिल्ली 9 फरवरी 2014)

मिलन–2018 (6–13 मार्च) – आठ दिवसीय इस युद्धाभ्यास में 16 देशों के नौसेना के युद्धपोतों ने भाग लिया। यह युद्धाभ्यास अंडमान निकोबार द्वीप समूह के जलक्षेत्र में आयोजित किया गया। इसमें समुद्री क्षेत्र में गैरकानूनी गतिविधियों को रोकने के लिए साझा रणनीति विकसित करने पर जोर दिया गया था। इसमें आस्ट्रेलिया, मलेशिया, मालदीव, मारीशस, म्यांमार, न्यूजीलैंड, ओमान, वियतनाम, थाईलैण्ड, तंजानिया, श्रीलंका, सिंगापुर, बांग्लादेश, इंडोनेशिया, केन्या एवं कंबोडिया की नौसेना ने भाग लिया था।

● ● ●